Mary Luseva abroad

Alexander Amfiteatrov

Марья Лусьева за границей

Александр Амфитеатров

Mary Luseva abroad

ISNB: 978-1-61895-256-1

Марья Лусьева за границей

© Пресса библиотек, 2018

ISNB: 978-1-61895-256-1

Марья Лусьева за границей

От автора

В предисловии к издаваемой ныне "Марье Лусьевой за границей" мне придется весьма немного прибавить к тому, что говорили предисловия и послесловия к трем изданиям "Марьи Лусьевой", но кое-что должен я повторить из сказанного в них. И прежде всего – предупреждающую просьбу к читателю: не видеть в новой "повести" моей даже попытки к художественному обобщенно быта европейской проститутки-одиночки. О художественности в этих быстрых бытовых и публицистических набросках я совершенно не заботился. Причины, почему, тем не менее, я выбрал для обзора такой острой социальной темы форму "повести", я излагал в первом предисловии к "Марье Лусьевой" (1904 г.): общественный фельетон, инсценированный в виде драматического диалога, легче принимается и усвояется девятью читателями из десяти, чем фельетон такого же точно содержания, написанный в виде рассуждения, как "взгляд и нечто". По-прежнему считаю себя в полном праве сказать: в этой книге нет ни одной страницы выдуманной или вымышленной. Выдумана, конечно, только общая концепция "повести". Да и то, пожалуй, на этот раз не совсем, потому что в 1904 году в Риме я, действительно, встретил в Salone Marguerita[1] русскую немку, совершенно обитальянившуюся, которой обязан весьма многими из рассказов, теперь вложенных мною в уста Фиорины. Словом, вся эта "повесть" – накопление почти сырого материала фактических наблюдений, как непосредственных, так и из первых или вторых верных рук. Проверял я материал этот, как и в "Марье Лусьевой", также и по книжной литературе – и должен сознаться, что латинский Запад изучил свою проститутку гораздо лучше, чем Россия свою,– в смысле общественно-патологического явления. О психологии же ее здесь, наоборот, мало кто заботится, и те шаги, которые в последние 25–30 лет сделаны в этом направлении, преимущественно, французскою изящною литературою, едва ли не всецело вызваны русским влиянием, главным образом, конечно, образами Сони Мармеладовой и Катюши Масловой. Так, например, апофеоз "дешевой проститутки", созданный Марселем Швобом в "Книге Монеллы", даже и начинается как бы гимном в честь Сони Мармеладовой. Но и то вся подобная литература идет из Франции за границу, где и потребляется; западному же буржуа она чужда. Когда француз или итальянец, вдохновясьТолстым или Достоевским, думает написать судьбу проститутки трогательно, он пишет по сухой, условной схеме фальшивую мелодраму – с притворными слезами, как

---

[1] Салон Маргариты (фр.).

1

на глазах автора, так на глазах читателей или зрителей. Так ведь, в конце юнцов, обработали здесь и Катюшу Маслову с Соней Мармеладовой. Буржуа нисколько не верит в ту особенную психологию, которую ищет в мире проституции больная, надломленная совесть славянских и, в последние два десятилетия, еврейских писателей (Шолом Аш, Юшкевич и др.). Для буржуа, в глубине души его, la fille joyeuse[2] (старинное название французской проститутки) – по существу – такая же промышленница на общественный спрос, как всякая другая. Если она, по неизжитому средневековому пережитку, еще покрыта позором, то степень этого позора весьма меняется, в зависимости от ее ренты и, при достаточной высоте последней, т.е. на верхушках проституции, сводится почти что к нулю. Если мы сравним западную изящную литературу о проституции с русскою, то удивительна прямолинейная разница в характере и направлении жалости, с которою подходят авторы к предметам своего сочувствия. Я не знаю ни одной яркой литературной вещи чисто латинского происхождения, в которой звучала бы та, полная угрызений общественной совести, чисто моральная скорбь о проститутке, которой потрясают нас Достоевский образами Настасьи Филипповны в "Идиоте" и Грушеньки в "Братьях Карамазовых", Гаршин в "Надежде Николаевне", Толстой в "Воскресении" и т.д. Латинская литература, начиная с аббата Прево, давала и дает очень сильные и грозные картины ужасов и унижений проституционного промысла (Зола, Гонкуры, Гюисманс, Мирбо, Мопассан), но нетрудно заметить, что вся их скорбь обращается на проститутку-неудачницу и имеет в виду чисто профессиональные бедствия и несчастия проституции: венерические болезни, борьбу с полицией, половое переутомление, алкоголизм, отсутствие заработка, вымогательства и жестокость любовника, раннее увядание и преждевременную старость, потерю красоты, туберкулез и т.п. Сочувствие западного писателя к проститутке, следовательно, строится почти исключительно на экономическом фундаменте. Этого практического элемента не лишена даже старинная трагедия Фантины в "Les misérables"[3] Виктора Гюго, который умел заглядывать в социальные вопросы глубже и человечнее многих писателей своей расы. Для того чтобы французский писатель оценил ужас проституции, он должен видеть проститутку, которой изменил ее промысел. Если промысел кормит и даже развивает благосостояние, то не только Жаны Лоррэны какие-нибудь, но даже писатели гениальной чуткости, как Гюи де Мопассан, тонкие сантиментальные психологи, как Альфонс Додэ, не идут в изображении проститутки глубже той же старинной и внешней fille joyeuse, что царила в литературе XVII–XVIII веков. Разве не благополучнейшее место во Франции "Maison Tellier"[4], разве не счастливы бытом своим женщины

---

[2] Веселая девица (фр.).
[3] "Отверженные" (фр.).
[4] "Заведение Телье" (фр.).

рассказа "La femme de Paul"⁵, разве не завидно-очаровательна "Сафо"? Европейский писатель (кровный, не подражатель русской школы) жалеет проститутку не за то, что она проститутка, а за то, что у ней может отвалиться нос или развиться скоротечная чахотка, и тогда она на себя не работница и должна опуститься на уровень чудовищной животной нищеты, ужасающей буржуазное воображение, как предел терпения человеческой природы. Мне возразят: а "La Dame aux camélias"?⁶ Во-первых, это – мелодрама, во-вторых, Маргарита Готье, подобно своей предшественнице, Манон Леско, погибает жертвою совсем не проституции, но фамильной чести Дювалей, которая сурово восстает против союза Армана с une decllassée⁷. Такая же беда одинаково стряслась бы над бедною Маргаритою, если бы она была не дамою с камелиями, но чистейшею крестьянкою с васильком или горничною с анютиными глазками. Для того чтобы факт проституции оскорбил чувства западного писателя на чисто моральной почве, нужно что-нибудь ужасное, из ряду вон омерзительное, нарушающее законы естества, потрясающее основы общества: кровосмешение "Франсуазы", ребенок, запертый в шкафу, и т.п. Да и то не забудем, что подобные "трагические анекдоты" нарушали душевное равновесие у таких могучих и чутких людей, как Бальзак, Мопассан, Зола. Но Жан Лоррэн или Ришар О'Монруа нисколько не постеснялись бы сделать из них смехотворные анекдоты, которые и рассказали бы публике превесело и с совершенно спокойною совестью. Проститутку скорбного, вернее даже будет сказать, мрачного, демонического (и в этом его острое различие от русских) протеста знает в романских странах только поэзия, вышедшая из наследия Бодлэра. Но для этой поэзии – "чем хуже, тем лучше": в ней много проклятий гнева, много ликующего ада, но святой возвышающей скорби по женщине-человеку, создавшей "Преступление и наказание", "Надежду Николаевну" и "Воскресение",– не ищите, нет. Второстепенные французские авторы, которые, напитавшись Толстым и Достоевским, пробовали отразить эту скорбь, писали либо сухо-теоретические, почти педантические, скорее социологические диссертации, чем романы (Род, Маргерит), либо невероятную сентиментальную пошлость, лгущую и замыслом, и словами, и тоном, и действием.

Литература не может быть сама по себе. Она – отражение жизни. Если один писатель на востоке Европы подходит к проститутке, надрываясь по ней предвзятою скорбью уже за то, что она проститутка, а другой – на западе – на ту же самую проститутку смотрит с совершенно спокойною совестью, буде у нее не гниет тело от сифилиса и туберкулеза,– очевидно, не сами же по себе столь различны эти писатели своими совестями, а ведет их совести разными путями разная жизнь на Востоке и Западе, жизнь, из

---

⁵ "Женщина Поля" (фр.).
⁶ "Дама с камелиями" (фр.).
⁷ Деклассированный (фр.).

которой оба писателя органически возникли, чтобы отражать ее явления в зеркале своих дарований. Когда Ломброзо установил драгоценную для буржуа гипотезу о специальной расе преступников и проституток, Запад встретил ее громом рукоплесканий, как успокоительное открытие; а у нас Глеб Успенский впал в истерику от искреннейшего негодования на фатализм "серповидной челюсти", будто бы обрекающей девушку в жертвы разврату. Замечательно, что, покуда русская литература стояла под влиянием французского воспитания, вопрос о проститутке ее также нисколько не беспокоил. Даже величайшие наши писатели из дворян не избегли такого "барского" взгляда на проститутку. Пушкин и Лермонтов – образцы легкого отношения к продажной женщине, причем второй, а в особенности Полежаев, способны были находить веселые мотивы даже в самых непреложных ужасах проституции. Полежаев в "Сашке" с искреннейшим восхищением описал разнос студентами веселого дома и жесточайшее избиение ни в чем не повинных женщин. Для Пушкина, в отношениях к женщинам вообще, типического ученика французов,– проститутка – только приятная мужская игрушка. Если он серьезно задумывается над судьбою проститутки, то трагедия последней для него исключительно в том, что старость отнимет у нее возможность быть игрушкою красивою и занимательною (Лаура в "Каменном госте") и – "что тогда?" Проститутка – человек, живая душа в падшем теле, понадобилась лишь новому русскому писателю из демократизированного дворянства, оскуделого в соседстве с разночинством (Достоевский, Некрасов), которому быстро пришел на смену уже настоящий разночинец чистой воды (Левитов, Воронов, Успенский). Она, если хотите, создание интеллигентного пролетариата. Толстой,– хотя до мозга костей дворянский художник,– не исключение из правила, а его подтверждение. До понимания Катюши Масловой он дорос лишь к 70 годам жития своего. Ранее проститутка возбуждала в нем барскую брезгливость, с которою он боролся теоретически, по долгу, но не по чувству. Вспомните Левина у смертного одра его брата.

В странах латинской культуры не было, да и сейчас нет, ни литературного разночинца, ни интеллигентного пролетариата в той форме, как вылились они в искалеченной запоздалым неправильным ростом культурной России.

Изучая самые тяжелые страницы западной романтической богемы, все-таки видишь очень хорошо, что это лишь подготовительное мытарство куколки, из которой затем в свое время выведется весьма определенная буржуазная бабочка и почти механически найдет себе предназначенное место в старой, на диво слаженной культурной классификации своего народа. Исключения вроде Бодлэра, Верлэна и т.п. только подтверждают правило огромно преобладающего большинства. Удивительно ли, что не открыли душу проститутки страны, где нет ни "лишних людей", ни "людей из подполья", где неведом художник Пискарев, и где, чтобы хоть сколько-нибудь объяснить публике Раскольникова, играют его сумасшедшим? Когда в французскую беллетристику проникло веяние социализма, вопрос о проституции не мог не выплыть на поверхность в новом свете (романы Эжена Сю). И вот тут-то впервые сказалась та практическая черта латинского гения, о которой я упомянул выше. Отрицательное социальное явление сразу освещено было с экономической точки зрения, и освещение ничуть не изменилось затем по существу, хотя прошло много фазисов в течение добрых 75 лет. Замечательно, что в России этот взгляд на проституцию, с точки зрения романтического социализма, не имел никакого успеха: ему не поддался ни один крупный реалист, хотя все они почитали себя в женском вопросе учениками великой француженки Жорж Санд. Насаждать семена экономического сентиментализма в русском огороде выпало на долю Всеволода Крестовского ("Петербургские трущобы"), а затем его песня сразу перешла в бульварную беллетристику и осталась вне литературы. Достоевский разбил это направление даже без сражения и повел, и ведет за собою русский вопрос о проституции вот уже 50 лет. Первое литературное десятилетие XX века посвятило русской проститутке очень много внимания, но ни один из авторов не пошел дальше Сони Мармеладовой. Все писали ее же, лишь воображенную в прямом или обратном освещении. И даже те авторы, которые в последнее время усиленно апофеозируют проспцугку как повсеместную носительницу постоянного протеста против, всегда и всюду искаженного неумолимо-последовательным мужевластием, общественного строя, делают ее глашатаем индивидуализма, заставляют философствовать по Ницше и совершать сверхчеловеческие поступки,– даже и из них не один не написал своей собственной проститутки: кто писал Соню Мармеладову обозлившуюся, кто Соню Мармеладову взбунтовавшуюся, но тип остался несокрушимым и непревзойденным. Особо, в стороне, поставить приходится только Настю Максима Горького, рассмотревшего демократическими, родственными глазами своими нечто новое и заветное, чего раньше проститутка не показала ни кающемуся барину, ни разночинцу, ни купцу.

То романтически-экономическое освещение проститутки, которому начало положено Эженом Сю, а у нас Всеволодом Крестовским, хотя и ушло на улицу, но на ней не умерло. Ибо, если в первой своей половине оно препротивно грешило фальшивою сантиментальностью ("погибшее, но милое созданье"), то во второй– было глубоко правдиво,– собственно говоря, гораздо правдивее, по основному существу своему, многого, что наговорили о проституции художники-психологи. Ошибка этой школы заключалась только в том, что в свое время стесненная pruderie'ей своего века, она не решилась осветить экономические корни проституции иначе, как с самой эффектной и мелодраматической их стороны: проституция для них – капитуляция женской морали только пред крайностями голода, холода и нищеты. Аболиционистическое движение последних десятилетий также поддалось этой ошибке, чем и объясняются трагикомические неудачи его прекрасных намерений. Десятки лет европейский буржуазный оптимизм никак не хотел согласиться с унизительною истиною, бущо под сенью его мужевластной двухтысячелетней морали народилась или, вернее сказать, возродилась проституция как обыкновенный женский промысел, и быстро развилась, и выросла по тому же закону, по которому развиваются и растут все жизнеспособные промыслы: потому, что при настоящем общественном строе он гораздо выгоднее других видов женского труда. Настолько выгоднее, что противовес вековой морали, предохраняющей женщину от проституции, все слабее и слабее выдерживает напоры наглядных соблазнов "большей доходности с наименьшей затратой сил". С тех пор как исследованием проституции занялись серьезно и пытаются поставить вопрос на научное основание, экономический элемент ее выступил вперед с ужасающей убедительностью. Сейчас в некоторых странах он уже вызвал раскрепощение проститутки от полицейского надзора, в других – дело идет к тому же,– и, наконец, более того: в литературе время от времени поднимаются уже голоса, настолько примирившиеся с промышленной) непременностью проституции, что их нисколько не смущает даже возможность "проституционных ассоциаций" (Иерузалем, Жаботинский, Винниченко). Подумать только, что 50 лет тому назад невиннейший роман Боборыкина "Жертва вечерняя" был оплеван как порнографический, между прочим, и за то, что автор написал проституток не только страдалицами, но и промышленницами. А между тем, собственно говоря, Боборыкин только попробовал тверже стать на ту позицию, которую, правда, мельком, но с страшною прозорливостью наметил еще Гоголь, предсказавший в "Невском проспекте" всю потрясающую историю будущих встреч российского идеализма с беспощадною сутью проституции. "Правда, я беден,– сказал, наконец, после долгого и поучительного увещания Пискарев,– но мы станем трудиться, мы постараемся, наперерыв один перед другим улучшить нашу жизнь. Нет ничего приятнее, как быть обязану во всем самому себе. Я буду сидеть за картинами, ты будешь, сидя возле меня, одушевлять мои труды, вышивать или заниматься другим рукоделием,– и мы ни в чем не будем иметь недостатка".– "Как можно!– прервала она речь с выражением какого-то презрения.– Я не прачка и не швея, чтобы стала заниматься работою".

Боже! в этих словах выразилась вся низкая, вся презренная жизнь,– жизнь, исполненная пустоты и праздности, верных спутников разврата.

"Женитесь на мне!" – подхватила, с наглым видом, молчавшая дотоле в углу ее приятельница.– Если я буду женою, я буду сидеть вот как!" При этом она сделала какую-то глупую мину на жалком лице своем, которою чрезвычайно рассмешила красавицу".

Смысл этой угрюмой сцены показался бедняге Пискареву настолько оскорбительным и несправедливым, что он кончил жизнь самоубийством... Жаль бедного Пискарева: понапрасну погиб он, а

6

течение века показало, что и справедливость-то была не на его стороне, а на стороне той, которая сказала ему:

– Я не прачка и не швея, чтобы стала заниматься работою.

Что, в переводе на язык цифр, значит:

– Я не имею желания нажить в течение десяти лет каторжного труда преждевременную ревматическую или слепую старость, голодая и холодая на поденной плате в два двугривенных или... неизбежно прирабатывая тем самым промыслом, из которого вы желаете меня извлечь.

Не буду останавливаться на этой теме, ибо мне нечего прибавить к ее развитию после "Женского настроения" и послесловия к "Марье Лусьевой", читавшихся достаточно много, чтобы надо было повторять здесь их основные положения. Еще десять лет назад меня за них упрекали, как изверга какого-нибудь, в бесчувственности и безнравственности. В настоящее время эти положения – только что не общие места! Так быстро идет и творит жизнь, так, в несколько шагов, обгоняет она того, кто в нее всматривается!

Я думаю, что в скором времени должен появиться в России литературный художник, который напишет проститутку, как цельный человеческий образ, без той исключительной прямолинейности и дидактической планомерности, которая до сих пор превращала в "отвлечения" даже лучшие опыты этой живописи. Думаю потому, что уж очень много литературной мысли работает за последнее десятилетие в этом направлении и слишком много литературных сил пробует себя на загадках этого "бытового явления", пытаясь дать его синтез. Театр заполнен проститутками. Андреев, Шолом Аш, Юшкевич, Трахтенберг, Найденов, Протопопов, Фоломеев – вот сколько авторов дало русской театральной публике образы новой проститутки! Покуда она никому не удалась и не удается. Но кому-нибудь удастся. Потому что это литературно нужно, по этому образу тоскует неудовлетворенная совесть века, и скорбное любопытство коллектива не сегодня-завтра перельется-таки в индивидуальный талант, который ответит на долгий вопрос еще неведомым, но уже ожидаемым и подготовляемым словом. Если мы вглядимся в историю литературных произведений, сыгравших по разным вопросам русской культуры большую ответную роль ("Отцы и дети", "Анна Каренина", театр Чехова, "На дне", "Поединок"), удивительна своевременность их появления, удивительна естественная быстрота, с которою созревшему общественному вопросу откликается созревший художественный ответ.

Очень я завидую этому будущему и скорому художнику, потому что придется ему творить на почве, в которую я, на своем веку, уложил немало внимания и наблюдения, но как публицист-аналитик по натуре, так и не набрался смелости для попытки заключить свои наблюдения художественным синтезом. Теперь же, кроме того, и условия жизни, и возраст отстранили меня от этой темы, и я, собственно говоря, с нею расстаюсь. Но думаю, что,– кто бы ни был тот настоящий художник, которого ждет проституционный вопрос,–

два тома "Марьи Лусьевой" послужат ему небесполезным подготовительным и поверочным подспорьем как накопление сплошь фактического материала, "человеческих документов". Много последних остается еще неиспользованными в бумагах моих, и я рад буду со временем передать их хорошему молодому писателю, который захочет ими заняться. Многое же успело уже состариться, так что – в быстро бегущем движении нашей жизни – годится уже скорее для историка нравов, чем для художника, творящего современность.

Жизнь и быт европейской проститутки, если они не приукрашены сантиментальными и слезоточивыми измышлениями апологетического свойства (например, пошлейшая и противнейшая, сплошь солганная "Жизнь падшей" буржуазнейшей Маргариты Бэме или пресловутая "Кларисса"),– гораздо голее, суше, проще и психологически грубее жизни прости́тутки русской. Особенно в странах католических, где частая исповедь не дает женщине подолгу оставаться наедине с своею совестью, а, следовательно, вынимает из жизни тот религиозно-психологический фермент, который составляет и счастье, и несчастье Сони Мармеладовой. "Поэзия", хотя бы и "отрицательного типа", которой так много подметили русские литераторы в русской проститутке, у западной чувствуется лишь постольку, поскольку она, в промысле своем, скользит по границе преступления, а в этих случаях она, обыкновенно, не самостоятельна, но является лишь тенью мужчины.

Вследствие этой прямолинейности в западной торговле развратом многие страницы "Марьи Лусьевой за границей" стоили мне гораздо большего труда, чем соответственные страницы "Марьи Лусьевой" первой. Итальянская, французская, австрийская проститутка говорит со спокойною деловитостью о таких щекотливых эпизодах своего промысла, признание в которых еще заливает багровою краскою лицо уличной женщины с Невского проспекта или Дерибасовской улицы. Я, без всякого ложного стыда, признаюсь, что многое в этом томе могло бы быть рассказано гораздо ярче и подробнее, и полагаю, что у меня достало бы на то способностей, но – то и дело перо опускалось, и тяжелое впечатление тянуло многое замолчать, многое вуалировать. Не ради лицемерной скромности, а потому, что зрелище ряда опустошенных жизней вводило такую скорбь в душу, что казалось жутким и напрасным переливать ее в души читателей.

Мне столько доставалось на веку моем за парадоксы противоположений, что – одним больше, одним меньше – все равно. Вот:

– Латинский разврат страшен тем, что он совсем не страшен.

Он улыбается и считает,– и это более жутко для "славянской души", чем весь вой Сенной, притворный хохот Невского проспекта, мечтательное безумие Насти, истерика купринской "Ямы" (прекрасная реалистическая вещь, покуда не резонерствует в ней неумный болтун репортер) и холодный вызов андреевских "Христиан"... За воем, хохотом, истерикою, холодом самобытного отрицания вы не перестаете чувствовать живого человека. Этого-то вот здесь и нету... Слова избитые и опошленные – "жертва общественного темперамента" – приобретают здесь гораздо более страшное и антисоциальное значение, потому что в русской проституции они почти всегда определяют процесс, еще творящийся, в латинской–завершенный до конца. "Я торгую собой" – в России – до сих пор трагедия, а в Милане, Ницце, Париже – только... вывеска ходячего магазина, лавки или рыночного лотка, глядя по разряду. Из русской или еврейской проститутки проклятый промысел выгрызает душу всю жизнь, до старости,– и то еще остается ее довольно, чтобы до гроба дразнить и мучить женщину утраченною чистотою. Латинская проститутка в большинстве случаев становится к промыслу уже смолоду с опустошенной душой. Или еще того вернее, спрятав куда-то душу впредь до востребования ее на каком-нибудь другом житейском поприще. В промысле она – существо страшное и опасное. Если ей везет, она горда и надменна. В ней просыпается bella e onesta cortigiana[8], привилегированная старой Венецией. Если счастье ей изменяет, она озлоблена, свирепа, плаксива, преступна. Она может быть очень жалка, но по самочувствию она счастливее нашей проститутки. У нее нет отравляющего жизнь стыда самой себя, а стыд промысла регулируется исключительно тем, как относится к ней среда, в которой она вращается. Крестьянские девушки северной Италии, попавшие в проституцию с дозволения своих родителей, возвращаются в деревни весьма гордыми невестами и пользуются таким же почетом и ухаживанием, как будто они свои приданые заработали земледелием, шитьем либо бакалейною торговлею. Все покрывающая фамильность буржуазного уклада,– может быть, от римской "отцовской власти" предание свое ведущая,– как бы берет на себя ответственность за своих дочерей предлюдьми, а дело попа – уладить мир между совестью и Богом. Благодаря всему этому латинская проститутка стоит гораздо выше других европейских сестер как представительница класса, но производит довольно низменное впечатление, с точки зрения той исторической морали, которую мы немножко гордо и самонадеянно называем общечеловеческою. Это – одна из причин, почему в своем нынешнем "обозрении" европейской проституции (главным образом, латинской, так как германская мне мало известна) я выбрал, в качестве commère[9], не итальянку или француженку, но латинизованную "славянскую душу".

Из щекотливых частностей рассказа мне пришлось довольно много отдать внимания злу, которое в России ново, и хотя участилось за последнюю четверть века, но все же сравнительно редко; а здесь оно живет веками в обществе, проявляясь часто и довольно прозрачно, в проституционной же среде – постоянно, зауряд, в большинстве случаев открыто, а иногда и с подчеркнутой показностью. Я говорю об однополой любви. Надеюсь, что мне удалось поставить упоминание об этом несчастнейшем пороке в

8 Прекрасная и честная куртизанка (фр.).
9 Кумушка, сплетница, болтунья (фр.).

рамки, в которых он не отравит читательского воображения – за исключением, разумеется, тех, чересчур уж целомудренных пуристов, что приходят в ужас и негодование от каждой попытки озарить дневным светом тот или иной, скрывающийся и гниющий в темной ночи грех. Чем больше я живу и вижу людей и свет, тем больше убеждаюсь, что ползет по Европе эпидемия странного психического состояния, которое назвать половым помешательством будет слишком резко, а неврастенией–не слишком ли вежливо? Гомосексуализм – одна из наиболее частых форм этой эпидемии, а западная европейская проституция – один из ее злейших очагов, наиболее от нее сам страдающий и наиболее опасно заразительный для другихклассов и стран. В страницах романа, касающихся этой язвы, я старался быть сжатым и строгим, как только допускало правдоподобие, но совсем опустить их не почел себя вправе, так как это было бы лицемерною ложью и замалчиванием одного из главных винтов в бытовой механике класса, о котором идет речь. Во всяком случае, уповаю уже на то обстоятельство, что, когда "Марья Лусьева за границей" печаталась в "Одесских новостях", во множестве читательских писем, мною по ее поводу полученных, я не нашел упреков за эта страницы, а семейный провинциальный читатель – цензор строгий. Думаю, что читатели с чистым воображением прочтут и эту часть "Марьи Лусьевой" с тем же спокойствием изучающей мысли, как читали они первую часть; что же касается читателей с воображением распутным, то я, во-первых, уверен, что они не будут удовлетворены моей книгой, ибо покажется ее рассказ им слишком сухою и тяжелою схемою, не дающею полета игривой фантазии; а, во-вторых... какой автор и какая книга спасены от смакования господ, умудряющихся даже азбуку истолковать в неприличность?

Когда"Марья Лусьева" печаталась в "Одесских новостях", я получил довольно много запросов: кончается ли судьба "героини" в этой повести, не вернусь ли я к ней еще раз? Что я могу сказать? Марья Лусьева уехала в Америку. В Америке я не был и тамошней проституции не знаю. Писать о том, чего не видал, не умею. Если же попаду когда-нибудь в Америку, то – пожалуй; commère, с которою я теперь расстаюсь на 3 4-м ее году от рождения, я застану там уже в том почтенном возрасте, когда женщинам ее профессии, по их собственной поговорке, остается только Богу молиться да сводничать. Но так как у меня имеется еще очень большой запас неиспользованных "человеческих документов", то, может быть, сбыв с плеч более крупные литературные работы, я напишу несколько рассказов о подругах Марьи Лусьевой, упоминавшихся в этих двух томах, по их автобиографическим показаниям, хранящимся в архиве моем. Но это – улита едет, когда-то будет...

А покуда обращаюсь к читателю "Марьи Лусьевой за границей" с большою авторскою просьбою: если эта повесть попадет ему в руки раньше "Марьи Лусьевой",– хоть потом прочитать послесловие мое к той первой повести, так как оно договорит ему много такого, что поставит его на должные точки зрения относительно и "Марьи Лусьевой за границей"[10].

Александр Амфитеатров
Fezzano. 1911.V. 26

Так как я, живя за границей, получаю и читаю корректуру только в гранках, то поэтому, я, к сожалению, не мог дать здесь постраничного "распределения справок", подобного тому, как было в "Марье Лусьевой".

I

Милан спал.

Ночное небо было, не в обычай этому злополучному городу, сине и ясно. Луна висела над готическими колючками собора, подобно желтому апельсину, одиноко позабытому на разрушенной

---

[10] P.S. К "Марье Лусьевой" прилагался мною список сочинений, которыми была она проверена в бытовой части. Те же самые 29 названий служили мне для проверки "Марьи Лусьевой за границей". Прибавить надо:

G. Ferrero. Bianchi e S.Sighele. Mondo criminale.

G. Ferrero e Sighele. Le Gronache criminali Italiane.

Haveluck Ellis. Etudes de psychologie sexuelle. Volumes I et II. Deuxième édition. P. 1908–1909.

August Foret. Die sexuelle Frage. München, 1889.

R. de Krqfft-Ebing. Le psicopatie sessuall Torino, 1889.

Garnier. Anomalies sexuelles apparentes et cachées 4-me éd. P.

A. Niceforo. Le psicopatie sessuali acquisite e i reati cessuali. Roma, 1897.

P. Brouardel. Les attentats aux moeurs. P., 1909.

Sihio Venturi. Le degenerazione psico-sessuali. Torino, 1892.

S. di Giacomo. La prostituzione in Napoli. Napoli, 1899.

Gaston Vorberg. Freiheit oder gesundheitliche Ueberwachung der Gewerbsunzucht? München.

L.M. Moreau-Christophe. Le monde des coquins. P., 1864.

Дмитрий Дриль. Преступность и преступники. СПб., 1895.

Eugène Villiod. Comment on nous vole et comment on nous tue. P., 1905.

G. Alongi. La mafia. Milano, 1904.

A. Outrera. La mafia e i mafiosi. Palermo, 1900.

Иван Блох. Половая жизнь нашего времени и ее отношение к современной культуре. СПб., 1909.

Д-р Фияос. Сцена и проституция. Со статьей д-ра Б.И. Бентовина "Проститутки в освещении современной русской сцены". СПб., 1910.

Д-р Б. Бентовин. Дети-проститутки. СПб., 1910.

Д-р Б. Бентовин. Торгующие телом. Изд. 3-е. СПб., 1910.

Max Gruber. La prostituzione considerata dal punto di vista dell igiene.

Recagni G. La camorra.

рождественской елке. С тоскливою отчетливостью темнели в вышине бесчисленные статуи громадного здания, похожего, в густой синеве неба, на береговой утес у тихого моря, облепленный, на отдыхе в перелете, серыми стаями, торчком на хвостике, спящих птиц. Галерея Виктора Эммануила безмолвствовала, пустынная и печальная от безлюдья, ослепшая от закрытых ставень в магазинах, конторах, ресторанах и кафе. Только у Кампари еще ярко светились огни и горела за опущенными гардинами бессонная страстная ночь.

Двое русских, только что слезших с бесконечно опоздавшего поезда из Венеции, шагали по улице Манцони, решительно не зная, куда им деваться, так как ранним утром, уже в начале шестого часа, их ждал поезд на Геную, и, стало быть, останавливаться на ночлег в гостинице не было смысла: лечь в постель – только разморить себя коротким сном и приготовить себе досадную пытку мучительного пробуждения, не выспавшись. На вокзале пассажирские комнаты, по правилу, ночью закрыты, и оставаться в них посторонним лицам воспрещается.

– Одно остается, Матвей Ильич,– ударимся до утра по кабакам!

– Да!– возразил Матвей Ильич,– отчего бы не удариться, если бы мы хоть сколько-нибудь знали город? А то мне о Милане только то и известно, что есть в нем какой-то великолепный собор и какая-то знаменитая галерея, где певцы и певицы со всего мира гуляют в ожидании ангажементов, как невесты на смотринах.

– Вот в эту галерею и нацелимся. Где имеются певцы, там, наверное, найдутся и кабаки. Ибо профессия характера пьющего и поведения предосудительного.

– Не до третьего же часа ночи они за ангажементами бегают!

– Третий час ночи для гулящего человека время детское. По моему соображению, именно до этого срока – который не получил ангажемента, должен пить с горя, а который получил – вспрыскивать магарычи... Во всяком случае, огоньки какие-нибудь теплятся. Пойдем на огоньки.

– Не забрести бы в какую-нибудь трущобу. Со мной денег порядочно. Риск. Народ здесь ловкий.

– Нет, Матвей Ильич, не надеюсь. По плану, это – центр города, самая шикарная часть. В таких местах трущоб не бывает. Полиция не потерпит.

– А парижские "су-соли" на больших бульварах?

– Так это же одна видимость для нашего брата, иностранца! Наслушались и начитались мы от юности своей, что Париж – город извращенного разврата, вавилонских пороков и адских преступлений. Попал в Париж,– натурально, первым долгом спрашиваешь: "А где тут у вас извращенный разврат, вавилонские пороки, адские преступления и прочие специальные продукты местного производства?" – "Ах, пожалуйте! У нас про вас!.." Был бы спрос, а предложение французский буржуа уж приготовит в лучшем виде. И вот, к совершенному удобству покупателя, вам даже на темные окраины не надо забираться и в действительно подозрительном и голодном обществе шкурою своею незачем рисковать. Все ужасы позора и грехопадения вы обретаете в самом сердце Парижа: по крайней мере, сотня наберется этаких ночных магазинов, во вкусе Шнитцлерова "Зеленого попугая", торгующих сильными ощущениями – в пределах, терпимых полицией вообще и полицией нравов в особенности. О разных открытых кафе и кабаре Монмартра я уж и не говорю: там-то сплошная театральщина, годная только для доверчивого тупоумия англичан. Лубок и статисты. Но даже и в заправских местах. Вы, скажем, хотите видеть девок и апашей в их собственном романтическом быту? Пожалуйте – около самых Halles[11] – вот вам Caveau des Innocents[12]: ужаснейшее средневековое подземелье, с коридором-лазом, в котором два человека не могут разойтись, и мужчина среднего роста должен идти нагнувшись. На дне этой закопченной ямы вы находите действительно оргию всякого рода бывших людей обоего пола. В настоящей декорации настоящие фигуранты. Можете насмотреться грозных лиц, цинических жестов и плясок, наслушаться грязных слов и песен, даже попасть в историю, быть обруганным, получить в шею... ведь и на это есть охотники! Помню, как ко мне в Париже один благополучный россиянин, захлебываясь от восторга и ужаса, прикатывал на автомобиле: "Знаете? я вчера из Caveau des Innocents едва жив выбрался! Не понимаю, как уцелел. Уже блистали ножи... Хорошо, что полиция вовремя подоспела!.." А в действительности-то, даже и здесь вы безопасны, как в отделении универсального магазина: сильных ощущений отпустят вам – аккурат, сколько требуется, чтобы вас в романтизме вашем утешить и чести заведения не посрамить,– торгово, деловито, без обмера и обвеса. Как Подхалюзин хвастался: хоть малого ребенка пришлите, и того не обсчитаем. Ножи иной раз блещут, точно, но полиция всегда приходит,– то есть хозяин кричит, будто она идет,– как раз вовремя, чтобы ножи перестали блистать.

– Ну да! Вам поверить, так в Париже и не грабят, и не убивают, и не насилуют.

– И грабят, и убивают, и насилуют, да не так, как все это воображается и пишется, и не там, где этих, как бы вежливее выразиться, зрелищ, что ли, ищут. На этот счет удивительные суеверия существуют. Я в Париже жил близ Булонского леса. Послушать добрых буржуа, так ночью по лесу пройти нельзя: даже, мол, на главных аллеях вы рискуете, что апаши выскочат из кустов, сцапают, уволокут за деревья, и хорошо еще, если только ограбят, а то и горло перережут да в пруд спустят с камнями за пазухой. "А я, как нарочно, именно по ночам гулять люблю, когда дерево дышит".– "Что вы! Как можно! Боже вас сохрани!.." Истории о нападениях рассказывают, одну другой страшнее. Но я питаю склонность к логическому исследованию. "Позвольте! Да разве в Булонском лесу много гуляющих в ночное время?" – "Наоборот: никто туда и носа не

---

[11] Крытый рынок (фр.), имеется в виду Центральный рынок в Париже.
[12] Погребок Иннокентия (фр.).

показывает".– "В таком случае для какого же черта будут там сидеть апаши? Что у них за страсть удивительная – подстерегать прохожих именно на таком месте, где прохожих никогда не бывает?.." И бродил я потом преспокойно от Огейля к Лоншану, к озерам,– случалось, целые ночи напролет,– и, кроме городовых, никогда ни одной подозрительной двуногой твари не встретил. Не может быть волкатам, где нет дичи, ни акулы либо щуки, там, где нет рыбы. Всякий промысел, честный или бесчестный, предполагает не только промышленника, но и промышляемое. Нельзя быть проституткою в пустыне, на необитаемом острове или на макушке неприступной скалы. Недаром же публичных женщин в старину дразнили: "Проезжий шлях!" Матвей Ильич засмеялся.

– Положим, сирены Одиссея, Лорелея на Рейне и царица Тамара в глубоком ущелье Дарьяла доказывают обратное.

– Помилуйте! Как обратное? Именно то самое. Все они как раз на самых, что ни есть, проезжих шляхах селились, у великих горных, речных, морских путей. А – что неприступность себе устраивали, так это именно вроде тесных коридоров в Caveau des Innocents: чтобы лезть к ним чрез неприступность было заманчиво, таинственно и лестно. На самом-то деле ничего трудного нет, а видимости трудной много; одолеет человек декоративную тесноту или крутизну романическую,– пыхтит, в поту, а сам горд: вот я какой герой! не каждый, мол, на такую штуку ради женщины решится и подобные подвиги подымет! Ну и сейчас же на радостях,– хоть распотроши его: за все рад платить вдвое, потому что – герой!.. Шампанского! Птичьего молока!

Вышли на площадь, полюбовались, в тихой луне, фигурным гробом собора и смелым овалом арки в галерее, проверили под портиками редкое матовое свечение еще не угасших окон и направились к ближайшему – вошли в ночное кафе Кампари.

– Ну, видите: чутье не обмануло меня,– не знаю что, но во всяком случае далеко не трущоба!

Матвей Ильич, под стон и вихрь венского вальса, разливавшегося с эстрады из-под скрипок дамского оркестра, кивнул головою, водя глазами в напрасных поисках свободного места.

– Довольно шикарно. И – какая масса публики! Негде сесть...

– Попробуем счастья в других залах. Эй! вы! синьор! Понимаете по-французски?

Слуга показал им удобный столик в углу между двумя сходящимися бархатными диванчиками.

– Что у них тут пьют? – спросил Матвей Ильич. Другой русский огляделся.

– Кажется, ничего не пьют... Кто над чашкой кофе застыл, у кого мороженое... А вон там у окна старик просто за стаканом воды благодушествует...

– Ну, я так не привык... Что за общество трезвости в четвертом часу ночи! Вина-то спросить можно ли?

– Где же в Италии нельзя спросить вина? Полагаю, даже в соборе Петра в Риме, если закажете – и то никого не удивите.

– Так велите, Иван Терентьевич. Что же время терять? Ночь коротка.

– Неизбежное кьянти, что ли?

– Да неужели у них нет чего-нибудь серьезнее? Удивительный народ! Вино родится в каждой деревушке, а пить нечего. Либо ординерчики, либо – "шампань! шампань!" Три тысячи лет вино делают, а порядочные марки выдерживать так и не научились.

Посоветовались с камерьером,– тот подал им запыленную серую бутылку старого пламенного бароло. Густая кровь пьемонтского винограда, как водится, отдавала сургучом и еще какою-то совершенно непредвиденною дрянью, но язык чувствовал безукоризненную чистоту невкусного и даже как бы слегка вонючего вина, и кровь от него загоралась и весело бежала по жилам, и сердце играло быстрым, радостным ритмом.

Иван Терентьевич с узенькими блестящими глазками бросал умиленные взоры на пестро разряженных женщин, во множестве сидевших за столиками, преимущественно, подоконной линии,– группами: кто играя в кости и карты, кто за кофе и шоколадом – и восклицал восторженно:

– Девья-то! девья-то! Миллион двести тысяч! Господи ты Боже мой! И – какие все нарядные да видные, Бог с ними...

А вы еще ругаете итальянок, будто – только слава, что хороши, а на самом деле – красивой и породистой днем с огнем не сыщешь!

– Согласитесь, однако, что мы нашли этих красавиц как раз именно не днем, а только ночью.

– Просто обидно, что поутру надо уезжать! В каждую подряд влюбиться готов. Разве остаться денька на три? Матвей Ильич! А?

– Ну нет-с! Это – дудочки... Довольно в Вене куролесили. Берегите карман. У нас еще Монте-Карло впереди.

– Да что же? Чертова рулетка все равно слопает, сколько ни привезем... Лучше меньше, чем больше.

– Ну, я другого мнения.

– Уж не выиграть ли надеетесь? Шалости, батенька! Скорее рак свистнет... Знаете ли: черта ли мы будем дальше тянуть это коричневое пойло? Что-то душа простора просит. Закажем-ка два флакончика шампанского да пригласим которую-нибудь из этих душек, чтобы содействовала веселости и умягчению нравов...

– Поздно. Сейчас каждая мечтает уже не об ужине с вином, а – зацепить бы компаньона, который даст заработать...

– Ничего! Можно и на этот счет успокоить. Посулим бумажку в 50 лир,– каждая почтет за честь и благополучие.

– Пятьдесят лир! Эка вас разбирает! Москвич! А еще читает мне лекции о парижских "су-солях"... Там за двадцать франков садится к вам такое блондовое фру-фру, что – показать у нас в К. подобный туалет, так половина дам заболеет от зависти, а губернаторша удавится.

15

– То – Париж, а в провинции цена шику растет!.. Так как же, Матвей Ильич? Ангажируем что ли?

Матвей Ильич оседлал нос золотым пенсне, проверил пестрый ряд красавиц и пожал плечами.

– Не знаю, чем вы восхищаетесь,– брезгливо сказал он.– Вы, должно быть, больше меня вина этого сургучного выпили. Головки есть красивые, согласен, да... глаза, волосы... в чертах статуйное что-то, правда... Но зато...

– Матроны, Матвей Ильич!– лепетал Иван Терентьевич, блаженно жмуря глаза,– смею вас уверить: настоящие римские матроны!

Матвей Ильич усмехнулся.

– То-то и нехорошо, что, пожалуй, вы правы: уж даже слишком матроны. Ни одной молоденькой. Все – держаный товар, лет за двадцать за пять, а то и ближе к тридцати. Намазаны густейте. И толстухи какие! Словно из гарема персидского шаха сбежали...

– Ватою, поди, сплошь обложены: потрафляют на южный вкус.

– Фигуры, Бог их суди, ужасные. Хороши, нечего сказать, портнихи в Милане! Что ни женщина, то куцая талия и квадратная спина. Материи дорогие, а фасоны прошлогодние, и выбор цветов – с лубочной картинки... Героини не моего романа.

– Вот привередник! Слушайте: да что я – навек жениться что ли вам предлагаю? Просто – пусть посидит у стола и поврет нам ерунду свою какую-нибудь... Авось за час или за два, покуда заведению торговать осталось, не успеет она погубить навеки ваш тонкий эстетический вкус?

– Да на каком же языке, наконец, мы говорить-то с ними будем? – оппонировал Матвей Ильич.– Ведь, небось, они по-французски – ни бе, ни ме, ни кукареку?

Но Иван Терентьевич подмигнул непобедимо.

– У меня, батюшка, эсперанто.

– А вы думаете, они понимают эсперанто?

– Мое-то? Трактирно-международное? Где же его не понимают? Да загоните меня не то что в Милан, а хоть в Патагонию,– я и там не пропаду. Только бы встретил слугу из ресторана либо девицу легкого поведения, а затем обо всем превосходно сговориться и условиться сумеем, хотя сейчас, откровенно сказать вам, даже хорошо не помню, на каком языке в Патагонии говорят, и есть ли в ней особый язык.

– Вот дар!– засмеялся Матвей Ильич. Иван Терентьевич самодовольно продолжал.

– Я в этой своей специальности подобен поэту Бальмонту, который, когда осеняет его вдохновение, понимает все чужие языки так же свободно, как русский, хотя бы никогда их не изучал и даже ранее не слыхивал. Однако вы меня в сторону не отвлекайте, зубов не заговаривайте! Ну-с? Я намечаю для себя вон ту, рыжую, с голубым пером, которая вот уже полчаса все один бокал пива пьет... А вы?

– Погодите. Может быть, еще и не удобно, не принято этак-то к ним адресоваться,– напрямик, со свойственным вам, москвичам, нахрапом?

– Вона! За герцогинь, что ли, вы их принимаете?

– Я очень хорошо вижу, что все они сплошь – крашеные проститутки, но очень может быть, что у них тут принят какой-нибудь свой этикет промысла, о котором лучше заранее справиться?

– Ну вот! Если девицы сидят в три часа ночи в кафе без кавалеров и платят за консоммацию собственными деньгами, это свидетельствует, что рынок ужасно плох, и, значит, они будут рады нашему угощению, яко нисшествию доброго ангела с небеси.

– Однако обратите внимание: разве не странно, что вот вошли мы, сидим за бутылкою хорошего вина, тогда как на других столиках тянут грошовый лимонад либо просто воду из-под крана, оба отлично одеты, очевидно, иностранцы и люди с деньгами,– следовательно, казалось бы, прямая для этих голубушек добыча. А между тем из них ни одна до сих пор не то что не пристала к нам, но даже не посмотрела на нас пристально. В Петербурге, Варшаве, Берлине, Вене нас давно уже облепили бы, как мухи мед.

– Я вижу,– засмеялся Иван Терентьевич,– ваше мужское достоинство уязвлено и страдает, зачем приходится сделать первый шаг?

– Нет, не мужское достоинство страдает, а осторожность учит. Знаете, что город, то норов. У меня в Антверпене случай был, в кафе Вебер. Сидит тоже вот так-то некая Рубенсова мадонна – примет профессиональности несомненнейших – и так же, как вот эти две, с подругою в кости играет. Вижу: товар подходящий. Сажусь рядом, приподнимаю шляпу. Что же вы думали? В ответ – взгляд королевы этакой брабантской,– как кипятком меня обварила.

– Что вам угодно?

– Угодно, если вы не прочь, предложить вам свое общество, ужин и бутылочку-другую шампанского.

Королева брабантская смотрит мягче, но продолжает:

– Позвольте! На каком же основании? Мы с вами незнакомы. Вы мне еще не представлены.

– Ну, ют какая вы строгая! Что за счеты? К чему столько церемоний? Познакомиться недолго: я мужчина, вы женщина, я, скажем, Жан, вы, предположим, Марго.

Но она перебивает меня весьма учтивым, но деловым этаким, веским тоном:

– Все это прекрасно, но мой любовник ничего мне о вас не говорил. Я не могу быть в компании с господином, неизвестным моему любовнику. Франсуа будет недоволен и поколотит меня, а вы рискуете получить скверную историю. Уже и то нехорошо, что вы так – сами подошли ко мне. Вы, очевидно, иностранец и не знаете порядков. Вам следовало обратиться к слуге и спросить: "Не знаете ли вы, кто друг этой дамы?" Слуга свел бы вас с моим Франсуа, а Франсуа представил бы мне. Вот как делаются у нас порядочные знакомства... Потому что,– вы понимаете, monsieur,– слуга тоже имеет в деле свой процент, и мы все друг перед другом – на честном отчете и должны контролировать общую работу...

– Черт знает что! да это целая система! Но где же я должен искать вашего Франсуа?

Она сейчас же моргнула ближайшему официанту. Тот весьма почтительно ведет меня в уголок к субъекту с весьма поношенной рожей и рубцом на носу, но одетому по последней и солиднейшей лондонской моде.

– Мосье Франсуа, вот иностранец ищет вас, чтобы сказать вам несколько слов.

Мосье Франсуа встает из-за партии в пикет, которую вел против какого-то добродушнейшего и приличнейшего с виду лысого господина, извиняется пред партнером, учтивейше заявляет, что он очарован честью познакомиться со мною, и просит меня удостоить – принять от него рюмку коньяку.

– С тем, чтобы я платил.

– Мосье! Вы хотите меня обидеть. К чему такая мелочность между порядочными людьми?

– Тогда позвольте, в свою очередь...

– А! это с удовольствием, от порядочного человека – всегда с удовольствием...

И вот – присели мы за отдельный столик и повели деловой разговор.

– Мосье, вероятно, желает быть представленным мадемуазель Сидализе?

– Да, если ее зовут Сидализой.

– Я уверен, что мадемуазель Сидализа ничего не будет иметь против знакомства с вами. Быть может, мосье будет так любезен – сообщить мне свои намерения относительно мадемуазель Сидализы?

– Любезнейший мосье Франсуа, мне кажется... что же я могу вам сообщить? Намерения мои – заурядейшие, ничего необыкновенного в себе не заключают и сами по себе ясны, как белый день.

Тогда джентльменствующий хулиган мой принимает докторальный вид и, с миной снисхождения к моему невежеству, разъясняет:

– Дело в том, мосье, что искусство мадемуазель Сидализы весьма разнообразно, и я желал бы заранее знать, в какой именно форме вы желали бы с ней познакомиться?

Я смотрю на него дурак дураком, наконец отвечаю:

– Да, полагаю, что в той же, как изобрели праотец Адам и праматерь Ева по наущению змия райского.

– А! Понимаю вас. Превосходно... А то, видите ли, мосье, многие предъявляют особые требования...

И рассыпал примерцы. Ну, я, знаете, не красная девушка и добродетелями не отличаюсь, но, слушая, клянусь вам, чувствовал, что даже уши у меня алеют. А он – ничего, хоть бы глазом моргнул, словно читает вслух прейскурант магазина. Да еще:

– Я,– говорит,– мосье, человек нравственный, добрый буржуа, и всех подобных развратных штук весьма не одобряю. Но профессия обязывает, и мы, volens-nolens[13] (произносит конечно: "волян – нолян",– догадывайся!), должны стоять на уровне вкусов и спроса наших клиентов. Скрепя сердце, я разрешаю мадемуазель Сидализе идти навстречу некоторым из этих странных прихотей, но – вы, конечно, сами понимаете,– лишь по значительно возвышенному тарифу.

И – выпучив этак гордо грудь, и с величайшим благородством в голосе:

– Но есть типы шалостей, которых мы с Сидализою, как люди нравственные, даже ни за какую высокую цену не допускаем! Ни-ни-ни! Принцип! Ни даже за сто франков!!!

– А если кто-нибудь предложит двести?

– Ах, мосье, грешно искушать бедность и труд. Принцип!.. Да и кто же в нынешнее тяжелое время платит по двести франков? Впрочем, если прикажете...

– Нет, нет! Я только для примера, пошутил. Я не специалист, человек старого века. Сохрани меня Бог, чтобы я ввел вас в соблазн! Сберегите ваш прекрасный принцип свято и нерушимо!

Сидализа его оказалась девочкою веселою и забавною. Мы с ней премило прокутили затем три дня в Антверпене, съездили в Брюссель, Лилль, Льеж. Мосье Франсуа за все это время ни разу не показался на нашем горизонте,– деликатнейший человек! Лишь перед самым моим отъездом вынырнул на вокзале – пожелать мне счастливого пути. Опять, при сем удобном случае, выпили по два стаканчика коньяку и обменялись сигарами. Его сигара оказалась превосходнейшая, куда лучше моей, хотя, вы знаете, я курю недурные и дорогие... Но я уверен,– инстинктом все время чувствовал, что он всегда был близко – сидит где-нибудь за перегородкою и, невидимый, следит соколиным глазом в какую-нибудь всевидящую щель, учитывая по своему каторжному прейскуранту, не превысили бы блаженства, мною получаемые, договорные рубрики по тарифу. И – чуть что – запишет extra[14]. Деловой народ, черт их побери! Нашим российским до них – куда же! далеко! У нас всюду душу суют, даже проститутку с иллюзией покупают, даже на разбой с идеализмом идут. А на западе – чисто. На сколько разврата спросил, на столько тебе в обрез и отмерят. Литр и три четверти поцелуев! Два с половиной метра объятий первого сорта! Нежных слов и взглядов по двадцати франков за кило! Ночь аккуратно высчитана от такого-то часа и минуты до такого-то. Добросовестности коммерческой и чувству собственного достоинства – нет предела. Души и стыда, совести человеческой – никаких!

---

[13] Хочешь не хочешь, волей-неволей (лат.).
[14]Высший класс (лат.).

II

– Так-с, вздохнул Иван Терентьевич.– Все это весьма прекрасно и, покорно вас благодарю, даже, можно сказать, нравоучительно. Тем не менее, позволю себе обратить ваше просвещенное внимание на сей вновь прибывший экземпляр.

Матвей Ильич взглянул по указанному направлению. Под огромною темно-зеленою шляпою-котлом, колышащеюся лес черных перьев, эффектно развалясь на стуле, чтобы выставить красивую руку в полуснятой перчатке, чтобы опять-таки показать яркую каплю чистого изумруда на мизинце, широко распахнув горностай накидки, темно-зеленой, как кедр, и тяжелой, как церковная портьера, шикарно вывесив из-под великолепнейшей юбки, тоже темно-зеленой драгоценной какой-то материи, стройно обутую ногу в сквозящем черном чулке,– сидела женщина, имевшая вид не то чтобы незаурядной, но, во всяком случае, не дешевой кокотки. Слуга поставил перед нею высокий бокал шерри-коблер с длинною соломинкою. Изредка наклоняясь к напитку своему, она перебрасывалась с другими женщинами, которые относились к ней с заметным почтением, короткими фразами. Звук ее голоса раза два долетал до русских и заставил Матвея Ильича удивленно поднять брови.

– Гм,– сказал он, вглядываясь,– если бы я не был совершенно уверен, что до вчерашнего дня в Венеции никогда в жизни не знавал ни одной итальянки, то – мог бы ошибиться... Эта дама очень напоминает мне кого-то... знакомую и голос ее как будто я уже слышал... позвольте... когда бы и где?..

Иван Терентьевич пригляделся и сказал:

– А, знаете, по-моему, и она на вас знакомыми глазами смотрит...

– Не понимаю. А хороша... и этакая – distinguée[15]... Если бы не крашеная, да не здесь, и в такое вызывающее время встретились, то можно было бы принять за даму из общества...

– Ну, нет,– отозвался Иван Терентьевич,– годков пять-шесть, а то и поболее тому назад,– может быть. А сейчас – ни-ни! Вы посмотрите, как она сидит и курит. Выставка! Витрина! Только билетика с ценою не хватает – prix fixe![16] Это профессиональное. И глаза профессиональные. Я проститутку, сыщика и вора-специалиста по глазам из тысячи других людей узнаю. Сыщики затем и носят темные очки, чтобы общностью Каинова света в очах своих себя не обнаруживать. У проститутки "беспокойную ласковость взгляда" наш Некрасов раньше Ломброзо подметил и тремя словами великолепно очертил. Взгляните по залу, сколько глаз – все разные цветом: черные, карие, голубые, серые; разные формою: круглые, продолговатые, широкие, узкие, впалые и глубокие, будто

---

[15] Изящная, видная (фр.).
[16] Твердая цена (фр.).

20

выпадающие из орбит и стреляющие по сторонам,– и все одинаковые: колючие, беглые, выпуклые, напряженные.

Проститутка всегда смотрит либо прямо перед собою, в пространство, либо вниз, в землю, а видит далеко все и всех по сторонам. Что-то щучье в этом есть. Не то чтобы хищное, а, так сказать, добычливое. Иногда мне кажется, что они способны видеть затылком. Этакое, знаете, перемещение зрения, как Шарко показывал на своих истеричках. У этой госпожи великолепное лицо. Но вот сейчас она отвернулась от нас почти в три четверти и говорит с желтоперою подругою, так что мы видим только ухо и щеку ее. Я уверен, по выражению лица подруги, что она говорит о нас, и краешек глаза ее, скосясь, как-то ухитряется видеть нас и непрерывно наблюдать...

Иван Терентьевич был прав, потому что, когда Матвей Ильич, сняв шляпу, обнаружил, что над весьма красивым и изящным лицом его красуется совсем не пышная шапка волос, которую обещали густые усы и бородка, а обыкновеннейшая бюрократическая лысина, то темно-зеленая дама в горностае быстро обернулась с выражением разочарования.

– Mais non, c'est pas lui,– долетело до русских ее восклицание – на французском языке и с очень хорошим произношением.– L'autre avait de beaux cheveux et celui-ci quoiqu'il ne soit pas mal du tout est tout de même chauve[17].

– Il aura p't'être régalé ses boucles aux médecins des malades ségrètes?[18] – захохотала желтоперая соседка, твердо, по-итальянски отчеканивая каждую гласную и употребляя вместо французских итальянские глаголы и прилагательные, но во французских формах.

Третья, с коричневым пером над угрюмым прямоугольным носом между двух вороньих глаз, подхватила, зюзюкая и цокая с беспощадным пьемонтским акцентом:

– Ce n'est pas d'après les cheveux qu'on reconnaît les hommes. Ils perdent leurs poils plus facilement que les fazzoletti[19].

– Особенно такие красавчики,– подхватила желтоперая.– Я бы охотно подцепила его на эту ночь.

Красавица в темно-зеленом туалете лениво подняла руку и покачала указательным пальцем в воздухе.

– Извините, синьорина, за мною право первенства.

– Эта Рина - ненасытная львица!– воскликнула желтоперая, притворяясь обиженною, но с лестью в голосе.– Всегда забирает себе самых лучших мужчин.

Но та, с вороньими глазами, вступилась:

---

[17] Нет, это не он... У того были превосходные волосы, а этот хотя и не дурен собой, но лысый (фр.).
[18] Быть может, он подарил свои кудри докторам секретных болезней? (фр.).
[19] Волосы не примета для мужчин. Они теряют свою шерсть легче, чем платки (фр.).

– Надо быть справедливою. Во-первых, Рина его открыла и показала нам. Во-вторых, именно на нее пучат оба они свои глазищи.

– А, в-третьих,– сказала красивая Рина,– повторяю вам: этот лысый милашка необычайно похож на одного моего знакомого русского.

– Э, черт!– возразила желтоперая,– все гости на кого-нибудь похожи. Я всегда – всех и каждого – уверяю, что он – вылитый мой первый. Это им нравится, и многие раскошеливаются, дураки – так, дал бы mancia[20] пять лир, а глядишь – кладет десять. Они воображают, что волнуют меня... хо-хо!..

– Положим, взволновать тебя не трудно,– заметила вороноглазая.– Ты влюбчива, как колдунья.

Желтоперая засмеялась.

– Было бы в кого! Лысые красавчики не часто к нам приходят. Ах, грызи его кости! Он мне, в самом деле, нравится... Рина! уступи!

Темно-зеленая щеголиха Рина улыбнулась, обнаруживая очень свежие, прекрасной формы и, кажется, свои зубы.

– Ни за что.

– Ну, по дружбе?

– Именно по дружбе не уступлю. Сколько раз в месяц Чарлоне колотит тебя за то, что ты влюбляешься в своих гостей? Если ты поедешь с этим, то завтра поутру быть тебе битой.

Желтоперая возразила с меланхолическим шутовством: – Если я ни с кем не пойду, то Чарлоне тоже меня вздует: ибо он вчера дьявольски проигрался, дочь моя, и зол, как три дня не кормленный сатана. Так что – не береги меня, моя ласковая: procure moi ce plaisir et quant à être battue tant pis! "Al mangiare gaudeamus al pagare sospiramus"[21]. И все три захохотали.

– Ну опять заитальянили!– огорчился Иван Терентьевич.– А то, слышали? Изъяснялись по-французски. Положим, скверно, кроме той,– знакомой-то незнакомки, а все-таки по-французски – и, судя по темам и усиленному невниманию, которое они продолжают нам оказывать, все это делается специально для нашего с вами удовольствия. Эти дамы подобны добродетельному помещику Силину, которого описывал Козьма Прутков. Они учат французские вокабулы, дабы заслужить всеобщую любовь. Великолепно. Теперь у нас пойдет уж музыка не та. Проведем час в радости... Garèon! Cameriére![22]

Матвей Ильич, сидевший в задумчивости, вдруг ударил себя по лбу ладонью и воскликнул:

– Ба! Знаю!

И встал из-за стола.

---

[20] Mancia, di buona mano – на чай, на водку, на булавки (ит.).

[21] Доставь мне удовольствие, а что до побоев,– уж так и быть! "Кушая, возрадуемся, платя, востоскуем". (Пословица: любишь кататься, люби и саночки возить) (фр., лат).

[22] Официант! Горничная! (фр.).

– Что вы? – воззрился на него Иван Терентьевич.

– То, что, когда я знал эту женщину, мне было двадцать восемь лет, меня еще звали Mathieu le beau, и была у меня, действительно, чудеснейшая шевелюра.

И, быстрыми шагами направившись к темно-зеленой красавице,– она ждала его знакомыми глазами,– Матвей Ильич заговорил, с глубоким, вежливейшим поклоном и по-русски.

– Вот святая правда, что только гора с горою не сходится, а человек с человеком всегда сойдутся. Я уверен, что не ошибаюсь: это вы, Марья Ивановна. А я Вельский. Матвей Ильич Вельский. Мы с вами встречались когда-то в К. Впрочем, вижу, что вы меня тоже узнали.

Дама взглянула весело,– как на радостную неожиданность,– хотя не без смущения и даже легкого испуга,– облилась под белилами огненным румянцем, в котором исчезла искусственная "краска ланит", с гордым удовольствием обвела прекрасными темными очами завидующих подруг своих и отвечала, медленно, обдумывая фразу и с трудом приискивая русские слова.

– Да, вы есть чиновник от губернатор, который я знакомила в К.

Произношение было престранное. Никто из чужеземцев, выучившихся русскому языку, не говорит без какого-нибудь акцента,– в говоре дамы акцента не было, но не было и русского тона: слова звучали пусто и бело, без окраски, как чужие, будто механические. Чувствовалось, что дама не только не привыкла или, наоборот, отвыкла говорить по-русски, но и думает уже на другом языке. Голос у нее был сломанный, как у большинства проституток после нескольких лет "работы", огрубелый, с низкими мужскими тонами, но когда-то, должно быть, очень красивый.

– Но где же вы потерял... ваша черная... кудря?

И теперь еще, из-под матовых хрипов, которыми быстро награждают нежную женскую гортань табак и спиртные напитки, прорывались ноты мягкого, грудного тембра.

Женщина была еще очень хороша собою. Сейчас, под шляпою, в роскошном туалете, ей можно было дать – с услужливою помощью косметиков,– лет 26, много 28. Но человеку, опытному в темном мирке, к которому она принадлежала, сразу бросались в глаза профессиональные признаки, говорившие, что женщина – проститутка уже из давних, и ближе к концу своему, чем к началу, и возраст ее – порядочно-таки за тридцать лет. Черты лица, в юности, вероятно, тонкие, точеные, были испорчены алкоголическим жиром, огрубившим все линии и связавшим их в недвижимую окаменелость толстой маски, с казенною улыбкою на вызывающих, "нацелованных" губах. Особенно предательски выдавал женщину именно рот – мясистый и животный овал, переходящий в четырехугольник, какая-то квадратура круга, кровавым пятном обозначенная на белой плоскости накрашенного лица и сводящая к себе все его значение, определяющая всю жизнь этой физиономии, всю цель ее, весь смысл. С подобным ртом женщина – вывеска публичного дома или тюрьмы,

23

тротуара или воровского притона. Он говорит об одичании вырождающейся плоти, униженной до скотского состояния живой вещи, обращенной в ходячий половой аппарат, заглушивший своею массою все инстинкты и потребности, кроме физиологических первобытностей, подавленной, в тутой работе воспринимаемых впечатлений, тупым безразличием к добру и злу, дико самодовольной, когда женщина сыта, пьяна, в тепле, хорошо одета и удовлетворена своим любовником, и дико бешеной, когда какого-либо из немудрых благ этих ей недостает. На лице проститутки такой рот не пугает и не пророчит ни особого разврата, ни дурного нрава, ни непременной преступности. Это, как и выпуклость колючих глаз, просто профессиональное развитие преимущественно работающего лицевого органа. Оно в порядке вещей и большинству мужчин, ищущих в продажной женщине самообманов и обещаний грубой чувственности, даже нравится. Не даром же сами проститутки, раскрашивая губы, никогда не уменьшают, но еще расширяют их полосу красными мазками. Но, как скоро это выразительное пятно отмечает каиновым клеймом черты благополучной дамы в добродетельном светском салоне или в буржуазной гостиной, оно – верное ручательство за то, что пред вами либо тайная Мессалина; а, если не Мессалина, то – лишь по случаю и до случая, либо самоотверженная героиня, задавившая в себе Мессалину могучим напряжением воли и живущая в постоянном и чутком борении с самой собою. Встречая грозный рот проститутки в так называемом порядочном обществе, невольно хочется справиться у сведущих людей: а не было ли в семье дамы – его обладательницы – какой-либо жуткой и низкой любовной истории? Не отравила ли она мужа или любовника? Не стрелял ли в нее муж, брат мужа, гимназист или собственный лакей? Не совершено ли ею, около нее, с ее участием или ради нее крупной кражи, растраты, подлога, казенного хищения? Не пахнет ли вокруг нее кровью, пролитою с корыстною целью? Не осталось ли за нею в прошлом детоубийства или хоть жестокого обращения с ребенком? На кого похожи ее дети? Не кокотка ли была ее мамаша, и не ранняя ли распутница ее пятнадцатилетняя дочь?

– Кудри мои, увы, остались в Маньчжурии – жертвою богу тифа. Но – какими же судьбами вы здесь, Марья Ивановна? Вас ли я вижу?.. Вы позвольте мне присесть? Если, конечно, ваши соседки не имеют ничего против... Или, быть может, вы сделаете мне честь – переедем и займем место у нашего стола? Мой товарищ, Иван Терентьевич Тесемкин, очень милый человек. Он из московского купечества, но чрезвычайно образованный господин, приват-доцент, занимается естественными науками... Мы оба будем в восторге.

– Auguri agl'innamorati![23] – воскликнула желтоперая подруга, с тою дружелюбною насмешкою и благожелательною завистью, которыми в Италии встречаются решительно каждое знакомство и каждая беседа мужчины и женщины, если есть хоть какая-нибудь

---

[23] Поздравления возлюбленным! (ит.).

возможность подозревать в том любовную подкладку или ждать из того любовных последствий. Ciao, Rina! Io ti lascio al tuo amore dyamico. Se tu non lo mangi intiero, avanza mi un pezzettino pedomani[24].

– Gia tardi. Buona notte, Rina!– вздохнула и, вслед за желтоперою, поднялась с места обладательница прямоугольного носа между двух вороньих глаз. Che miseria di lavoro stasera! Non c'e nulla di profitto[25].

– Te ne vai a ca'?

– No, ci proviamo fortuna ancora da Carini[26]...

– Какими судьбами вы здесь? – повторил Матвей Ильич, опускаясь на одно из освободившихся мест.

Женщина, все еще красная, смотрела на него с тою типическою робостью, которая всегда сказывается в манерах и поведении даже самых давних и опустившихся проституток, когда они встречают людей, знакомых им раньше, чем они запутались в сетях своей безвыходной профессии, в иных обстоятельствах и другой обстановке.

– Н-ню,– сказала она, опуская глаза,– я не понимаю, как меня перед вами держат... Такое неловко...

И вдруг захохотала:

– А хорошо я вас надула тогда? О, какой вы все были смешной... Ах, я был молодой, резва и весела... Давно вы в Милане? И надолго?

– Да думал уехать с утренним поездом, а теперь...

– О, так скоро? Я вам не позволяю...

Она сделала глазки и положила руку свою на его руку.

– Пригласите же ваша приятель... Он скучает один. Вы говорите по-итальянски?

– Ни звука.

– Тогда будем, пожалуйста, говорить по-французски. Я хотела бы многое рассказать вам и спросить ваш совет, но совсем забыла по-русски.

– Как вам угодно, Марья Ивановна.

– И не надо – Марья Ивановна. Марья Ивановна давно нет на свете. Есть mademoiselle Fiorina – Фьора, Фиорина, Рина, как вам больше нравится... А, значит, я еще не слишком подурнела, если вы так легко и скоро меня узнали? Ах, как я вас тогда одурачила! вот обвела!.. Я уверена, что, если бы вы могли меня потом поймать, то посадили бы в самую страшную тюрьму...

Она хохотала.

– Уж и в тюрьму,– улыбнулся Матвей Ильич.– Вас-то нет, но кое-кому, пожалуй, пришлось бы не миновать этой квартиры... Иван Терентьевич,– обратился он к подошедшему приятелю и знакомя его с дамою,– а что если мы, в самом деле, отложим на денек наш поход на Монте-Карло? Я того мнения, что проиграться мы всегда успеем.

---

[24] Прощай, Рина! Оставляю тебя твоему душке-любовнику. Если ты не съешь его целиком, оставь мне кусочек назавтра (ит.).

[25] Уже поздно. Доброй ночи, Рина!.. Плохая работа сегодня. Ничего не заработала (ит.).

[26] Ты домой? – Нет, попробуем еще счастья у Карини... (ит.).

Между тем – вот, оказывается, встретил я компатриотку и старую знакомую, которая к тому же замечательнейший и весьма хитрый человек.

Фиорина засмеялась, хлопнула в ладони и сощурилась с самодовольным видом: нам, мол, пальца в рот не клади.

– А по мне, ничего лучшего и не надо,– согласился Тесемкин.– Мне в вашем Милане нравится. Готов просидеть в нем день, два, даже неделю. Особенно, если mademoiselle Фиорина будет так любезна и поможет мне найти компанию – представит меня вон той золотоволосой особе...

– А? вам нравится Olga la Blonda?![27]

– Да – нравится не нравится, но я как-то всегда замечал, что компания куда стройнее слагается из пар, чем из единиц. Мужчины и женщины обязательно должны быть в четном числе. Иначе кому-нибудь одиноко и скучно.

– Я охотно вас познакомлю. Только предупреждаю вас. Она не говорит по-французски. Едва несколько слов.

– Это ничего. Ведь я с нею не о дифференциалах буду разговаривать. А глаза, жесты, поцелуй и постель – международны...

– Ваш приятель, однако, большой шут!– целомудренно отвернулась mademoiselle Фиорина.

– Послушайте,– говорила она Матвею Ильичу, покуда Тесемкин какою-то не то пантомимою, не то балетом изображал перед рыжеволосою девицею влюбленный восторг и счастье быть с нею знакомым и сидеть рядом за одним столом.– Послушайте, кафе сейчас закроют. Здесь торгуют только до четырех. А мне надо так много сказать вам...

– Да и мне хотелось бы много выслушать от вас. Где мы можем продолжить наше свидание?

Она пожала плечами и недовольно протянула:

– Из ночных кафе только это прилично... к Карини я не хожу. Там смешанное общество... не безопасно...

– Тогда мы могли бы взять комнату в каком-либо отеле?

– Что вы! как можно! Вы, кажется, думаете, что вы еще в России? Здесь не русские нравы. Никто не пустит в гостиницу ночью две пары, как мы. За это большой штраф. Поплатился бы и хозяин, и мы обе с Ольгою, бедняжки... Нет, уж если вы непременно желаете, то остается одно – пойти ко мне.

– Но – с наслаждением!– воскликнул Матвей Ильич.– Я лишь не смел просить вас сам...

– А вы оставьте церемонии и будьте смелее. Видите: мы с вами не в К., где я должна была разыгрывать светскую барышню и неприступность! Увы! с тех пор переменилось и время, и место...

Она вздохнула.

– Живу я, предупреждаю вас, в порядочной трущобе, но не

---

[27] Ольга Блондинка (фр.).

смущайтесь кварталом. Квартира у меня приличная и соседи неопасные, так что за кошелек свой и часы можете быть спокойны...

– Помилуйте... я и не думал.

– Напрасно не думали. Следует думать. В других местах, если будете с женщинами, мой совет вам – непременно, пожалуйста, думайте. Но вы мой знакомый, а знакомого моего никогда никто не тронет в нашем квартале. Предупреждаю вас, однако,– мне очень совестно, но... вы понимаете,– этот визит ко мне...– она заторопилась,– вы понимаете... я не имею права иначе... словом, это обойдется вам двести лир... ну, по знакомству, полтораста, ну, даже сто... хотя Фузинати будет меня ругать.

– Помилуйте...– говорил озадаченный русский,– я... правда, не имел никаких намерений... но, если вам угодно иметь эту сумму, могу... с удовольствием.

Она поникла головой.

– Что там угодно? Только с вами, русскими, столько церемоний, приходится стесняться – по старой памяти... А для остальных – просто – цена это моя, prezzo fisso[28], мой заработок. Иначе я не могу. Надо жить.

– А кто такой этот господин, которого вы помянули?

– Фузинати?

– Ваш дружок, вероятно?

– Нет. У меня дружка, слава Богу, нету. Был да сплыл. Сидит в Монтелупо и кается в прегрешениях, которые он против меня совершил. Фузинати – мой ростовщик. Я у него на откупу. То есть, не я сама, потому что – он ханжа и считает величайшим грехом хотя бы прикоснуться к женщине – тем более к такой, как я. Но – все, что вы на мне видите, принадлежит ему, а – также – и львиная доля из моего заработка. Я, Ольга, две, которые ушли, вон та – в гранатовом манто, эта – в стеклярусе,– все мы рабыни Фузинати, и он контролирует нас, как евнух. Будете иметь удовольствие увидать эту прелесть. Уже, наверное, сторожит у входа, под аркою галереи.

III

Вышли вчетвером. Матвей Ильич вел под руку красивую Фиорину, Иван Терентьевич – Ольгу Блондинку. Покуда они шли ярко освещенною галереей, им трижды попадались навстречу весьма подозрительные, корявые франты в котелках и с жесточайше-черными усами. Матвею Ильичу показалось, что они обмениваются со спутницею его знакомыми взглядами, а его самого осматривают, точно взвешивая на фунты. Нельзя сказать, чтобы это понравилось русскому. Он уже раскаивался, что так легкомысленно позволил себе пойти за Фиориной.

---

[28] Моя цена (ит.).

— Черт ее знает! Город незнакомый, сама говорит, что живет в трущобе, револьвера у меня нет... И почему я ей доверился? Помню – не то как сумасшедшую, не то как авантюристку – может быть, просто мошенницу и, во всяком случае, соучастницу в какой-то грязной плутне с живым товаром...

Фиорина заметила смущение Вельского, поняла и успокоила:– Не беспокойтесь. Это люди Фузинати. Я же говорила вам, что у меня есть импресарио, и я работаю – вся на отчете. Самого Фузинати мы встретим где-нибудь здесь же, где потемнее,– он у нас не охотник до света; а эти собачки обязаны бегать по портикам вокруг кафе и следить, чтобы ни одна из нас не ускользнула с кавалером без его ведома,– поработать малую толику не на Фузинати, а на самое себя... Целую бригаду содержит: десяток таких молодцов. Каждый обходится ему пять франков за вечер. Три – на галерею и портики. Остальные – на город. Вот в Италии нет для нас специальной полиции, так мы сами свою собственную завели. Она тяжело вздохнула и продолжала:

— Видите,– вы и не заметили, а между нами произошел, без единого слова, целый разговор. Вы чувствовали, что я крепче опиралась на вашу руку и ближе к вам прижалась? Это значит: "Он, то есть вы, меня не просто провожает, а я поймала гостя". Иначе я, наоборот, отшатнулась бы от вас и смотрела бы по сторонам. Ольга тогда же громко сказала: "Как поздно!" – значит, что мы ведем вас к себе на квартиру, а не в другое место. Если бы мы шли в кафе, Ольга или я воскликнула бы: "А ведь еще рано!" Если бы к вам на квартиру: "Не взять ли карету?" И так далее... Можете быть уверены, что сейчас Фузинати уже оповещен которым-нибудь из них о вашей особе в совершенной точности, что вы иностранец, что я вас давно знаю и за вас ручаюсь, что вы рассчитываете провести в Милане несколько дней и я надеюсь иметь в вас постоянного гостя, и, наконец, главное, что вы заплатите мне... Кстати, если бы он вздумал спрашивать вас, сколько вы мне заплатите, пожалуйста, скажите, что не сто, как мы уговорились, а только пятьдесят франков. Можно, миленький? Правда? Знаете, ведь я ему обязана отдать сорок... мизерия! поневоле, утягиваешь, что можешь, когда счастье повезет, как сегодня. Надо же жить! Из пятой доли, при нынешних ценах, не очень-то разойдешься. Что вы так недоверчиво смотрите на меня?

— Я сделаю и скажу все, что вам угодно, но я не понимаю, как вы могли сообщить такие сложные сведения без каких-либо особых знаков.

— Напротив, я сделала множество знаков, только вы их не поняли, потому что приняли за обычные естественные движения. Я успела поправить вуаль на шляпе – знак старого знакомства, на руке, за которую вы меня ведете, я загнула четыре пальца, а указательный оставила, это, значит, одна моя единица,– пятьдесят, дешевле чего Фузинати не позволяет мне водить к себе гостей. Я могу возвратиться домой одна,– тогда это стоит только ругательств и попреков, что я лентяйка, гордячка, старуха, обезьяна, которая не нравится

28

мужчинам и не годна в работу. Но, если я приведу мужчину, то, прежде всего, должна уплатить Фузинати с пятидесяти франков – сорок, со ста – восемьдесят. Иначе он не впустит меня в квартиру. Вот что значит мой один палец. Теперь он уже знает, сколько вы стоите и чего он вправе от меня ждать. Два значило бы сто, три – полтораста и так далее. Я похлопала вас по рукаву: значит, видимся не в последний раз, он остается в Милане... Это я, чтобы он не хныкал за пятьдесят франков,– может быть, вы, в самом деле, накинете ему какую-нибудь безделицу? А?

– В кафе вы, Фиорина, как будто упоминали о других цифрах вашего... заработка?

– Ах, кто же из нас не врет и не преувеличивает? Запрашивать – пытать счастья. Мы в Италии. Вдруг клюнет? С англичанами бывает. Меня к одному свиноводу американскому, из Чикаго, Фузинати возил – за дукессу Бентивольо я пошла тогда – всего полчаса и пробыла у него, и он мне тысячу лир на булавки подарил, а уж что с него Фузинати снял,– воображаю. А с вас и Бог велел взять больше по старому знакомству. Вы компатриот. Э! У вас денег много! Я понимаю людей, вижу насквозь!.. Не беда, если поделитесь с бедною девкою, которую вы застаете, откровенно сказать вам, далеко не на розах – не очень-то радостные идут сейчас для меня дни.

– Да я и не имею ничего против. Ну, а как же ваша подруга? Она вас не выдаст вашему антрепренеру?

– Ольга? Да она не помнит себя от счастья. Сто лир девице, которая считает благополучием идти за двадцать! Если ей удастся хоть половину припрятать от Фузинати и от своего любовника Чичиллу, она будет воображать себя барыней. Италия бедная страна, г. Вельский. Женщина здесь дешево стоит, мужчины не могут тратить на нас столько, как в Париже, Вене либо у вас в Петербурге. Перед тем как вы впервые со мною познакомились, когда я жила в Петербурге у генеральши Рюлиной либо у старой ведьмы Буластовой, пятьдесят франков годились мне разве лишь – чтобы папиросу закурить. Здесь это идеал. Это, значит, поймала иностранца. Итальянцы не умеют тратиться на женщин, если они – не из общества...

Фиорина засмеялась.

– Есть тут у нас одна – Джузеппина. Молоденькая, всего второй год в работе. Из Бардонекьи,– это там, в Альпах, уже у самого Монсенисского туннеля. Только что еще свеженькая, а некрасивая, незанимательная,– товар третий сорт. Крестьянка неграмотная. Работает на приданое. Потому что, понимаете, обручена она с унтер-офицером, а им не дозволяется жениться, если у невесты нет 5000 франков наличными. Идет, за сколько попало. Двадцать франков – восторг и упоение! Десять – и то хорошо. Пять – с гримасою, но тоже можно. И вот – приходит ко мне недавно, вся растрепанная, неприбранная, и ревет благим матом.

– Что ты, Пина?

– Помогите мне, синьора, дайте десять лир взаймы. Беда! опростоволосилась я, дура! не знаю, что и делать теперь... Франи,– это

29

ee ganzo[29],– меня изувечит... Он такой бешеный, чертов сын, Франи. Разве я виновата? Меня гость обманул!

– Не заплатил, что ли?

– Хуже, синьорина... Я ему доверилась... был такой приличный господин, золотые часы, золотое пенсне... Притом очень вежливый и добрый... Все расспрашивал о работе, о женихе, о приданом – пожелал мне, чтобы я поскорее собрала свои пять тысяч франков... ушел... Мне было совестно – при таком любезном господине – проверить, сколько он там, положил на камин... Я доверилась... Господи Боже мой! Думаю – Мадонна пресвятая! Святой Амвросий Медиоланский! Не станет же такой приличный и хороший господин надувать бедную девку из-за каких-нибудь десяти лир. Проводила. Бегу к камину,– ах, мерзавец! так и обмерла... Вы посмотрите. Рина,– нет, вы только посмотрите, что мне этот подлец, вместо десяти, оставил... тряпку! Ярлык паршивый! Франи пересчитает мне все ребра...

Гляжу, и, знаете, чуть не расхохоталась.

– Ах ты, дура!– говорю,– счастье твое, что ты на честную женщину напала... Невежда ты деревенская! У тебя какой-нибудь герцог владетельный был или миллионер, ищущий приключений. Ишь – расчувствовалась! Это – пятьсот франков!

– Что-о-о?

Как прыгнет она ко мне, словно кошка,– бумажку вырвала, сама белая, вся трясется.

– Ну да,– говорю,– пятьсот лир итальянского банка.

– Не может быть, синьора Рина! Вы ошибаетесь! Врете! Смеетесь надо мною! Быть не может!

– Ну вот, я ошибусь,– подумаешь, никогда билета в 500 лир не видала! Это ты не ошибись, заучи наперед, какие они бывают. А то в другой раз кто-нибудь, в самом деле, пятьсот лир посулит, а вместо ярлык с бутылки сунет,– ты, дура безграмотная, и возьмешь...

– Ох, возьму, ша[30] Рина, ох, возьму!.. Да послушайте: вы не шутите? Грешно вам, если смеетесь над бедною девкою...

– Если хочешь, пойдем вместе к меняле,– увидишь!

– Да – кто же мне даст 500 франков? за что? Ведь пятьсот франков per un colpo[31] даже и вам не платят...

– Значит, послала тебе фортуна благодетельного чудака. Есть такая пословица, что дуракам счастье... Пользуйся!

Отсюда, многоуважаемый г. Вельский, вы можете заключить, каковы здесь наши заработки. Женщина работает в Милане три года и, хотя из маленьких, но все же не тротуарщица какая-нибудь, а между тем все не то что не получала,– это-то, конечно, где уж!– чудом из чудес случилось!– но даже не видывала, какие бывают пятьсот

---

[29] Любовник (ит.).

[30] В пьемонтском и лигурийском диалектах "синьор" сокращается в "шу", "синьора" – в "ша": Sciu Gui do, scia Paola etc.

[31] Торговля в розницу (ит.).

франков... Страшная конкуренция. Женщин много, мужчин мало. Иностранцы перестали ездить в Италию, чтобы развлекаться. Французы сидят в Монте-Карло. Англичан почти не видно, немцы скупы, ездят в обрез, а русские обеднели. Ни бояр, ни богатых коммерсантов. Ведь у вас там всегда одно из двух: либо революция, либо холера. Сюда выезжают теперь такие странные русские, что прежде и не видано. Не говорю уж об aspiranti dell'arte[32]. Это все — наши соседи, по тем же дырам и захолустьям ютятся, где и наша сестра, также голодают, перебиваются на хлебцах в два сольдо и вине из фонтана. Но вдруг нагрянут какие-то научные экскурсии, что ли,— бродят толпами, на Корсо только и речи слышишь, что русскую, и у всех такой голодный вид, что так вот и хочется, от жалости, часы с себя снять и им отдать...

— А политических эмигрантов встречаете?

Фиорина примолкла. Потом нехотя сказала:

— Этим я даже не признаюсь, что я русская.

— Не любите их?

— Напротив. Я республиканка.

— Ого!

— Чему же вы удивляетесь? Между нами много республиканок. Либо анархистка, либо республиканка, либо католическая ханжа, паписта. Все — крайние. Середины никогда нет.

— В таком случае вам должны были бы приятны быть встречи с эмигрантами,— они ваши единомышленники,— зачем же вы от них бегаете?

— Стыдно... На мне одна юбка, хоть и чужая, прокатная, триста лир стоит. Я в шелковом белье хожу. А вы посмотрели бы, как они живут, что едят, где спят... Вы можете вообразить себе жизнь на двадцать франков в месяц? В большом-то городе? почти столице?

— Вы шутите, Рина!

— А вот — останьтесь в Милане подольше: я вам покажу... сколько хотите! И не думайте, чтобы все лишь мелюзга какая-нибудь, незаметность, бездарность, пушечное мясо, как говорится. Нет, есть тут один... был у вас там на родине большой человек, деятель, из вождей, его имя по всей Европе в газетах прошло... А здесь прозябает без языка и без работы. Здоровьишко сквернейшее. Жена, ребенок. Чем живут,— и сами не знают. Падают откуда-то какие-то 50 франков в месяц. Как хочешь, так и обернись. Накорми, одень, обуй, под крышею надо жить. Зимы здесь суровые. Чувствуете, какой туман. Пронизывает до костей. Ночи длинные. Ведь вот скоро пять, а до рассвета еще долго, долго... Вы сытый, богатый, не можете даже вообразить себе, что значит холодному и голодному человеку ждать солнца в такую ночь. Для вас-то солнце — только наслаждение, а для бедняка оно и печь, и лампа. Да! Как же мне в горностаевой накидке такому бедняку признаться? Я стараюсь находить ему время от

---

[32] Кандидат в сочинители (ит.).

времени кое-какую работишку через моих знакомых мужчин, но – показать ему, что я русская? Да я умру со стыда! Ни за что на свете!

Они свернули с Corso[33] в переулок – San Pietro al Orto[34]. На углу от дома – едва они минули – отделилась, словно скульптурное украшение вдруг отлипло от стены,– маленькая кривая фигурка пожилого мужчины, скрюченная, в пелерине, какую обычно носят, в холодную пору года, мещане северных итальянских городов.

– Однако за нами как будто кто-то следит? – заметил Вельский Фиорине.

Она быстро обернулась и закричала резко и сердито на миланском наречии:

– Фузинати! Опять комедии? Что вы ползете сзади, как убийца? Неужели вы воображаете, будто мы вас не видали, старый бездельник?

Кривой человек подкатился, как мячик, и униженно закланялся под фонарями, держа на отлет круглую шляпу.

– Я ждал лишь, чтобы спросить вас, синьорина, в котором часу вы разрешите завтра...

– Оставьте кривляться, вечный комедиант. Синьор форестьер – мой старый друг, и мне нет никакой надобности скрывать от него, что вы за птица. Говорите по-французски! Я совсем не хочу, чтобы он подумал, что мы сговариваемся его убить или обобрать...

Фузинати еще раз смиренно поклонился Матвею Ильичу и произнес на очень хорошем французском языке, почти совершенно без звенящего и жужжащего итальянского акцента:

– Мосье, очень рад счастью вашего знакомства. Мадемуазель Фиорина несколько строга ко мне, но я прошу вас не выводить из ее слов дурных для меня заключений. Что делать? Мы все знали лучшие дни и не хотим принять уроков от судьбы – смириться соответственно нашему новому положению, которое требует, чтобы мы были скромнее, да, скромнее...

– Особенно ваше положение, Фузинати,– проворчала почти с угрозою Фиорина,– который дом воздвигаете вы теперь на пустырях за Porta Venezia?[35] Мы пришли. Давайте ключ, старый Риголетто!

– Мадемуазель Фиорина,– кротко, но, в свою очередь, с насмешкою возразил Фузинати, буравя огромным и толстым, как коротенький лом, ключом,– показалось Вельскому,– прямо-таки стену в громадном черном доме, чрезвычайно старинном, если судить по силуэтам нависшего над окнами скульптурного орнамента и по фигурности решеток, гнутыми выступами облегавших самые окна.– Мадемуазель Фиорина! Вы же так не любите, когда я – по вашему мнению – говорю лишние слова, хотя, по-моему, я стараюсь быть только вежлив... да-да, любезен и вежлив...

---

[33] Улица (ит.).
[34] Сан-Пьетро на Востоке (ит.).
[35] Ворота Венеции? (ит.).

– А, черт ли мне в вашей вежливости? Лучше говорите мне "ты" и зовите меня девкой, да не дерите с меня четыре пятых заработка.

– Я позволю себе возвратить вам ваш обычный упрек,– продолжал Фузинати, словно и не слыхал возражения,– зачем же вы спрашиваете у меня ваш ключ здесь на улице, когда очень хорошо знаете, вот уже пятый год, что он, по обыкновению, ждет вас, вися у камина под номером девятым?.. Проклятая дверь! Ага! Сколько лет мучит она меня – и каждый день забываю послать за слесарем. Наконец-то! Прошу вас, messieurs-dames[36], сделайте одолжение, войдите... Мадемуазель Фиорина, мадемуазель Ольга...

– Черт знает,– проворчал Иван Терентьевич, шагая через порог открывшейся в стене железной двери,– оперная декорация какая-то.

В слабом мерцании ночника, в нише пред терракотовою раскрашенною мадонною, открылось, в самом деле, нечто красивое, смутное и, в полутьме, как бы зловещее: колоннада старого-престарого дворца,– когда-то, должно быть, весьма великолепные и величественные сени, открытые громадною круглою аркою в обставленный колоннами, обведенный портиком cortile[37].

– Это было когда-то дворцом, господа,– говорил Фузинати, учтиво пропуская Вельского и Тесемкина с дамами из сеней в маленькую стеклянную дверь нижнего этажа направо.

Вошли в крохотную каморку – будто фонарь – во времена оны, несомненно, дворницкую или привратническую. Комнатка была заставлена разнокалиберною мебелью, завалена сборною старою домашнею утварью и завешана всякою пестрою, ветхою рухлядью, так что походила не то на берлогу мелкого ростовщика, не то на лавку старьевщика. Прежде всего бросалось в глаза огромное кресло, обшитое когда-то дорогою, штофною материей,– вещь не моложе XVII века. На нем лежало пестрым комком нечто, по первому взгляду, Вельским принятое за одеяло, но – заслышав людей – оно зашевелилось и оказалось маленькою девочкою, лет десяти, худою, истощенною и злого, дерзкого вида. На желтом личике, под мохнатою шапкою спутанных волос, надменно сверкали большие черные глаза, обведенные широкими темными кругами.

– Э, Аличе!– кивнула ей Фиорина,– ты еще не спишь?

– Я уже не сплю,– недружелюбно оскалилась девочка, показывая большие не по возрасту, звериные зубы. Голос ее был хриплый, звериный. Говорила она на грубом, лающем наречии пьемонтских горцев.

Ольга сказала:

– Эта обезьянка всегда ждет вашего возвращения, Фузинати,– вы, должно быть, приносите ей хорошие конфекты.

– Дождешься от него!– захохотала девочка, садясь на ручку кресла и болтая в воздухе босыми ножками, бледными в смуглоте своей, как лилии, и тощими, как палки.– Не желаю вам, синьорина Ольга,

36 Господа-дамы (фр.).

37 Внутренний дворик (ит.).

конфект, которыми он меня кормит... Ха-ха-ха!.. Ну-ну! нечего делать мне страшные рожи, старый орангутанг! Не очень-то здесь тебя боятся...

Фузинати, оказавшийся при свете весьма скромным на вид, должно быть, болезненным, желтолицым стариком лет под шестьдесят, но с черными еще усами, и почти черными волосами на голове, и с яркою синевою чисто выбритых, впалых щек, делал вид, будто не слышит, что о нем говорят, и объяснял Вельскому:

— Да, это было дворцом. Дом устарел и запущен, но это исторический дом, мосье. В шестнадцатом веке воздвигнуты эти колонны, государи мои. Еще сто лет тому назад здесь обитали, когда наезжали в Милан из своих вотчин под Мадридом, герцоги Медина Сели, могущественнейшие из вельмож испанского двора...

— А теперь,— с сердитым смехом перебила Фиорина,— все шесть этажей этого дурацкого, вонючего сундука битком набиты девками, две из которых почтительнейше ожидают, когда вы соблаговолите выдать им их ключи.

— Вы всегда спешите, мадемуазель Фиорина!— уж с сердцем огрызнулся Фузинати.— Вы ведете себя сегодня так, словно мы с вами первый день знакомы. Вы же знаете, что я не могу дать вам ключа прежде, чем не получил с вас моей доли за прокат вашего туалета.

Фиорина покраснела.

— Мосье Бельский,— обратилась она к кавалеру по-русски,— я весьма совестный...

— Вероятно, старик желает получить вперед? — оборвал Тесемкин.— Это возможно. Voila, старинушка, или по вашему будет — ессо![38] Один, два, три, четыре, пять — получайте с обоих, за меня и за приятеля,— пять золотых... великолепнейших, круглых, новых, французских, петухом украшенных золотых.

— Один наш!— быстро воскликнула Фиорина,— накрывая монету рукою и кивая Ольге, которая тоже ответила ей флегматическим кивком.

Фузинати покосился на них весьма недружелюбным взглядом, но ничего не сказал и со вздохом повернулся к вешалке ключей у своего камина:

— Номер девятый, мадемуазель Фиорина, номер тридцать первый, мадемуазель Ольга... Две женщины и только пять золотых. Ужасные времена, мужчины в Милане потеряли последнюю тень щедрости... Мосье!— обратился он к Вельскому.— Я прошу вас быть великодушным и прибавить мне какую-нибудь маленькую, самую крохотную безделицу. Ведь деньги, которые платят мне эти дамы,— я ничего тут не зарабатываю! Клянусь св. Амвросием, ничего!— это лишь маленькое погашение их долга по нашим взаимным дружеским обязательствам.

— Уж истинно дружеским!— проворчала Фиорина,— вы, смотрите,

---

[38] Так-то так, не угодно ли! (ит.).

без шуток! не забудьте отметить эти сорок франков в вашей толстой книге,– вы, старый Гарпагон!

– Кажется, я никогда не бывал недобросовестным кредитором ни в отношении вас, мадемуазель Фиорина, ни вас, мадемуазель Ольга, ни кого-либо из дам, квартирующих в арендуемом мною дворце...

– Слышать я не могу, когда вы называете дворцом эту вашу глупую развалину, подлую вонючую лачугу! Господи! Вот сегодня несет со двора! Можно подумать, что околели все кошки в Милане.

– Да, воздух довольно ужасный,– согласился Вельский.– Не слишком то вы, г. Фузинати, заботитесь о своем дворце.

– Что делать, сударь? Я человек бедный. Плачу высокую аренду, а имущество совершенно бездоходно. Мадемуазель Фиорина улыбается. У нее веселый нрав. Я не пользуюсь расположением мадемуазель Фиорины. Но я готов поклясться гробницею св. Амвросия, что квартирный доход не покрывает аренды и, если бы я не занимался маленькими комиссиями по торговле мод и готового платья, то давно был бы банкрот, несчастный, жалкий, разоренный нищий. Как же я могу поддерживать чистоту дворца? Вы видите: у меня нет средств даже нанять привратника, и я сам должен исполнять его обязанности, и не спать по ночам, ютясь, как собака, в этой конуре, потому что квартирантки мои возвращаются поздно... Я уверен, мосье, что вы поймете меня, войдете в мое положение и, пожалев бедного больного старика, прибавите безделицу...

Матвей Ильич дал ему еще золотой. Фузинати схватил монету тощею, скелетною лапою, синею, со вздутыми жилами, под густыми волосами, почти шерстью, и, спрятав монету в жилетный карман, подал ключи Фиорине и Ольге.

– Очень вам благодарен, мосье... Мадемуазель Фиорина, если вам понадобится вино или бисквиты, вам стоит только крикнуть из вашего окна. Старик Фузинати не ложится в постель всю ночь и всегда весь к вашим услугам...

– А, в самом деле, недурно бы...– начал было Матвей Ильич, но Фиорина быстро дернула его за рукав.

– Идем! Поздно! Какое там вино!

– Вы для меня дорогой гость,– говорила она,– проводя его через cortile, действительно, напоминавший скорее мусорную яму, чем атриум палаццо,– мне и то уже совестно, что вам пришлось заплатить несколько денег за знакомство со мною... Сохрани Бог, чтобы я еще заставила вас платить, по пяти франков бутылка, за кислое монферрато из погребов Фузинати. Черт его, знает, чего он туда мешает...

IV

Поднимались высоко, по лестнице, обвивающей cortile, как во

всех дворцах итальянского Возрождения, под портиком, четырехколенным ходом.

– Господи!– вздыхал Иван Терентьевич.– Куда только мы идем? а? Матвей Ильич! Неужели еще выше? Ну так и есть! Я вас спрашиваю, куда мы ползем?

– Не знаю,– смеялся тот,– но, по счету ступенек, мы уже в небе и недалеко от рая.

– Сразу видно, что вы русские,– говорила Фиорина.– Из всех иностранцев русские самые ленивые. Им всегда все лестницы кажутся высоки. Между тем мы прошли только два этажа, а нам надо подняться на пятый.

Иван Терентьевич даже взвыл.

– Мадемуазель Фиорина! У меня сердце лопнет. Вы бы хоть предупредили меня раньше. Я бы прямо на пороге лег и умер во славу вашу. Ведь это же для нашего брата, толстяка, каторжные работы.

Вельский утешал его:

– Ну что вы расплакались? Поднимались же вы вчера в Венеции на собор, к коням св. Марка,– любоваться венецианскими трубами.

– Потому-то сейчас и трудно. Колени отломились. Болят мои скоры ноженьки со походушки. И – хорошо вам разговаривать, когда ваша легкокрылая дама летит вверх по уступам, подобно лани или серне быстроногой, и вас же еще влечет за собою на буксире. А моя душка, прах ее побери, повисла на локте шестипудовым мешком и столь на мою силу полагается, что даже уж и ногами двигать труда себе не дает. Лестно, но тяжеловесно. Вы, впрочем, мадемуазель Фиорина, всего этого ей не переводите. Желаю быть не ненавидимым, но любимым.

– Не переведу,– смеясь, обещала Фиорина, но прикрикнула-таки на Ольгу:

– Не спи раньше постели! шевелись ты! альпийская корова!

Ольга лениво покосилась через толстую щеку, пошевелила толстыми губами и ничего не сказала. Она, в самом деле, покорялась старшей и шикарной подруге беспрекословно, как хороший, безвольный автомат.

Иван Терентьевич рассуждал:

– Вы говорите, мы в небе и около рая,– сомневаюсь, потому что вонь все еще чудовищная,– в раю помойных ям, это уже в десятом веке монахи доказали,– быть не может,– да и темь, как в аду...

Фиорина извинилась:

– Скряга Фузинати не держит фонарей на лестнице. Впрочем, это здесь вообще не очень-то в обычае. Предполагается, что у каждого мужчины должен быть в кармане клубок восковых свечей. Я не сообразила, что у русских это не принято. Погодите, я сейчас добуду. Мы будем проходить мимо Мафальды. Помилуй мя, Господи. Она, наверное, не спит. Я вижу огонь в щелях ставень.

– А как же вы сами-то обходитесь без фонаря?

– Да ведь, обыкновенно, поднимаешься не одна. Да и привычка. Я легка на ногу. В ночи вижу, как кошка, и одышки у меня еще нет.

– Что вам за охота жить так высоко? Дешевле что ли?

– Напротив, дороже. Четвертый и пятый этажи вдут у Фузинати по самой высокой расценке. Нет комнаты дешевле ста франков в месяц, а я за три свои,– вот вы увидите,– плачу триста семьдесят пять. Верхние этажи, кроме шестого, это наш аристократический квартал. В шестом жить нельзя: слишком низкие потолки и зимою холодно, а летом знойно от крыши. Но, вообще, наверху, знаете, воздух чище и солнца больше. Здесь без этого нельзя. Солнце – все. Если небо ясно, то никто печей не топит. Поэтому и платим Фузинати лишнее – за экономию на угле и дровах. Вот здесь живет Мафальда. Помилуй мя, Господи...

Она постучала в решетчатую дверь.

– Помилуй мя, Господи! Кто там? – окликнул басистый женский голос.

– Рина.

– Кой черт, помилуй мя, Господи, носит тебя так поздно?

Фиорина объяснила.

– Помилуй мя, Господи! Подожди.

Загремели внутренние деревянные сплошные ставни, звякнули стекольные створы, решетчатый свет испестрил галерею. Внешние ставни Мафальда медлила отворять. Фиорина злилась.

– Долго ли будешь ты копаться, чертова котлета? Подумаешь, на костер тебя, ведьму, приглашают!

– Помилуй мя, Господи! Я слышу, ты не одна?

– Со мною Ольга Блондинка и два синьора, иностранцы.

– Помилуй мя, Господи! Ты не обманываешь меня? В самом деле, эти господа, которые с тобою, помилуй мя, Господи, не из наших, здешних, но иностранцы?

– Выгляни, так и сама увидишь. Отворяй, бефана![39]

– В таком случае, дочь моя, помилуй мя, Господи,– пройдись, пожалуйста, немного по галерее, посмотри, не прячется ли где-нибудь за колоннами, помилуй мя, Господи, этот наш адский скандалист, Ульпиан с Пятном? Он уже дважды приходил ко мне искать свою Розиту, но я узнала его подлый голос и притворилась, помилуй мя, Господи, будто я пьяна и сплю. Ты понимаешь, если ко мне ворвется этот выкидыш, которого чертова мать родила от собственного своего сына, то мне, слабой женщине, помилуй мя, Господи, ничего не останется, как, помилуй мя, Господи, взяться за нож.

– Отворяй, пожалуйста. Никого здесь нет, кроме нас, четверых, и котов, которые поют кошкам свои серенады.

Верхние ставни двери, составленной из четырех решеток, распахнулись. В световом квадрате обрисовалась черным силуэтом приземистая фигура женщины, необычайно широкоплечей и

---

[39] Бефана – нечто вроде масленичного чучела, сжигаемого на празднике Крещения 6 января (Epifania). Также злой дух, кикимора, домовой женского пола.

плотной, с растрепанною, косматою, будто каждый волос дыбом поднялся, курчавой головой.

– Эге, девки,– помилуй мя, Господи,– да вы с удачею!– пробасила Мафальда, оглядев мужчин, сопровождающих Фиорину и Ольгу.– Каких пушистых захватили, помилуй мя, Господи! Ну-ну! Знай нашу мышеловку! Ха-ха-ха! Помилуй мя, Господи! Ах, вы, бесовы дочери, целуй вас палач!

Голою толстою рукою, совсем серою в тусклом свете лампочки, протянула она Фиорине восковой клубок и спички.

– Помилуй мя, Господи! Вот так дельфинов словили... Ха-ха! Удивительно! Сегодня, помилуй мя, Господи, не везет никому из всей мышеловки. С кавалерами возвратились только вы да тощая Иола из третьего этажа... Ну и моя Клавдия,– помилуй мя, Господи!– тоже поймала какого-то англичанина. Увез ее на два дня в Комо...

Ольга расхохоталась.

– Ах, так Клавдии дома нет? Теперь я понимаю, почему ты боишься Ульпиана с Пятном... Значит, Розита уже у тебя? Недурно! Ах вы, подлые дряни!

Мафальда повертела пальцем пред лицом своим и равнодушно сказала:

– Дура! помилуй мя, Господи! Эта Ольга – всесовершенная дура! И у нее, помилуй мя, Господи, всегда скверные мысли в голове.

Ольга настаивала:

– Но Розита-то все-таки у тебя?

– Куда же еще деваться бедной девочке, которой любовник, помилуй мя, Господи, хочет ни за что ни про что перерезать горло? Конечно, она у меня, помилуй мя, Господи. Она знает, что я, помилуй мя, Господи, женщина с характером, и на нож у меня найдется нож, и на револьвер, помилуй мя, Господи,– револьвер. Но даю тебе честное слово, что несчастное дитя пришло ко мне пьяное, как Млечный Путь, и сейчас же брякнулось в постель, как клопик. Помилуй мя, Господи, если это не так! Клянусь тебе могилою моей матери и, если будут спрашивать, засвидетельствуй, что она, как ввалилась ко мне, так и ткнулась, помилуй мя, Господи, в подушки и заснула, и вот спит мертвым сном, ни разу не пошевельнувшись с девяти часов вечера... Да, да, да, душки мои. Сегодня только немногим весело в мышеловке Фузинати. Повсюду – пусто. Давно – темнота и сон.

– То-то так тихо... даже удивительно! Словно монастырь...

– Святой Магдалины, помилуй мя, Господи!– захохотала Мафальда.– Вы опоздали; было много шума. Сперва скандалил Ульпиан с Розитой. Помилуй мя, Господи, с каким удовольствием послала бы я этого мерзавца на галеры! Потом пришел пьяный Пеппино Долгий Нос и бил свою неаполитанку, помилуй мя, Господи, до того, что она, бедняжка, выла, как волчица, получившая пулю в ляжку, и, наконец, прыгнула от него в окно. Счастливо скачут эти твари, помилуй мя, Господи! Как блохи... Другая не сосчитала бы костей.

– Ну из нижнего-то этажа!

– Все-таки будет метра три, если не с лишком, помилуй мя, Господи. Я прыткая, но, помилуй мя, Господи, в трезвом виде не прыгну.

Назло холоду и сырости ночи Мафальда стояла в двери полуголая, лишь до пояса закрытая решетками нижних ставень, в одной рубашке, да и та ползла с нее, обнажая тучные плечи и жирную, повислую, как коровье вымя, грудь.

– Ты простудишься,– заметила ей Ольга,– накройся.

– Вот ерунда! Сейчас февраль. Когда я была девчонкою – немножко моложе тебя – то в декабре, босая, помилуй мя, Господи, пасла коз на скалах Монте-Розы. Простуживаются только барышни, как вот эта душка Фиорина, воспитанная на взбитых сливках и французском вине. Девки иногда сдуру кашляют, помилуй мя, Господи, но вообще всегда здоровы. Это наша привилегия.

– Все-таки стыдно!– сказала Фиорина.– Женщина же ты... здесь двое мужчин.

Мафальда равнодушно свистнула.

– Велика важность! Пусть каждый из них бросит мне по два франка и – помилуй мя, Господи,– я, пожалуй, растворю ставни во все окно.

– Безобразно, Мафальда! Спиваешься ты.

– Помилуй мя, Господи! Скажи лучше, что ты ревнуешь и боишься, что я, на старости лет, отобью у тебя этих господ... Эй, молодчики!– закричала она русским, страшно и бесстыдно, ведьмовски, сотрясая свое старое жирное тело,– эй, молодчики! Бросьте вы, помилуй мя, Господи, этих жеманных девчонок, которые трусят быть девками и строят из себя барышень! Идите к старой бабе Мафальде, помилуй мя, Господи! Конечно, я не так нарядна, как эти беспутные цесарки, эти мохнатые овечки, которых – помилуй мя, Господи, щиплет, стрижет, бреет в свою пользу старый подлец Фузинати. Зато я, помилуй мя, Господи, знаю сто шестьдесят три позы для любовных живых картин. И у меня есть рисунки. Да! из Парижа! Ого! Выбирайте любую по альбому.

Фиорина засмеялась:

– Твое красноречие пропадает даром. Ты проповедуешь перед глухими. Эти иностранцы русские и не понимают ни единого слова из того, что ты им плетешь и чем их соблазняешь.

– Русские? помилуй мя, Господи! Это то же, что китайцы, или еще дальше?

– Нет, несколько ближе, но так же глупы.

– Помилуй мя, Господи! Во всяком случае, язычники?

– Нет, только еретики. В папу не верят.

– Помилуй мя, Господи! Это хуже язычников. О, девки! Вот проклятая наша профессия, помилуй мя, Господи! О, девки, прострели дьявол вашу душу, какие же вы бесстрашные, что, помилуй мя, Господи, идете спать с еретиками, которые не верят в папу! Вам потом не отмыться от поганых грехов ваших даже, помилуй мя,

Господи, если вы возьмете ванну из святой воды, благословленной самим архиепископом миланским.

Фиорина отступила из светового квадрата в мрак тени.

– Не читай дурацких наставлений, куча! Ступай, ложись спать и целуйся со своей Розитой. Пользуйся случаем. Клавдии не всегда нет дома.

Мафальда оскалила зубы не то злобно, не то смешливо.

– Рина! А ты-то – какими судьбами сегодня, помилуй мя, Господи,– ты-то – почему в компании с Ольгою? Что скажет, помилуй мя, Господи, Саломея?

Фиорина возразила сухо:

– Саломея не выходила сегодня.

– Ах – да?

– Она нездорова.

– Ну еще бы!

– Это случай, что мы столкнулись с Ольгою на одном деле.

– Ну, конечно, помилуй мя, Господи! Однако вы – куда сейчас? К Ольге или к тебе?

– Ко мне. Ты видишь, что нас четверо. У Ольги – каморка.

Мафальда дико захохотала.

– Рина! помилуй мя, Господи! Саломея разобьет тебе рожу! Она ревнивая и Ольгу терпеть не может.

– Ну, уж, пожалуйста, следи за своими собственными похождениями, а мои оставь в покое.

Ольга отозвалась раздраженно:

– Все это – потому, что ты сплетничаешь Саломее черт знает что про нас обеих!

Мафальда злорадно хохотала.

– Ха-ха! А вы не играйте в двойную игру. Завела тетя дядю, так не зарься на других, не воруй чужого. Не ловите вперед друг дружку по всем закоулкам и глухим углам дома, чтобы целоваться, как любовники!

Ольга грубо прикрикнула:

– Мы в твою дружбу с Клавдией не вмешиваемся... А если порассказать ей завтра, как ты приютила пьяную Розиту...

– Ладно!– вдруг сухо оборвала Мафальда,– вы получили, что вам надо. Идите себе с вашими голубками. А я хочу спать.

– Прощай! Спасибо...

– Доброй ночи.

– Утра, хочешь ты сказать?

– Рина!– услыхала Фиорина, уже вдогонку, крикливый и насмешливый голос Мафальды.

– Ну?

– А, может быть, твои иностранцы закутят, разойдутся и захотят живых картин?

– Не думаю... Да если бы даже, тебе-то что?

– Не забудь тогда обо мне, помилуй мя, Господи! Я приду с

40

Розитою, и мы, помилуй мя, Господи, покажем им, как прыгают дрессированные блохи.

— Хорошо уж, хорошо. Спи, старая бесстыдница! Ты пьяна.

— Что значит – пьяна? Не ты угощала. Когда женщина имеет достаточно силы, чтобы стоять на ногах, а во сне, помилуй мя, Господи, не падает с постели,– это выходит, она трезвая, как святая ладанка, а не пьяна. Не имеешь права, и подлость с твоей стороны называть подругу пьяницей. Помилуй мя, Господи. Конечно, вы модные барышни, а я простая девка с маисовых полей, но в мышеловке все мыши равны, помилуй мя, Господи. Право, Рина, скажи-ка своим ослам, чтобы они позвали нас с Розитою. Помилуй мя, Господи,– не раскаются, я чувствую себя в ударе быть забавной.

— Не такие синьоры, Мафальда. Не пройдет.

— Врешь,– врешь! Какие это бывают не такие синьоры? Все синьоры такие, помилуй мя, Господи. Если нет, то зачем бы им шляться в своих хороших пальто по нашим, помилуй мя, Господи, распутным ямам? Ты просто плохая подруга и не хочешь помочь бедной девке, помилуй мя, Господи, схватить десяток лир на хлеб и вино. Дай мне заработать, Рина. За это я не скажу Саломее, что вчера застала тебя с Ольгою, вон там, за углом, когда вы, помилуй мя, Господи, целовались,– сущие голуби.

Рина вспыхнула и выпрямилась.

— Ты стоишь, чтобы я надавала тебе пощечин!

Ольга тоже замахала руками, быстро залопотала что-то и начала хныкать и визжать.

Мафальда грохотала, подбоченясь и трясясь тучным туловищем.

— О-го-го! Суньтесь-ка! Даром, что вас две, а я одна, помилуй мя, Господи! Управлюсь в лучшем виде, обе будете разрисованы, как радуги, нарядные мои красавицы в бархате и шелку! Мне-то в рубахе – наплевать, помилуй мя, Господи, а что я с вашими шляпами сделаю, так вам обоим Фузинати по месяцу работы накинет...

— Безумная дура! Тряпка уличная! Девка за пять сольдо!

— Вот – как примусь орать, помилуй мя, Господи, подниму на ноги весь дом. Посмотрим, много ли останется от ваших мужчинок, как полезут из щелей наши молодцы. Я уже слышу, как за стеною, помилуй мя, Господи, ворочается Рыжий Антонино...

— Послушайте,– не без тревоги обратился Иван Терентьевич к Вельскому,– я не понимаю ни слова из того, что трещат эти прекрасные дамы, но мне сдается, что они ссорятся. У этой старой голой ведьмы рожа стала, как у бульдога. Смотрите, как она ворочает глазищами в нашу сторону. Кажется, мы попали в свидетели надвигающегося скандала.

— Э! В Италии все делают сильные жесты и даже закурить папиросу просят с трагической интонацией.

— Ну нет, здесь пахнет рукопашною. Поверьте опыту. И как они сыпят словами: словно из пулемета! Я уверен, что каждая из них за те три минуты, что мы здесь ждем, успела рассказать всю свою биографию – до родословия бабушки и дедушки с обеих сторон включительно... Однако, смотрите, смотрите: теперь и наши две – обе окрысились... да как люто! Моя-то булка рыжая уже руки в боки взялась... Скажите, пожалуйста! Туда же! темперамент! Я думал, что она только есть да спать, да висеть на локте умеет. Ох! Ох, Матвей Ильич! придется их разнимать. Ох, влетели мы в историю! Визга-то! писка-то! Вот уже, слышите, соседи ругаются и ставнями хлопают... Придется разнимать.

Но тут Фиорина, выкрикнув резкую короткую миланскую брань, сразу оборвала и быстро зашагала от окна, в котором кривлялась, строила рожи, хлопала себя по бедрам и злобно хохотала Мафальда. Ольга тоже тотчас же смолкла, будто по команде, и апатично последовала за подругою, мелькающей по галерее крохотным огоньком свечи, точно летит одинокая светящаяся муха. Мафальда кричала и ругалась им вслед, но, когда все четверо готовились исчезнуть за поворотом галереи, то и она сразу же стихла, переменила тон и, почесываясь и зевая, послала им самым дружелюбным голосом:

– Желаю вам покоя, мои кошечки. Помилуй вас, Господи! Дай Бог обеим золота на камине и удовольствия в постели!

На что обе женщины, тоже – словно никогда и не ссорились и не собирались только что вцепиться этой Мафальде в волосы,– отвечали также в самых ласковых тонах:

– Покойной ночи, милая Мафальда! Спасибо за огонь!

– Ты всегда так добра! Счастливых снов и приятных сновидений!

– Поцелуй от нас Розиту, когда она проспится.

– Если завтра захочешь освежить голову, зайди после полдня: у меня найдется стаканчик хорошего коньяку – Мартель с тремя звездочками...

Вельский спросил Фиорину:

– Из-за чего была эта драма? Она возразила с недоумением:

– Какая драма? Никакой драмы не было... Все в порядке.

– Однако вы порядочно шумели.

– Ах это!.. Пустяки... Наши домашние бабьи счеты. Вам совсем не надо знать, да и ничего не поймете. А у Мафальды такой уже характер. Она не может хорошо уснуть, если не поругается с кем-нибудь всласть на сон грядущий. Добрейшая женщина, но язык ей выковали черти на шабаше. Даром, что не может словечка сказать без "помилуй мя, Господи!" Мы все ее крепко любим и уважаем, потому что она очень справедливый человек и хороший товарищ, но говорить с нею полчаса, не поругавшись, решительно невозможно. У мраморной статуи язык развяжется. Манекен из модного магазина – и тот заговорит... Такие гадости она вам в лицо преподносит! Осторожнее, мосье Вельский, здесь кто-то лежит... Ага! Пьяница Пеппино Долгий Нос! Вот где его сегодня свалило, негодяя!.. Ничего, господа, не стесняйтесь: переступайте через него смело. Завтра с похмелья он будет весьма свиреп и всех будет задирать, покуда кто-нибудь не пустит ему кровь кулаком из мурла или ножом из-под ребра, но, пьяный, он дрыхнет, как старый слон, и ничего не чувствует... Сюда налево, господа! Еще раз осторожнее: порог. Вот мы и дома. Милости просим, дорогие гости.

V

— Саломея, принимай – гости!– крикнула Фиорина по-русски, когда в ответ на шум ключа ее зажглась лампа за решетками ставни. Она прибавила еще несколько слов на каком-то каркающем языке, которых не поняли ни Вельский, ни Тесемкин, ни, очевидно, Ольга, потому что она осталась невозмутимой, тогда как женщина там, внутри квартиры, зажегшая лампу, расхохоталась звуком сиплым, грохочущим, на ржание похожим.

— Я живу не одна,– сообщила Фиорина своему кавалеру уже по-французски,– имею подругу.

— Она русская?

— Нет, армянка из Ахалциха. С малых лет увезена из России. Едва помнит несколько слов. Меньше, чем я.

— Ага! Значит, это вы сейчас по-армянски с ней изъяснялись?

— Да, я выучилась немного по-армянски, из дружбы к ней. Она так скучает без своих. Армяне вне Кавказа и Малой Азии все больны тоской по родине, в каких бы счастливых краях ни жили.

— Вы, однако, полиглотка, мадемуазель Фиорина.

— Как все в нашей профессии, которые имели несчастие побывать в международном обороте. В первую очередь – мы, горемычные, потом – клоуны в цирках и фокусники, станционные факторы, коммивояжеры с модными товарами, лакеи в отелях больших курортов и морских купаний. Ни одного языка не знаем порядочно, но, что касается собственной профессии, трещим на всех языках, как сороки, приблизительно и понемножку. Я ведь одно время в Константинополе работала. Там выучилась. В день-то, бывало, мало-мало на семи языках поговоришь. Что ни пароход в Золотом Роге, то и язык. "Я тебя люблю... Ты хорошенький, симпатичный... Похож на моего любовника... Не будь скупой... Подари мне... Угости меня шампанским!" – и множество всего такого я знаю на пятнадцати диалектах: русский, польский, французский, немецкий, английский, итальянский, испанский, шведский, финский, венгерский, турецкий, сербский, болгарский, греческий, японский,– а если сюда еще прибавить разные argots да patois[40], то и до двадцати пяти наберется. Вот – возьмите – даже Ольга: никакого языка не знает, кроме итальянского, да и то – венецианское наречие. А, между тем, венгерец тут один к ней ходит – венгеркою ее считает и даже Илькой зовет, потому что она в Триесте с гусаром жила, так тот ее по-венгерски ругаться выучил. Правда, он всегда мертво пьян, бедный венгерец. Ольга ругает его самыми страшными венгерскими словами, а он

---

[40]Жаргоны да местные говоры (фр.).

43

слушает и плачет, либо кричит – eljen![41] Рожу она ему углем раскрашивает,– плачет, руки целует, но ничего не понимает. Eljen!

Ольга поняла, что говорят о ней, захохотала и быстро защелкала резкими гортанными словами.

– Ну вот, слышите? Нельзя нам без этого. Вы, мужчины, все – ужасные патриоты – в любви и в ругательствах. Иного оболтуса ничем не проймешь, кроме родного языка,– ни в ласку, ни в драку. Заманить кремня какого-нибудь – говори ему "душенька"! (произнесла она по-русски),– нахала оборвать,– кричи ему, как речная полиция на Нижний Новгород, в ярмарка, родные скверные слова! Все так. А уж в особенности венгерцы эти. Из патриотов патриоты. Пуще поляков. Я в Генуе однажды какую драку уняла! С одной стороны – русские моряки, с другой – англичане... Уже стулья ломали, чтобы ножками биться, и за ножи – у кого были – брались... А я как вскочу на стол да заору на них – направо в три этажа по-русски, налево – по-английски: они и обомлели,– что за черт такой? Потому что за итальянку меня принимали... Разбила внимание... Потом очень весело ночь кончили, одного шампанского дюжины три похоронили.

Комната, в которую Фиорина ввела гостей своих, представляла собою обыкновеннейший и типичнейший salottino[42], без которого не обходится ни одна мелкобуржуазная квартира в Италии. Решительно ничего не выдавало здесь жилища проститутки. Скромная старинная мебель в линялой мутно-красной обивке, на креслах и диване нашиты вязаные нитяные салфетки, якобы кружева, на камине – часы под колпаком и по сторонам два бронзовые пятисвечника и две алебастровые вазы, на стенах – черные благочестивые картины, в одном углу – раскрашенная глиняная Мадонна, в другом – св. Франциск Ассизский, прижимающий к сердцу видение младенца Иисуса: популярнейшая статуэтка католической Италии, глядя на которую каждый иностранец изумляется, почему Ватикан ее терпит и не запретит,– до того смешно, в блаженстве своем, лицо Франциска,– совсем китайчик в первом счастливом опьянении от опиума! На матовом колпаке лампы – раскрашенные портреты Папы Пия X и вдовствующей королевы Маргариты Савойской, которую все добрые католики в Италии небезосновательно почитают тайною паписткою, покаянницею и искупительницею грешного, окаянного, погибшего, отлученного от церкви Савойского дома. Вельский заметил:

– Лампа у вас несколько странная для республиканки!

Фиорина отвечала:

– Здесь нет ни одной вещи, которая принадлежала бы мне. Все – собственность Фузинати. Свои вещи я, по контракту, должна держать только там, в спальне.

Она указала направо.

– Это моя спальня. Насупротив – Саломеи. Отсюда, из salotto, ни

---

[41] Да здравствует, ура! (венг.).
[42] Маленькая гостиная (ит.).

я, ни моя подруга не можем вынести ничего, за исключением сора на половой щетке или подоле платья. Хотя я сомневаюсь, чтобы Фузинати не рылся поутру в сорных кучах у наших порогов, а платье – вот сейчас, как разденусь,– вы увидите: прибежит маленькая Аличе и к нему же отнесет. И это мало, что мы ничего не берем отсюда,– мы и свое-то что-либо остерегаемся забывать здесь. Потому что, если, не ровен час, подметит Фузинати, он уже сейчас тут как тут – наложит лапу и объявит своим... Садитесь, господа! Ольга, снимай шляпу! Саломея! робкая фея! куда ты спряталась?

Из левой двери послышался тот же сиплый, грубый хохот.

– Словно протодиакон!– заметил Вельскому Тесемкин.

– Куда там – протодиакон!– не согласился тот.– Прямо – какое-то "Проклятие зверя"! Морской лев!

Ольга зевала, сонно рассевшись в широких креслах.

– Послушайте, господа,– сказала Фиорина,– опершись на стол кончиками пальцев и глядя на мужчин с вызывающею, почти строгой резкостью.– Позвольте быть с вами откровенною сразу и до конца. Определим, черт возьми, наши отношения. Не будем играть комедий. Вот уже добрые два часа, что мы вместе, а согласитесь – ни вы не знаете, как вам держать себя со мною, ни я – как мне себя с вами держать. Кто вы для меня? Покупатели или земляки, пришедшие с визитом? Кто я для вас? Девка или просто случайно встречная дама – компатриотка, с которою приятно посидеть и поболтать? Так вот, давайте уж – решим это и будем затем держаться чего-нибудь одного... Если вы желаете видеть во мне девку,– сделайте одолжение, ваша воля, нисколько тем не оскорблюсь: моя профессия и мне заплачено! Если нет,– то буду вам глубоко благодарна, и – еще раз – милости просим, счастлива видеть вас, дорогие гости.

– Я,– сказал Тесемкин,– сразу облегчу вам вопрос наполовину. Оставляя совершенно в стороне вас, мадемуазель Фиорина, как безнадежно узурпированную моим драгоценным другом Матвеем Ильичом, я должен сделать, как в парламентах говорят, заявление по частному вопросу. Во-первых, скажу вам по чистой совести, что человек я сырой, устал, как собака, и прямо-таки горю от желания привести тело мое в горизонтальное положение. Во-вторых, мне очень нравится моя спутница, мадемуазель Ольга, и, признаюсь,– я поднялся в сии подоблачные сферы, рассчитывая встретить здесь Магометов рай, а отнюдь не платонический...

– Так что же? – сказала Фиорина,– Ольга, как мы устроимся? возьмешь ты его к себе? или хотите лучше занять комнату Саломеи?

Ольга не успела ответить, потому что Тесемкин сказал Матвею Ильичу по-русски:

– Я бы, знаете, предпочел, чтобы не удаляться от вас далеко. Потому что,– да простит мне мадемуазель Фиорина,– но впечатления от дворца господина Фузинати у меня все-таки довольно разбойные. А, главное, я – безъязычный человек. В случае недоразумения могу только балет протанцевать и пантомиму представить. Дамы в таких случаях понимают меня хорошо, но мужчины – не очень. А тот пьяница, через которого мы только что переступили на лестнице, наводит меня на мрачные размышления. Вы не обижайтесь, мадемуазель Фиорина. Это, ей-Богу, не недоверие...

– Да я и не думаю обижаться,– возразила Фиорина.– Вполне естественно и очень хорошо, что вы так предусмотрительны. Со мною вы безопасны, но я никогда не скажу, чтобы дом наш был безопасный дом. Значит, решено. Саломея уступает вам свою спальню, а сама идет ночевать в комнату Ольги,– или, быть может, мосье Вельский позволит ей здесь остаться?

Вельский не знал, что сказать.

– Все равно,– успокоила Фиорина.– Если бы понадобилось, чтобы она ушла, то никогда не поздно вручить ей ключ Ольги,– и она скроется беспрекословно. Но я ведь очень хорошо вижу, мосье Вельский, что вас интересует разговор со мною гораздо больше, чем, извините за выражение, моя постель. Должна сказать, что с моей стороны то же самое... Саломея будет при нашем разговоре не лишнею. Она и сама по себе интересный человек, да и мне кое-что подскажет... Саломея! Иди же сюда!

Когда Саломея выдвинулась из левой двери, Тесемкин невольно попятился пред нею, а Вельский приподнялся со стула, на котором сидел, в недоумении: что же это такое? Женщина или нарочно? На них двигалась темнолицая громадина, как будто только что снятая с какого-либо национального монумента,– выше их обоих ростом, хотя оба были ребята не маленькие, по крайней мере, на полголовы, широкая и толстая, как башня, вышедшая из крепостной стены. Если бы не бросалось в глаза – чуть ли не первым впечатлением – гигантское колыхание грудей, качающихся под пестрым и достаточно грязным капотом,– Тесемкин, с полной совестью, признал бы этот ходячий монумент за переодетого жандарма или карабинера. Тем более, что верхняя губа Саломеи была довольно темно опушена, черты смугло-желтого, толстого, бро-ватого лица резки и тяжеловесны, густейшие черные волосы почти зарастили узенькую ленточку лба, а большие азиатские глаза, выпученные, как у рака, двумя стражами здоровеннейшего армянского носа,– смотрели – именно, как у молодых кавказских парней смотрят: наивно и храбро, застенчиво и подозрительно, откровенно и с готовностью страшно и свирепо обидеться, если дружеская доверчивость будет обманута и посмеяна хитрым предательством, насмешкою, надменным коварством. Сказывалось существо, которое способно быть пылким, страстным, самоотверженным другом,– но не простит и не пожалеет, если окажется врагом.

– Вот мой лучший друг, моя Саломея!– представила Фиорина.– Прошу любить и жаловать.

В дверь постучали.

– Это Аличе – за платьем,– сердито сказала Саломея толстым, мужским голосом,– а вы, девки, обе не готовы... Вот грех-то! Эх! Теперь будет история. Ступайте уж скорее, раздевайтесь. Я ее усмирю.

46

Фиорина и Ольга быстро юркнули в свои спальни, а Саломея крикнула:

— Входи, Аличе, дверь не заперта!

Вошла та самая девочка, которую русские видели внизу, в каморке Фузинати. Теперь, при более ярком свете, заметно было, что правое плечо у нее значительно выше левого. Она поразила Вельского надменным выражением желтого, худого личика, с капризно играющими по лбу бровями.

— Ты заставила меня ждать,— произнесла она по-милански,— гордым тоном оскорбленной царевны.

Саломея извинилась так раболепно, что изумила русских. Такая большая и гордая на вид баба — и вдруг принижается пред девчонкою? Аличе, услыхав ее тон, еще выше подняла головку.

— Что же это? — продолжала малютка, оглядываясь.— Где же платья? Твои феи до сих пор не потрудились переодеться?

— Успокойся, сейчас будут готовы.

— Это черт знает что такое! Меня, маленькую, бедную девочку, заставляют бегать по темным, грязным, вонючим лестницам в шестом часу утра — и когда я прихожу, дрожа от холода и вся запыхавшись, две принцессы, оказывается, изволят прохлаждаться и не кончили своих туалетов! Я не обязана ждать вас, дьявола б вам на подушки! Я не рабыня ваша! Я больная, я маленькая, я спать хочу!

— Не сердись, Аличе, не кричи, не надо сердиться,— уговаривала великанша, заметно струсившая пред курьезным этим женским гномом,— не задержим тебя и пяти минут...

— Пять минут! Разве это мало — пять минут? Пять минут в шестом часу утра чего-нибудь да стоят!.. Вам хорошо, когда вы в постелях спите, а ведь я в проклятом кресле! У меня все кости болят. Нет, баста! в другой раз меня Фузинати не прогонит к таким важным барыням. Пусть сам лазит! Очевидно, вы предпочитаете иметь дело с ним, чем с маленькою Аличе? Ну что же? Это — ваше дело, как понимать свой интерес... Ведь Фузинати такой приятный собеседник, когда одолеет свои ревматизмы и влезет на пятый этаж! А сегодня он, вдобавок, зол, как царь Ирод, потому что касса совсем не торговала, себе в убыток... Да что же они, в самом деле, смеются, что ли, надо мною, ваши герцогини?— завизжала она, сверкая глазенками, словно в них загорелся маленький ад, и подымая в воздух тощие желтые кулачки.— Я уверена, что просто они не смеют сдать мне свои платья! Наверное, все в пятнах и грязи! Я пересмотрю и перенюхаю каждую складочку, так и знай! Пусть Фузинати обдерет вас всех хорошим штрафом! Заплатите франков сотню либо две за шелка свои, так выучитесь понимать, что такое для вас маленькая, больная, изнемогающая от бессонницы Аличе! Когда со мною невежливы...

— Слушай, Аличе,— миролюбиво просила Саломея,— не надо так сердиться и напрасно шуметь... Девушки будут сейчас готовы, даю тебе честное слово! туалеты в прекраснейшем состоянии,— ты сейчас сама увидишь... Фиорина всегда аккуратна, как солнышко... А ты, покуда, отдохни, присядь к столу,– я угощу тебя прекраснейшею марсалою.

– Есть мне когда и – не пивала я твоей марсалы!

– Ну, коньяком... Хочешь рюмку Мартель? Коньяк с бисквитом? а? Девчонка сразу сдалась и заговорила мягче.

– Мартель? Три звездочки? Коньяку я, пожалуй, выпью... Так холодно, и у меня, по обыкновению, лихорадка. Но твои чертовки, Саломея, совсем не берегут меня, бедную. Они портят мне печень. Эй! Не плюйте в колодезь,– придется воды напиться!

– Э! Минуткою позже, минуткою раньше,– не все ли равно, милая Аличе?

– Совсем не все равно, когда меня ждет такой дьявол, как Фузинати. Если я задержусь здесь у вас больше четверти часа,– ты сама знаешь: он закатит мне такую сцену, что потом только считай, сколько волос на голове осталось...

– Ха-ха-ха! Ну и у него, Аличе, царапин прибавится, не бери греха на душу, тоже и у него!

Девочка самодовольно приосанилась и удостоила засмеяться:

– Известно, спуска не дам!.. Твое здоровье, Саломея!

– Еще?

– Да что же я одна? Пей сама.

Саломея потрясла огромною головою.

– Ты знаешь: я – или ничего, или много...

– Боишься?

– Коньяк делает меня чертом.

– А эти господа?

– Угодно? – предложила Саломея.

Тесемкин отказался. Бельский выпил.

– Не слишком ли смело? – вполголоса сказал Иван Терентьевич.

– Почему?

– Черт их знает. Мне мускулы этой длинноносой госпожи не нравятся и глаза маленькой ведьмы. И то, что мы ни единого слова не понимаем: за что они переругались? Я не стал бы пить в такой трущобе. Угостят еще дурманом каким-нибудь: можно так заснуть, что и не проснешься.

– Вот пустяки! Девчонка же пьет.

– И довольно противно пьет. Залпом, как драгунский вахмистр. В ее-то годы!

– Значит, никаких злых умыслов нет.

– Так вы – хоть из той же рюмки.

– Покорно благодарю. У нее губы в сыпи!– Ничего, коньяк дезинфицирует.

Но в это время Фиорина вышла, переодета в старенький, хотя довольно чистый и кокетливый, фланелевый капот мутно-голубого цвета, с совершенно открытыми, голыми руками и настолько низким вырезом на груди, что Тесемкин только руками развел и сказал:

– Знаете, видал я, но... Однако пущено!

– Можешь получить свои тряпки, Аличе,– строго произнесла

Фиорина.– Саломея, будь так добра, займись с нею... Я сама не могу, Аличе: ты видишь, у меня гости. Извините, мосье Бельский.

Саломея и Аличе направились в спаленку.

Фиорина придержала Аличе за руку.

– Аличе, я советовала бы тебе вперед не кричать так и не подымать скандала понапрасну, особенно при гостях. Во-первых, я этого терпеть не могу,– ты знаешь,– и я вам с Фузинати не первая встречная девка из нижних этажей. А, во-вторых, Саломея не всегда так кротка и покорна, как удалось тебе застать ее сегодня.

Девчонка злорадно засмеялась.

– Разве я не вижу, что она трезвая? Не беспокойся: к пьяной не подойду... Ну, а покуда она добренькая,– когда же и прокатиться верхом на норовистой лошадке, как – если ей брыкаться лень?

Ольга, раздетая, в одной нижней юбке, пронесла свое платье в комнату Фиорины и, возвратясь, остановилась у стола, зевающая, с сонными глазами усталого животного.

– Иван Терентьевич,– указал Вельский,– вас ваша дама зовет...

Тесемкин ушел, и дверь за ними затворилась. В спальне Фиорины Аличе и Саломея продолжали грызться и спорить. Фиорина с беспокойством прислушивалась.

– В эту Аличе сегодня демон влез,– говорила она.– Кончится тем, что Саломея выйдет из терпения и закатит ей такую плюху, что девчонка перелетит через весь двор, как ночная птица, и хорошо еще, если от нее что-нибудь останется, кроме мокрого пятна...

– Оригинальное существо!– заметил Вельский.

– Кто? Аличе? Да... несчастное очень... вы заметили, как она сложена?.. Несчастное и скверное... А умница... собственно говоря, хозяйка наша... Все хозяйство Фузинати в ее руках.

– Дочь его, что ли?

– Какая там дочь! Любовница.

Вельский посмотрел на Фиорину широкими глазами.

– Позвольте! Но ей на вид едва ли десять лет...

– Нет, уже четырнадцатый. Кривобокая. Оттого показывает меньше.

– Все-таки!

– О, это ведь сколько угодно! Она с ним уже третий год. Начинают и семи-восьми...

– Куда же полиция смотрит?

– Да ведь это дело частного соглашения. Семья довольна: девочка калека, хоть в пропасть бросать, и то впору, ан – вместо того, пристроена. Жалобщиков нет.

– Но вы же мне говорили, что Фузинати – святоша, брезгует даже прикасаться к женщинам?

– Так к женщинам же! А разве Аличе женщина? Ребенок. Ей бы в куклы играть. И всегда у него такие. Эта на моей памяти уже четвертая. Только те были плохонькие и глупенькие, а эта попалась – дьяволенок. Забрала в руки и его, и весь дом. Он в ней души не чает. Отличная ему помощница. По верхним этажам во всем она за него.

49

Сам-то он – старик, хотя бодрый, но года три, как стал безножить, подняться сюда наверх ему – каторга. И – уж если приходится подняться, то тут его берегись! Все свои ломоты он на нас, жилицах, тогда выместит.

Аличе прошла через комнату, обремененная огромным узлом, под которым совершенно исчезла ее маленькая, хрупкая, болезненная фигурка.

– Доброй ночи, Фиорина!– с хохотом крикнула она, исчезая в выходной двери.– Ведите себя хорошо, дочь моя, не уйдите куда-нибудь гулять без моего позволения!

Саломея даже плюнула ей вслед с досады.

– Ведь этакий змееныш с малых лет!

– В чем дело? – забеспокоился Вельский, видя, что Фиорина краснеет от гнева.

Она ответила хмуро и с морщиною между бровей:

– Девчонка сказала мне дерзость. Предупреждает, чтобы я не ушла гулять...

– Я все-таки не понимаю...

– Да ведь не могу я теперь никуда выйти, если бы даже и хотела! По контракту с Фузинати, мы в квартирах своих не имеем права иметь никакого выходного платья. То, что вы видите на мне надетым,– единственное, в чем я могу вам показаться...

– Послушайте! Как же так? Ну, а если бы мы с вами вздумали – ну, хоть прокатиться, что ли, в автомобиле по городу или пойти пить утренний кофе в хорошее кафе?

– Саломея спустилась бы вниз к Фузинати и взяла бы у него один из моих туалетов напрокат. Дома я не смею быть одетою так, чтобы в том же туалете могла выйти на улицу. Вот я видела: мой капот произвел сейчас нехорошее впечатление на вашего приятеля. Вполне понимаю. Самой стыдно. С радостью оделась бы прилично. Но не могу. Условлено. Велят.

– Какая цель,– я не понимаю?

– Очень простая: чтобы все время и весь мой остаток был у Фузинати на отчете, чтобы я никак не могла уйти – работать на себя. Это очень правильная система. В тюрьмах и больницах ее ведь тоже практикуют. Самоарест по необходимости. Если женщина в тюремном или больничном халате выйдет на улицу,– понятное дело, ее остановит первый же городовой. Выйди из дому я такая, как стою пред вами, полуголая, меня не примет в фиакр ни один извозчик, за мною будет следовать целая толпа, будут орать, свистать, и на первом же перекрестке разыграется какой-нибудь скандал с благосклонным участием полиции... Правительство уничтожило в Италии надзор и публичные дома, но господа Фузинати и К° народ хитрый, устроились еще лучше собственными средствами и нашею глупостью и бедностью.

– И дорого берет он с вас за прокат туалета?

– За тот, который вы на мне видели, тридцать франков. Но самое-то лучшее во всем этом, что он – собственно говоря – мой. То есть на меня нарочно сшит и за мой счет, да еще и по страшно преувеличенной цене. Фузинати – только мой поручитель перед портнихой.

– Тогда какое же право имеет он на ваши вещи?

– Решительно никакого. Предполагается, что в обеспечение долга портнихе.

– Ловкий же штукарь ваш Фузинати! Странный субъект!

– Не странный он, а страшный.

– Вы, однако, я заметил, не очень его боитесь. Так-то на него внизу покрикивали!

– Да – что же? Надо храбриться, чтобы не вовсе на шею сел. Мне как-то удалось сразу с ним высокий тон взять,– ну, а он философ, были бы ему деньги, а потом хоть в лицо плюй... Ну и> конечно, я у него привилегированная, из самых его доходных статей: и сама устроиться с мужчинами не дура, и подружку умею сосватать... так что со мною он несколько церемонится. А посмотрели бы вы его с другими! Но, в действительности-то, боюсь я его, а не он меня. Если бы не моя Саломея, то, поверьте, грубить Фузинати не посмела бы я, не достало бы духа. Ведь он никогда не забудет обиды. За спиной Саломеи, действительно, мне сам черт не страшен, потому что – только мигни я, она такого скандала наделает, аж в Монце будет слышно!.. Она да Мафальда – первые у нас бойцы.

– Как вы попали к нему – к этому Фузинати?

– Ну, это долгая история! А впрочем и ее надо будет вам, в числе других моих приключений, рассказать. Вот что. Поздно или, вернее сказать, рано. Вы с дороги и устали. Разденьтесь, лягте в мою кровать. Я сяду подле вас и буду вам говорить. Хорошо?

– А как же вы сами-то?

– Помилуйте! Я вчера только к восьми часам вечера глаза продрала и с постели встала... Так у меня-то сна – еще ни в одном глазу.

VI

– Вот угол, где я – до известной степени хозяйка, и, значит, могу иногда чувствовать себя хоть немного самою собою. Вы видите, что это не столько помещение, сколько логовище.

Действительно, в узкой и короткой комнатушке втиснутая туда, конечно, по частям и собранная на месте громадная кровать, под балдахином, типическое итальянское letto matrimoniale[43], оставляло места ровно настолько, чтобы вдавить в узкие проходы между одром этим и тумбочку, и соломенный стул. В стене было выдолблено маленькое углубление, в котором мигал ночник,– лампочка с оливковым маслом.

---

[43] Супружеское ложе (ит.).

— Если вы не любите запаха olio[44], то это можно унести,— сказала Фиорина.— На дворе уже светает, и какие-нибудь полчаса спустя, здесь будет совершенно светло, потому что есть окно в потолке. Вы его не видите в полумраке,— оно замаскировано пологом. Ложитесь, мосье Вельский, и отдыхайте спокойно. Если бы вы заснули, то мы с Саломеей будем оберегать ваш сон. Я бессонная птица, а Саломея выспалась до нашего прихода. Разденьтесь, не стесняйтесь,— вам будет удобнее.

Вельский с удовольствием последовал бы этому последнему приглашению, потому что спать он почитал из всех потребностей организма наименьшею и – во всех прежних отраслях своего быта, как офицер, чиновник, светский человек, танцор и игрок – мог обходиться без сна суток по двое, даже до трех,— за игрою ли, за делами ли, по дежурству ли, в походе ли, на балах ли,— без особого труда и заметного утомления. Но сейчас раздеться ему – значило. Непременно обнаружить бумажник с довольно крупною суммою денег. Оставить его в снятом пиджаке – все равно, что отдать в руки этим двум госпожам; спрятать куда-нибудь под подушку или тюфяк – бесполезно, потому что, конечно, обе они знают свои постели очень хорошо, и штука эта давно известная и испробованная. Следовательно, стоит ему заснуть, и будет он обыскан и выпотрошен в лучшем виде. С другой стороны, повалиться на довольно-таки пышное и нарядное ложе Фиорины вот так прямо – в грязных сапогах и напитанном железнодорожною пылью платье – было и неловко, и обидно для женщины, и даже подозрительно: боится раздеваться,— значит, на нем какие-нибудь сокровища скрыты?! Да и хотелось-таки дать ногам отдых от стеснения обуви, телу от жилета, подтяжек и крахмальных воротничков.

"А, черт!– решил он про себя,— была не была, куда ни шло, попробуем апеллировать к каторжной совести и сыграть на добрых чувствах. Обыкновенно, в подобных местах это у меня выходило".

— Вот что, m-lle Фиорина,— сказал он, как умел, дружелюбно,— я должен вам признаться откровенно. Что вам и подруге вашей я доверяю безусловно, об этом не стоит и говорить, это само собою подразумевается. Но дом ваш,— вы сами говорите и мы уже имели случаи видеть,— весьма подозрительный дом, и соседи у вас темные. Между тем, при мне несколько тысяч лир билетами, также кредитивы на Ниццу и Париж. Часть принадлежит мне, часть – моему товарищу. Я человек мнительный и вечно опасаюсь, не потерять бы эти деньги или не случилось бы с ними какой-нибудь беды...

— Так что же?– перебила Фиорина, с видом гордым и очень довольным.– Дайте мне ваш бумажник на сбережение. Поутру, то есть когда вы проснетесь и пожелаете уйти, я возвращу вам его в совершенной сохранности.

— Это именно то, о чем я хотел вас просить.

— Вы знаете точно сумму денег, которая имеется при вас?

---

[44] Растительное масло (ит.).

– Около шести тысяч франков.

– Нет,– точно?

– Должен сознаться, что нет.

– Надо сосчитать.

– Это долго и скучно,– мы истратим время, которое можем использовать гораздо веселее.

Фиорина засмеялась и приятельски хлопнула его ладонью по лысине, но настаивала:

– Нет, уж вы потрудитесь. Если я беру на себя ответственность, то желаю знать, за что отвечаю.

Считать Матвею Ильичу очень не хотелось, не потому, чтобы он, в самом деле, уж так берег время свое, но потому, что он по опыту знал, что в мирке Фиорин и Саломей денежный соблазн – по преимуществу, не умозрительный, а непосредственный, по наглядной приманке и видимости того, что плохо лежит. Между проститутками воровки вообще менее часты, чем это воображают добрые буржуа, а встречаются прямо-таки идеально честные бессребреницы. Но бывают и такие странности, что, вот проститутка, теоретически, честнее честного. До того, что уговорить ее на предумышленную кражу совершенно невозможно, какие бы тысячные перспективы ни рисовал ей соблазнитель. Однако в глубине своей и по существу, это – оказывается – не столько честность, сколько отсутствие, так сказать, финансового воображения. Потому что, на практике, нередко: вдруг та же самая честнейшая проститутка, ко всеобщему удивлению и даже, пожалуй, к своему собственному, глупейшим образом, срывается на тощем кошелечке со звонкою монетою или на некрупном кредитном билете, который небрежно торчал ухом из жилетного кармана гостя. Это – кражи по зрительному гипнозу, порыв инстинкта жадности, вспыхнувшего в мгновенный, неудержимый аппетит,– ответом на провокацию нечаянной приманки; но аппетит этот очень мирно и невинно погаснет, как скоро скроется из вида предмет, его пробудивший. Это – пережитки первобытного хищничества, отголоски доисторического дикарства.

– Впрочем,– подумав, согласилась Фиорина,– если вы не хотите, то мы устроим по-другому. Саломея, дай сюда шнурок и сургуч.

И она заставила Вельского собственноручно обвязать бумажник шнурком и опечатать узел при помощи именного перстня, который он имел на руке.

– Теперь,– продолжала Фиорина, передавая бумажник Саломее, а та очень бережно и аккуратно, как бы с благоговением, упокоила его, как младенца какого-нибудь, под капотом, где-то в дебрях своей необъятной груди,– теперь ваши деньги так же безопасны, как в кассе CreditoItaliano[45]. Через Саломею к ним никому не добраться.

Саломея скалила огромные белые зубы, и успокоительно мигала, и кивала колоссальною головою, видимо, польщенная доверием. А

---

[45] Итальянский кредит (ит.); название банка.

Фиорина, садясь в головах у Вельского, расположившегося на постели, говорила:

— Пять лет тому назад, когда я не перестала еще быть дурою и содержала дружка, я не могла бы предложить вам такой гарантии. Я ненавижу наших мужчин. С тех пор, как я выехала из России, я имела семь любовников, то есть сутенеров, как говорите вы, господа из общества, а по-парижски marlou, и хоть бы один из них удался – не был бы бессовестным драчуном и вором. Пьянствовали не все. Двое даже в рот ничего не брали, заболевали от полуфиаски кьянти, от рюмки коньяку. Ни один игроком не был. Но воры были все без исключения, и все хотели, чтобы я тоже была воровкою, и дрались, как черти, за то, что я не хочу. Последний мой,– тот самый, который теперь, я говорила вам, отбывает наказание в Монтелупо,– был настоящий дьявол. Когда здесь станет светлее, я покажу вам на стене его портрет. Очень достопримечательное существо. В Турине был профессор Ломброзо. Конечно, слыхали? Очень знаменитый человек, первый в мире по исследованию всяких преступников и нашей сестры, злополучной проститутки. Так, когда Джанни судили во Флоренции, он нарочно приезжал из Турина изучать мое сокровище: что за бес такой уродился? В конце концов, Джанни усахарил-таки меня – в газеты, а себя – в келью уголовно-психиатрической тюрьмы. Я вам расскажу, как было дело. Жили мы во Флоренции, в заречье, на набережной, близ Ponte delle Grazie[46], дом прямо над рекою висел. Заманила я к себе с прогулки в Cascine[47] англичанина одного, посольского. Парень молодой, крепко выпил, да и бахвал. Вот он на беду и сверкни своими золотыми. Я умоляю спрятать, потому что знаю: если Джанни увидит, то с ума сойдет. Он на золоте прямо помешан. Трясет его при виде золота. Влезет ему желтый дьявол в мозги, и, покуда он золота этого не получит, у него будет сердце дрожать и распаляться, как у влюбленного, и он ни минуты не будет спокоен. Всякое золото для него – свое. И у кого оно есть – его кровный враг. Но этот лондонский дурак оказался фарсун ужаснейший. В ус себе не дует. Знай, гогочет в ответ да гоняет кругляки свои ребром по столу,– щелкнет пальцем, и колесико катится, как детский обруч. Ну и доигрался до того, что Джанни,– на галерее, вот такой же, как здесь, притаясь,– все видел. Как только он вошел, я – взглянула, поняла: дело плохо. Уже влюблен в гинеи английские, и почитает их своею собственностью, и кипит ревнивою тоскою по ним и жадностью. Потому что Джанни пришел веселый-превеселый, ласковый-преласковый, а усы ходят, а левая бровь на половину лба поднялась.

"Вина,– кричит,– вина, Рина! милорд! очень рад с вами познакомиться, позвольте угостить вас вином! Вам нравится моя ganza?[48] Тем лучше! Почитаю за честь! Что-то у вас? Chianti?[49] Рина!

---

[46] Мост Граций (ит.).

[47] Название местности (ит.).

[48] Любовница (ит.).

Как тебе не стыдно поить такого высокого гостя дрянью? Милорд! В знак международной симпатии двух наций, разрешите предложить вам бутылку шампанского..."

А мы, тем временем, надо вам сказать, уже фиаску старого кианти вдвоем усидели, и намок мой англичанин весьма основательно. Но они, англичане,– знаете – либо вовсе не пьют, либо уж, если пьют, то как губка; что ни лей жидкое, все в себя примет, только пухнет. "Очень рад!.." Покуда Джанни ходил за бутылкою, я этого милорда честью прошу: "Не пейте вы больше, ради Бога!.." – "Почему? Я хочу!" – "Ну, так, по крайней мере, пейте только кианти, а шампанского не надо".– "Почему? Я хочу!.." Ну не могу же я Джанни выдавать,– так вот и открыть Джон Булю этому, что, мол, с шампанского, которым вас угостит Джанни, вы очутитесь – хорошо еще, если только голый на мостовой, а то, может быть, и покойником в волнах Арно... Говорю: "Вредно мешать кьянти с шампанским".– "Почему? Я хочу!.." Заладил свое. Такой дурак! Тьфу! Принес Джанни шампанское. Бутылка – ух! не закупоривают так в погребах. Пьяному, конечно, не в примету, а трезвый сразу разглядел бы. Откупорил,– пробка и не хлопнула. Чокнулись. Англичанин – свой стакан в глотку, Джанни – свой через плечо. Я свой на столе оставила. Как сверкнет на меня глазами Джанни: "Ты что же, Рина? моим угощением брезгуешь? Пей!.." Я смотрю на него во все глаза: ошалел он, что ли? стану я заведомо сонное пойло вливать в себя? "Пей!" "Эге!– думаю,– надо быть трезвою. Джанни готовит себя в каторжную тюрьму. Если меня споить хочет,– стало быть, затеял что-нибудь посерьезнее простой кражи – чтобы быть совсем без свидетелей..." А он улучил минутку, шепчет мне: "Пей, не бойся, вино чистое, я просто веселюсь, потому что здорово выиграл сегодня, могу угостить..." По голосу слышу: врет, и глаза – подлые. "В таком случае,– говорю,– с удовольствием, ты знаешь, как я люблю шампанское..." Была я в платье с низким вырезом,– ну, стало быть, вино за корсет. "Наливай еще!" – "С величайшим наслаждением, моя овечка, моя Фиорина!.. Ах, что это за сокровище – вот игрушка, милорд, эта Фиорина!.. Пей, детка моя, соловей мой, пей!.." Зло меня разбирает страшное, потому что знаю же я вино-то: без жалости, разбойник, дурманом угощает свою "ганцу", а ведь от этого пойла и окочуриться недолго. Соображаю: "Так-с! Это, значит, он уже до того на деньги англичанина разъярился, что меня на карту ставит; мы заснем, он придет – обработает нас, как ему заблагорассудится, два трупа оставит, а сам в Америку пропадет... Ну, врешь. Не на таковскую напал". Так и пошло: англичанин – в глотку, Джанни – через плечо на пол, а я – за корсет! Заерундила я, притворилась пьяною. Кончили бутылку. Джанни для вида ушел. После, на следствии, оказалось: за час, что он назад не бывал, в четырех квартирах успел показаться,– все alibi себе готовил.

Англичанин скис, я его едва до постели дотащила. Влила ему, на всякий случай, нашатырного спирта в пасть. Это средство у нас всегда имеется – на случай очень пьяных гостей. Авось очухается! Бухнулся и захрапел. А я сижу – жду, что будет. Лампа горит. Трр... закрутил ключом. Вот он, душка, негодяй-то мой! Милости просим... Вошел босой, только maglia[50] на теле,– значит, готовится на опасную работу, платье жалеет, пятен боится,– а рожа бронзовая, злая,– черт чертом... Увидал, что сижу и – трезвая,– так его всего и перекосило, ошалел.

– Ты почему не спишь?

– Потому что,– говорю,– вино расплескивать я получше тебя умею.

Заскрипел зубами.

– Вот как? – говорит.– Ну, в этом мы с тобою сочтемся.

– Сосчитаться – отчего же нет? Но только на каторгу идти по твоей милости я не согласна: в этом счете вместе с тобою быть не хочу.

– Так против меня идешь? Предать хочешь, подлая?

– Если бы я хотела тебя предать, то давно бы на весь дом кричала. А я только честью прошу тебя: уходи ты, пожалуйста, опамятуйся, пока не поздно, не губи себя. Англичанина этого я тебе не выдам. Уходи.

Совсем озверился.

– Ну, уж это,– шипит,– скорее я из вас обоих кровь выпущу, как из свиней к Рождеству. Не говори глупостей. Другого такого случая десять лет ждать не дождемся. Ты меня не поняла. Я хотел напоить тебя – лишь затем, чтобы из свидетельниц вывести и в сообщницы ты не попала бы, а ты, по подлости твоих мыслей, невесть что обо мне вообразила... Ну теперь,– конечно,– нечего делать: сама виновата, что врюхалась,– я назад от задуманного не отступлю, помогай.

– Что же я должна делать?

– Возьми подушку у него из-под головы да брось ему на пьяную харю! Только и всего. А я придержу.

– Почему же ты сам этою милою операцией заняться не хочешь?

– А потому что, если ты со мною работы не разделишь, то, стало быть, ты не сообщница,– донесешь.

– Доносить я не хочу и не буду, но можешь быть твердо уверен: ни ограбить, ни убить англичанина я тебе не позволю, и разве через тело мое ты к нему подойдешь.

Как бросится он на меня с кулачищами, а я его бутылкою по морде. Он взвизгнул этак потихоньку, как котенок, утер лицо рукою, и – откуда только у него нож взялся?.. Пропасть бы мне, если бы сам же он меня не надоумил – насчет подушки-то... Выхватила я у англичанина из-под головы подушку и подставила вроде щита: нож-то в ней и увяз,– только сено посыпалось. Ну и пофехтовали мы тут немало. Джанни – с ножом – как кот, ловок, а я с подушкою, как мышь, увертлива... И так он рассвирепел, что даже об англичанине уже забыл: только бы меня-то ему достать и погладить ножом своим.

[50] Майка (ит.).

56

А мне того и надо: за себя не боюсь, увертлива, а ведь того-то – душу сонную, беззащитную – долго ли ему порешить? Чуть Джанни к англичанину, я на него сзади прыг, как леопард какой-нибудь,– и опять пошла кружиться возня наша по комнате. Раза три меня он ткнул, однако... легко, не вглубь, а порезом полоснул по коже. Пустяки бы, да – кровь течет, и оттого слабею, понимаете... Кричать стыжусь и жалею дурака: все равно, что человека прямо в тюрьму сдать,– стараюсь только шуметь, стулья роняю, топаю, в стены посуду бросаю, кулаками, каблуками стучу, чтобы соседи – свои же люди, отличнейшие товарищи, догадались, что деремся,– пришли бы, выручили меня, покуда не убил... Характерец-то его по всей набережной был известен... не раз уж меня отнимали, полуживую, из нежных его рук. Бросаю все, что в руки попадет под ноги ему, все надеюсь, что споткнется, грохнется,– ну, тут уж я с ним, голубчиком, лежачим-то, справилась бы,– пусть бы избил, как собаку, хоть кожу сдери, но ножа в ход пустить не успел бы,– нет, не дала бы!.. Но – ловок, собака! так и прыгает через вещи... шляпу мою растоптал... Добилась я, однако, своего: выиграла время,– загудели соседи за стенами с обеих сторон. Слышу: бегут по галерее. Стучат в двери... Остановилась я и говорю: "Слышишь, Джанни? Моя взяла. Брось, не выгорело твое дело..." А он – уж так распалился, аж пена у рта – воспользовался, что я больше не защищаюсь,– как хватит: едва успела согнуться, чтобы – не в сердце, в плечо угодил. Я, чувства потеряв, трах – упала – прямо головою в двери, стекла вдребезги, лицо себе изрезала, ставню телом вышибла,– подхватили меня соседи эти, которые стучались... Я им еще успела крикнуть: "Спасайте англичанина. Там Джанни!.."

Очнулась в госпитале, вся в перевязках. "Что Джанни?" – "Ну, о нем лучше вам не спрашивать. Он в тюрьме".– "Значит, англичанин..." – "Что англичанину делается! Целехонек, только рвет его ежеминутно так, что он ревет, как гренландский кит".– "Позвольте же!– говорю,– если англичанин жив и невредим, за что же Джанни в тюрьму взяли? Неужто за то, что мы с ним повздорили? Это несправедливо. Конечно, он вел себя против меня, как ужасная свинья, но то наше дело, семейное... мы подрались, мы и помиримся".

Но мне объясняют: "Во-первых,– ваши поранения признаны серьезными, и, значит, если бы не только вас, но даже лошадь он этак изрезал, то было бы за что отправить его в тюрьму. Гражданский иск предъявлять или нет – ваше дело, а полосовать женщину ножом никакое государство не дозволяет, хотя бы даже вам это и нравилось. А, во-вторых, в его деле вы теперь – уже на заднем плане. Он из этих людей, что к вам на помощь пришли, соседу и соседке кишки выпустил,– муж уже в мертвецкой покоится, а жена еще мучится, к вечеру ждут, что умрет. Из карабинеров одному глаз вышиб, другому нос откусил,– уже хотели пристрелить вашего Джанни, как бешеную собаку, да он покатился в падучей... тут его и взяли, как дитя малое..."

Как же! Дело гремело на всю Италию. Говорю вам: Ломброзо приезжал. Все старались сделать Джанни, по крайней мере, сумасшедшим, чтобы, знаете, тюремный режим был легче, отбывать бы одиночку не на тюремном, а на больничном положении: ведь его, знаете, закатали на двадцать лет!.. И то падучая выручила,– иначе угодил бы пожизненно.

– Вы, конечно, выступали свидетельницею?

– Ну еще бы,– с гордостью сказала Фиорина.– Мои портреты во всех журналах были,– вот как теперь Тарновская. Сперва-то меня заподозрили в соучастии, потому что вино анализировали и нашли, что отравлено. Да меня англичанин выручил; вспомнил, как я его уговаривала не пить шампанского,– а кьянти мое, в анализе, конечно, оказало себя чистым. Ну и соседка, умирая, успела показать, с какими словами я из двери выпала... Джанни сперва рассчитывал на ревности отвертеться, и хотя мудрено было ему поверить, потому что – сколько же было свидетелей, что он торговал мною, как скотиною какою-нибудь, и тем только и жил, что я от мужчин получала!– но, черт с ним, я его поддержала бы, помогла бы ему эту комедию разыграть. Да – узнала стороною, что он-то, негодяй, в первых своих показаниях без жалости меня топил и оговаривал. А из тюрьмы – другие вести были, через подруг, у которых тоже дружки там сидели, будто Джанни грозится и святым своим клянется: "Только дайте мне сойтись с Фиориною – в тюрьме ли, на воле ли,– я ее заставлю съесть свои собственные груди!.." Эге? Вот как?.. Не имею аппетита!.. Ну и перестала его щадить,– показала следователю все, как на самом деле происходило: что совсем не по ревности он меня искромсал, но – зачем я англичанина защищаю и не даю ограбить? И опять меня англичанин поддержал. "Представьте,– говорит следователю,– я теперь припоминаю: ведь я всю эту сцену слышал сквозь беспамятство мое, но – принимал за страшный кошмар, и очень страдал во сне оттого, что никак не мог сделать усилие и проснуться... а, когда очнулся, все забыл... все, что было до ухода Джанни, помню, но затем – темно. А теперь, когда вы мне это рассказываете, воскресло ясно и целиком: совершенная правда. Это, в точности, весь мой тогдашний кошмар". Врачей запросили: может ли быть такое состояние, как показывает англичанин?.. Говорят: "Очень может,– это его белладонною опоили..." Ну, тут меня из обвиняемых – сразу в героини. Публика мне на суде такую ли овацию сделала!..

Англичанин этот был хороший человек,– продолжала она, помолчав в воспоминаниях,– не даром я его пожалела. Я потом с ним два месяца жила и даже в Афины с ним уехала, потому что его, от скандала, в Афины на службу перевели, в наказание, что нанес срам посольству. Влюблен он был в меня, как лунатик в луну. Если бы я хотела, то легко могла бы даже и оженить его на себе,– даром, что он капиталист и знатного рода. Ну – женить не женить... пожалуй, родня вступилась бы, на дыбы поднялась бы... а, во всяком случае, каким-нибудь способом связать себя с ним на всю жизнь – были шансы. Ведь и теперь, если мне уж очень плохо приходится, то стоит лишь телеграфировать: "Пришлите денег!" – сейчас же выручает... Я этим редко пользуюсь, потому что имею совесть и достаточно горда – не хочу никому быть обязанною, покуда я в состоянии работать. Но – что он помнит и хорошие чувства ко мне сохранил – это факт.

– Отчего же, все-таки, вы не вышли за него, если могли? Не нравился, что ли?

– Нет, не то, чтобы не нравился, хотя – разумеется – влюблена в него я не была ни чуточки... Но, знаете, совестно было: правда, он пьяница, но все же хороший человек, из общества, с карьерою, семья у него родовитая и прекраснейшая,– что же мне, проститутке, губить его и вешаться ему камнем на шею? Ведь я же знаю себя: надолго я в порядочной жизни удержаться не могу – потянет меня назад, в вертепы-то наши... Испробовала не раз. Помните нашу встречу в К.? Ожидали ли вы после того встретить меня под гостеприимным кровом Фузинати?

– Да! Удивили вы меня вчера немало!

– Когда стряслась вся эта флорентийская драма моя с Джанни, мне было двадцать восемь лет. В эти годы женщина должна понимать себя, потому что жизнь ее исполнилась: подержится еще несколько годков на уровне, которого достигла, а потом пойдет не вверх, но вниз, не на приход, а на убыль. И вот еще там, во Флоренции, лежа в больнице, надумалась я о себе и дала себе две клятвы: первую – что никогда у меня больше не будет этого проклятия нашего профессионального – сутенера, а вторую – что, если кто меня начнет сбивать к возврату в так называемую честную жизнь, то пошлю я его ко всем чертям-дьяволам, и уши запсну, и слушать не стану. Потому что – уже довольно! И возвращалась, и возвращали! И – что людям жизни на этом пустом деле я испортила! И сколько раз самое себя видела на краю смертной гибели! Соблазн – насчет англичанина – был самый сильный: понимаете, какова возможность,– из девок-то да, черт возьми, в леди! Однако устояла: чуть стали мне мутить голову перспективы эти,– сбежала из отеля, села в Пирее на пароход и – в Константинополе – закабалилась фактору... Так-то вернее! А в Константинополе я встретилась и подружилась вот с нею,– кивнула она на Саломею,– и она помогла мне сдержать первую мою клятву. С ее характером и кулаком сутенеры нам не нужны.

VII

– Вы рассказываете так спокойно об ужаснейшей трагедии,– произнес Вельский после долгого молчания,– очевидно, вы не очень-то любили вашего Джанни...

Фиорина пожала плечами.

– Конечно, нет... Разве можно любить двуногого зверя?

– Положим, очень можно. Многие женщины только таких и любят.

– Ну, я не из тех. Большая редкость, подумаешь! Звери-то вокруг нас, походя толпятся, вот человека встретить – мудрено.

– Тогда,– зачем же вы с ним сошлись?

– Да – как вам сказать? Во-первых, в нашей профессии иметь постоянного любовника, собственно говоря, совершенно необходимо. Без этого мы беззащитны от всеобщей эксплуатации. Кто же не норовит нас обидеть? Нужен кулак, который бы чувствовали за нами господа, как Фузинати и ему подобные ростовщики, и гости, и полиция, да и подруги. Ведь между нами – вечные ссоры, интриги, времени-то свободного много, так и развлекаемся тем, что одна другую едим,– строим одна другой пакости разные, подкапываемся друг под дружку. Вон вы сейчас видели Мафальду Помилуй мя, Господи. Слышали? Пяти минут мы не говорили между собою, а уже поцарапались. По пальцам пересчитать если вам: кто с нею не дрался? Только тех и побаивается задирать, за которыми знает решительную силу, а – попадись к ней в лапы девчонка какая-нибудь робкая и беззащитная, она из этакой соки-то повыжмет не хуже всякого Джанни. Сама-то стареет, заработки плохие,– вот и ищет, как бы поймать и поработить дуру, которая бы ее хлебом кормила. Запугает, зажмет в кулак и будет жить на ее счет. Это у нас постоянно – с тем и возьмите! Теперь вот к этой, к Ольге, она подбирается, потому что Ольга зарабатывает хорошо, а любовник у нее – дрянь, пьяница мертвый, к Ольге равнодушен и никогда его дома нет. Но мы с Саломеей взяли Ольгу под свое покровительство. Так как же злобится Мафальда, что мы не даем ей эту бедную девку сожрать! Как она нас поссорить старается! какие сплетни придумывает! что наговаривает на нас с Ольгою и Саломее, и Ольгину ganzo... Хорошо еще, что Саломея у меня умница, а тому – все равно: было бы вино, а то хоть кол на голове теши... Правду я говорю, Саломея? Армянка чуть шевельнула глазищами на желтом лице, что должно было выразить не то неохотную улыбку, не то согласие. Фиорина продолжала:

– Надо, чтобы в окружающем тебя мирке знали, что ты не одна отвечаешь за себя, а есть некто, который в случае надобности за тебя вступится – и морду как следует разобьет, и нож в ход пустит. Ну, и, конечно, если уж загораживать себя от людей таким пугалом, то надо выбирать пугало основательное, чтобы оправдывало роль свою и было, в самом деле, пугало. А Джанни был из пугал пугало: из тех парней, о которых мы говорим, что о них два материка спорят, где его повесить...

– Да ведь в Италии смертной казни нет?

– Это – одна из причин, почему он возвратился на родину, а то работал бы в Нью-Йорке... Я не знаю его прошлого, и по суду оно оставалось темным, так как судили его, конечно, по чужим бумагам и под чужим именем. Но, должно быть, хорошие штуки там позади остались... Перерезать горло ближнему своему для Джанни было не труднее, чем заколоть барана или пристрелить зайца. И притом зверел от вида крови, эпилептик...

Его боялись – и основательно боялись: мальчишка с лица и фигуры самый обыкновенный, но умел и мог страшным быть... Я его вот как изучила: когда, бывало, он меня бьет, не защищаюсь, а только лицо прячу. И не потому, как другие и как от другого бы я тоже прятала, что лицо испортит синяками, и заработка лишусь на несколько дней. А затем, чтобы кровь из разбитого носа или губ не потекла. Он сам меня предупредил, после первой же потасовки, в которой я едва жива осталась: "Не позволяй мне видеть крови. Я, когда вижу кровь, теряю рассудок. Могу убить..."

– Я ничего не могу понять, Фиорина: Джанни вы не любили, сошлись с ним по чисто практическому расчету, между тем, терпели от него потасовки, из которых едва живою выходили, и терпели такое сожительство под вечным страхом, что – стоит ему увидать кровь, и он вас убьет... Почему же вы не разошлись с ним после первой же потасовки?

– Потому что за это нашей сестре – sfregio[51].

– То есть?

– Видите ли, мосье Вельский. Сойтись с сутенером девке легко, но развязаться трудно.

– Закрепощают доходную статью?

– Это, конечно, на первом плане, а затем, южане – любя не любя – вообще ревнивы. "Я владел женщиною,– и затем мирно допущу, чтобы моя женщина оставила меня и перешла к другому? Да ни за что на свете!" И, наконец, чуть ли не главное: их компанейское самолюбие. Когда вам говорят о преступных организациях в Италии, не верьте. Это все чепуха, от старых легенд осталось и для иностранцев выдумывается. Англичане любят верить,– им и преподносят эти организации: надо же чем-нибудь заменить былых романтических бандитов. Организации нет, но жуликов – множество. В Сицилии нет великой мафии, и в Неаполе нет великой каморры. Но в Сицилии – сколько угодно maffiosi, а в Неаполе – сколько угодно каморристов. То же самое для каждого города. Организации нет, но есть маленькие шайки, в которые слагается всякая дрянь человеческая,– mala vita – под предлогом попоек и веселого препровождения времени. Это обычный ответ на суде. "Кто вы?" – "Молодой человек".– "Я спрашиваю о вашей профессии!" – "Провожу время!.." И вот – они проводят время, а мы, девки, их времяпровождение оплачиваем. И все они друг друга знают и друг перед другом хвастаются, как петухи. Если Пьетро купил галстух ценою в 7 франков, значит, Джанни купит – в 10, и будут соперничать, перешибать друг друга шиком, покуда в магазине не скажут им, что дороже галстухов нет. Если бы вы видели какое-нибудь трактирное собрание этих молодчиков, вам показалось бы, что все они – разряжены для оперетки: такие пестрые, подчеркнутые франты по последней моде – в толпе их за двадцать шагов видно, ни с кем не смешаешь, сразу, как на витрине выставочной, отличишь. Конечно, это только в праздничной компании либо на пикнике каком-нибудь... В Монцу ездят на автомобилях, на Лаго ди Комо на

---

[51] Порез на лице, позор (ит.).

элеюричке... А, впрочем, у моего Джанни было семь пар платья – на все случаи жизни, от лучших портных!– тысячи на две франков; один вечерний костюм, в котором он ходил в кафе в кости играть, триста франков стоил,– а ботинок, штиблетов и сапог разных не менее дюжины,– это у них первый шик, только и знают, что сапоги чистят, самая доходная публика для маленьких савояров! Можете судить, каким чертовым трудом достался мне этот проклятый гардероб его!..

Ну вот проводят они время, ломаются друг перед другом, и самое любимое это у них хвастовство, сколько кто из своей ганцы выжимает и как он свою держит в кулаке, дрессирует в ежовом ошейнике. Если ganza взбунтуется, волю свою проявит, откажется сделать что-нибудь, любовником приказанное, деньги от него спрячет, гостя дешево примет или выпьет лишнее без разрешения,– товарищи поднимают молодца на смех. И, глядишь, у него дуэль, а у тебя все ребра пересчитаны: не доводи любовника до ссоры с друзьями! не порти компанию!.. Поэтому, если женщина наберется такой дерзости, что первая даст своему ganzo отставку, то парню приходится между товарищами совсем туго: задразнят, затравят, засмеют. Бывали случаи, что переставали руку подавать: какой же, мол, ты giovane d'onore[52], если не умеешь с девкою справиться и позволяешь ей себя позорить?.. Потому, что ведь звери они; любовные отношения понимают только самым грубым образом, женщина в их глазах – скотина какая-то, самка, которой никакой радости в жизни не надо, кроме постельной. Если женщина разрывает с любовником, то, значит, по их мнению, либо мало колочена и недостаточно застращена, либо мужчина ее оказался слабосильным самцом, на которого она не согласна работать, потому что он ее не удовлетворяет. Ну, понимаете, это – мужской срам, которого, иной раз, и в развитых обществах, и поумнее наших парней мужчины не выносят...

Все это вместе и делает, что в нашей среде вольный брак легок, а развод труден. Если я самовольно уйду от любовника, то – убить-то он меня, может быть, не убьет: что за охота мальчишке на каторгу идти, когда других девок много? – но, во всяком случае, обязан сделать мне sfregio. Иначе он покажет, что он мокрая курица и я бросила его поделом, и будет он не только в презрении у товарищей, но, пожалуй, даже и не найдет другой девки, охочей связаться с ним. Потому что – явное дело, товар лицом показывается: если человек не умеет отомстить за собственное кровное оскорбление, то – какой же он защитник будет женщине, которая возьмет его в сутенеры? И вот, в один прекрасный день, он настигает вас на улице – и трах вас бритвою или ножом по лицу – вкось этак, по скулам вниз, через губы, чтобы никакого членовредительства, опасного для жизни, не произвести, а только хорошенько кровь пустить и шрам оставить широкий и глубокий, которого ни белилами не затереть, ни временем изгладить... Понятное дело, что, обезобразив женщину таким манером, он мстит не только физическою болью: не ко всем шрамы-

_____
[52] Честный, порядочный юноша (ит.).

то идут, огромное большинство красоту теряет и, стало быть, уж навсегда осуждается остаться на низах профессии, без всякой надежды выкарабкаться из нее когда-нибудь, по крайней мере, повыситься из уличной девки в кокотку высшего или среднего полета... Конечно, бывают счастливые исключения. Например, знаменитая Отеро – sfregiata[53]. Но – рассчитывать-то приходится на правило, а не на исключение.

Притом это проклятое sfregio – своего рода каиново клеймо. Оно на всех языках юга, по всем трем средиземным полуостровам, в Провансе, в Венгрии, говорит как условный знак, без слов одно и то же: что ты, им отмеченная,– женщина вероломная, изменница, предательница, и пусть каждый мужчина остерегается тебя в любви и не дает тебе веры... Ты – из девок девка. В иных местах sfregiata – хоть не показывайся на улицу: хохочут ей в лицо, свищут, только что в лицо не плюют. В Сицилии такую девку, как бешеную собаку, затравят. На материке легче. А в Неаполе, например, так оно даже недурно – успеха придает; чем больше на теле женщины рубцов от sfregio, тем больше, значит, ее любили и ревновали, тем, значит, она заманчивее и интереснее. Но все-таки гонят ли "сфреджатку" как в Сицилии, ухаживают ли за нею, как в Неаполе,– она уже не полный человек. Стыдно сравнивать в нашем положении, но sfregiata среди нас, девок, это – как в вашем буржуазном обществе, девушка, имевшая ребенка. Фарисеи брезгуют ею, оплевывают ее имя, ходят грязными ногами по ее самолюбию, а развратники видят в ней свой легко доступный кусок – окружают ее двусмысленным ухаживанием, с которым к чистой девушке – небось не разлетишься! И – это до такой степени, что возьмем для примера: если бы я пожаловалась своему Джанни на кого-либо из его приятелей, что он меня оскорбляет, задевает, соблазняет меня, ухаживает за мною, то он, не рассуждая, сдвинет шляпу на левое ухо, перебросит папироску в левый угол рта, а рука у него уже в кармане на ноже или револьвере. А будь на моем теле сфреджо, он бы, по всей вероятности, очень спокойно ответил: "Вот животное этот Баттиста! Известный нахал-бабник! Надо его проучить. Будь спокойна, мы это дело сегодня же обсудим".

И кончилось бы тем, что оба напились бы вместе, приятелями больше, чем когда-либо, и как стельки. Потому что – поспорить и покричать друг на друга из-за sfregiata–это еще куда ни шло, но рисковать за нее жизнью своею или своего товарища, ставить на одну доску с ее подсаленною честью целость и невредимость двух giovani d'onore – считается не только чрезмерною уцалью, бретерством, но даже просто безумством... Так что – понимаете – на что уж плоха, тяжка и невыгодна нам сутенерская защита, но дня сфреджатки даже и эта незавидная благодать понижается на крупные градусы...

– Итак,– выходит,– цепи на всю жизнь?

_____

[53] С порезанным (изуродованным) лицом (ит.).

– Нет,– разве уж жизнь очень коротка!– но во всяком случае покуда ему – сутенеру – угодно.

– Однако погашаются же как-нибудь эти связи? Ведь вот вы говорили, что Джанни был уже ваш седьмой?

– Способов погасить очень много, но все они зависят исключительно от доброй воли сутенера. Самое естественное погашение – через возраст сутенера. В этих буржуазных странах это – как-то курьезно. Знаете ли, я почти не видала сутенеров старше 30, самое большее 35 лет. Только ничтожное число посвящает себя на всю жизнь – состоять при девках, существовать через девок, быть их факторами, хозяевами, содержанцами. Могу по пальцам пересчитать таких – из сотен. В возрасте 30–35 лет сутенер вдруг вспоминает, что он сын порядочных родителей и обязан идти по их стопам. И вот – сразу обрывает все старые связи. Открывает либо лавку, либо кабачок, женится,– становится добрым маленьким буржуа, piccolo borghese. И – прошлое умерло, и нет о нем помина – ни-ни-ни! Мимо проходят недавние подруги,– глазом на них не поведет. Недавние товарищи,– пальцем шляпы не коснется. И ему платят тем же. И никто не обижается. Отбыл свой срок человек в одном мире, ушел в другой – что же тут особенного? Весьма естественно! Так тому и быть!

Зато искусственные разрывы очень сложная штука. Те из сутенеров, которые поумнее и нравом помягче, обыкновенно, не допускают до того, чтобы ganza первая запросилась на волю, в ущерб их кавалерскому самолюбию. Заметив, что опротивел он ганце хуже дурной болезни или ревматизма, такой сутенер очень благоразумно приискивает себе исподволь другую кормилицу-поилицу и, когда приищет, преспокойно заявляет старой: "Tu sei franca e líbéra![54] Ты свободна и самостоятельна!" Затем, как пиявка, переползает сосать кровь из новой добычи. Это развод без скандала. Обыкновенно производится он по предварительному уговору и непременно в присутствии свидетелей, не менее двух, которые бы слышали, что парень сказал: "Ты свободна и самостоятельна! Tu sei franca e líbéra".

Иначе он может отказаться вовсе либо начнет утверждать, будто сказал только: "Ты свободна!.. Sei franca!"

А это значит – свободна только от отношений к нему, может работать на себя самое без всяких к нему обязанностей, но не смеет взять себе другого любовника, покуда он не разрешит. А так как, повторяю вам, без любовника вольной проститутке жить почти невозможно, то положение получается нелепое. И – покланяйся-ка ему, поплачь-ка перед ним прежде, чем смилуется и прибавит тебе желаемую liberta![55]

Но умеренных и благоразумных между ними, дьяволами, мало, а большинству – либо по фанаберии, либо со скуки и потому, что все-таки развлечение,– нужен скандал. Эти – однажды – вдруг притворяются, что они обижены своею ганцею, перестают колотить ее

---

[54] Ты свободна и самостоятельна! (ит.).
[55] Свободу (ит.).

из собственных рук – самый зловещий признак!– и требуют товарищеского суда. Ну и тут происходит уже черт знает что... Соберутся двенадцать проходимцев – присяжные, видите ли!– где-нибудь за городом, затащут бедную девку в притон свой и измываются над нею часа два-три – хуже чего нельзя – под видом допросов и увещаний. Прежде всего, женщина должна торжественно удостоверить клятвою, что разводится со своим ganzo не по той причине, что я вам раньше говорила,– то есть обязана оправдать его в репутации мужских способностей. И бывали случаи, что негодяи, притворяясь, будто становятся на сторону женщины и защищают ее интересы, требовали доказательств не словом, а делом, при всех! Затем – когда стороны не поддаются примирительным увещаниям и категорически поддерживают заявленное желание развестись – приступают к приговору и дают развод. Права ли женщина, нет ли, при разводе ей всегда назначают, как кару, ограничение прав. Самое малое – что ее заставят перебраться на жительство в другую часть города, потому что, дескать, работая на глазах бывшего дружка, вы будете действовать ему на нервы. Но очень часто постановляются приговоры, по которым женщина должна переселиться в другой город, а то и в другую провинцию с переменою притом рыночного своего псевдонима. А одну подругу той Мафальды, которую вы видели внизу, даже присудили эмигрировать в Америку. Все это – убыток колоссальный. Надо жизнь и работу начинать прямо-таки сызнова. Конечно, остается риск – не послушаться... Но тогда – sfregio.

Это – я вам говорила – если сутенер из добрых и не хочет чересчур унижать и мучить девку, взводя на нее разные подлые обвинения. Доказывать их ведь не требуется; достаточно, чтобы утверждал. По взглядам судей, giovane d'onore лгать не может! и что он сказал,– свято, как заповеди. Но опять-таки подобных добрых вряд ли найдется один на десять. Остальным – подавай срам и издевательство, боль и жестокость. Ganzo может настаивать, чтобы суд приговорил ему право на sfregio, и тогда оно совершается с особенною жестокостью: крест-накрест. Либо устраивается так называемое sfregio conciliatore[56]: примирительный обряд, подвергающий женщину глумлениям позорнейшим, иногда таким, что – после них только и остается либо руки на себя наложить, либо, если нет мужества в сердце, а душа довольно растяжима, чтобы выжить под тяжестью срамных воспоминаний, бежать куда глаза глядят – лишь бы дальше от стыда своего – в Америку, в Австралию, в Китай... Немало нашей сестры загнано в публичные дома заокеанских стран и Дальнего Востока именно этим страхом!

Самое легкое, что женщине сбривают брови. А то обреют голову. На лбу и груди пишут или рисуют ляписом гнусности непроизносимые.

Одна, которую могу вам завтра показать, откупилась в Марселе от

---

[56] Соглашательский позор (ит.).

sfregio тем, что выкупалась в стоке нечистот. Другую знала: ее в Палермо заставили выйти на главную улицу среди белого дня – голою и, уж извините, не назову, с какою посудиною вместо шляпы. Третью,– в знак того, что отныне она для них, надменных негодяев, не человек, но скотина, весьма торжественно обвенчали с ослом.

Заметьте: все подобные замены sfregio могут быть совершены не иначе, как с согласия самой женщины. Она должна признать во всеуслышание: "Я настолько подлая и грязная тварь, что нет такого позора, которого бы я не была достойна и не перенесла. Делайте надо мною, что хотите, и рассказывайте о том кому угодно, только пощадите меня от физической боли и не уродуйте моей красоты".

Каждое sfregio conciliatore оглашается немедленно после исполнения в самых широчайших размерах по всему "дну" города. А молва, сплетни, злость подруг раздувают, конечно, историю вдесятеро, размалевывают картину самыми яркими и дикими красками... Учтите-ка все это – и посудите: каково же после того женщине доживать остаток лет своих? Что эти ужасы нервных больных сделали, что сумасшедших расплодили!

И когда сообразите, прикиньте теперь: каково же тяжко бывает рабство женщины в когтях рикоттара ее, если, чтобы вырваться на свободу от своего черта, она согласна пройти адские мытарства – отравить ими навсегда память и душу свою, погубить имя свое даже в том жалком пекле, в котором мы, несчастные, шевелимся?..

Фиорина умолкла в волнении.

– Однако,– в недоумении заметил Вельский,– мне не раз приходилось читать в книгах о страстной привязанности женщин к своим сутенерам, о любви, которая переживает самые жестокие побои, пытки, издевательства...

– Есть!– резко возразила Фиорина,– есть это!.. Таких дур между своими товарками знаю, что если не биты, то им и день не день... Но только книги обращают это в общее правило, а, на самом деле, оно совсем не часто. Страха много, но любви – ровно настолько, даже в лучшем случае, чтобы помнить, что нужны друг другу и не замучить друг друга до невозможности работать. Эти, о которых вы говорите, любовницы палачей своих,– по-моему, больные. Ведь ходят же к нам мужчины, которые заставляют нас сечь их розгами, колоть булавками, бить по щекам башмаками... Все они, обыкновенно, развинченные развратники, которые давно истратили все свои силы в излишествах любви. Почему же и женщинам таким не быть, чтобы любили, как их обижают и мучат? Только ведь та и разница, что мы впадаем в те излишества, которые развинтили наших гостей, поневоле, по условиям профессии своей, тогда как гости – по доброй воле. Так, болезнь – дело нервное, физическое, и хотение либо нехотение в причинах ее – не первая, но вторая сила... Я, по крайней мере, никогда этих нежностей к сутенерам понять не могла. Что ни говори, но, если женщина – после того, как пьяный дружок высадил ее из третьего этажа через окно, ползет, кровью харкая, целовать его руки,– у нее не все клепки в голове целы. Любовь! Если бы была любовь, так не надували бы мы так своих сутенеров. А то желала бы я видеть ганцу, которая не украшает своего ganzo рогами при первой же своей к тому прихоти.

— А я, напротив, слыхал, что женщины, связанные такими отношениями, отличаются поразительною верностью и, продаваясь по ремеслу за деньги, никогда не позволяют другому мужчине приблизиться к ним по любви?

Фиорина искренно расхохоталась.

— Да, конечно, так! Подумайте сами: может ли быть иначе? Зачем же я буду позволять даром то, что мне и за деньги-то до тошноты надоело? Подумаешь, удивительно трудно остаться верною одному мужчине — при том отвращении к мужчине вообще, до которого дошла, например, хотя бы я, ваша покорнейшая слуга!.. Пожалуйста, не принимайте моих слов на свой счет: вы и красавчик, и милый человек, и я вам чрезвычайно симпатизирую, и решительно ничего не имела бы против того, чтобы вы взяли меня и оправдали для себя заплаченные вами сто франков... Но все-таки, если говорить чистую правду: вы избрали самый верный путь победить мое сердце — именно тем, что вот в кои-то веки, сижу я около мужчины и разговариваем мы, как человек с человеком, без всякого скотства... Удивительно трудно остаться верною, когда лезет к тебе с даровым соблазном — кто? Да такой же сутенер, как твой собственный, или портинайо какой-нибудь, или лакей из кафе. От добра, знаете, добра не ищут, от негодяя негодяя — тем более. Знаете ли, если бы мы так уж обожали сутенеров своих, то не удирали бы от них на содержание при первом же удобном случае. А даю вам слово: содержанки, которые в богатстве и довольстве с хорошим человеком живя, помнят своих трущобных каналий и страдают по ним — бывают только в мелодрамах да в оперетке "Перикола". Чтобы, выйдя в большие дамы, в grandes panaches[57], как говорят в Париже,— да пустила женщина к себе этакого франта, ярмарочного щеголя, бабьего обирателя с пудовыми кулачищами,— черта с два. Разве он за нею уголовное дело какое-нибудь знает или уж очень она своего прошлого стыдится и на шантаж податлива... Это вот бывает часто. А чтобы по доброй воле,— только больная может. Здоровая никогда.

VIII

Было двенадцать часов, и все колокола Милана ревели, когда Тесемкин и Вельский вышли из вертепа Фузинати, сопровождаемые нижайшими поклонами, за которые пришлось бросить этому почтенному старичку еще две лиры.

— Какой тут у вас есть ресторан Кова,— обратился к нему Тесемкин,— и как к нему пройти?

---

[57] Парадные щеголихи, модницы (фр.).

Фузинати мгновенно изъявил желание проводить. Вельский сделал гримасу: идти по людному кварталу в сопровождении господина, содержащего – если и не открытый публичный дом, то нечто в этом роде, представлялось ему не очень-то соблазнительным. Но Фузинати уже успел переменить ермолку на шляпу и прытко побежал вперед. Тесемкин махнул рукою.

– Э! Кто нас тут знает! Сегодня уедем...

– Да уедем ли?

– Мне, по крайней мере, делать в Милане больше нечего. Синьорина Ольга далеко не так очаровательна, чтобы приковать меня. Тринадцать таких на дюжину. И – черт ли вас, Матвей Ильич, дернул пригласить их завтракать!

– Да – вам-то что? Ведь Ольга отказалась.

– Зато ваша согласилась, как говорится, "с лапочками"... А я было думал уже – великолепнейше распроститься с нашими красавицами, позавтракать вдвоем, да и в поезд. Хорошенького, знаете, понемножку.

– Нет, меня эта встреча очень заинтересовала. Я вчера не успел вам объяснить толком, кто она такая эта моя мадемуазель Фиорина... В ресторане будет время, расскажу.

– Послушаем... А интересно все-таки знать, почему Ольга не пошла? Послушайте-ка вы, синьор Фузинати!

Старик подскочил, с рукою у шляпы, согнувшись в три погибели и в ряде почтительнейших ужимок и сожалительных гримас объяснил, что ресторан Кова – слишком аристократический, чтобы Ольга могла в нем сделать компанию таким замечательным иностранцам. Она девица, хотя молчаливая и вялая, но не глупая и гордая,– знает свое место.

– Что же – ее не пустят, что ли, в этот ваш знаменитый ресторан?

– О нет! как можно не пустить? В Италии все люди равны, и ресторан,– как торговое место,– всем открыт и доступен.

– Так – впустят, но потом выгонят, что ли?

– Нет, и не выгонят, но будут вам так служить, что вы сами уйдете. Сделают неприятнейшим ваше пребывание. Они, знаете, с своей точки зрения правы. Бывает семейная публика, офицеры с женами. Военные в этих случаях щекотливы. Сейчас выйдет история. Скандал, дуэль, газеты... Мы все рабы гласности, мосье.

– Почему же мадемуазель Фиорина не боится того же?

– О! мадемуазель Фиорина!– с уважением щелкнул языком желтолицый Фузинати, слагая лицо улыбкою в сотню морщин,– мадемуазель Фиорина и во дворце сумеет сойти за свою, будто там и есть ее природное место. А на этой бедняжке Ольге, к сожалению, слишком ярко лежит, так сказать, профессиональный отпечаток. Вечером она великолепна, но днем – слишком бросается в глаза... Знаете ли,– засмеялся он старческим хрипом,– ночные птицы и бабочки не любят показываться днем. Их перья и краски хороши только при искусственном свете.

Однако сам Фузинати, несмотря на свою типическую наружность

68

несомненного ночного хищника, по-видимому, нисколько не боялся дневного света. Опасения Вельского оказались излишними: никто на улице на иностранцев, за странного проводника их, пальцами не показывал и головою не покивал, а, напротив, квартал свой Фузинати проходил с прегордо поднятою головою, точно собственник его или начальник какой-нибудь, и из мясных, фруктовых, бакалейных лавок с ним весьма почтительно раскланивались черномазые владельцы и толстые владелицы. "Гвардии"-полицейские ему козыряли. С встречными патерами Фузинати обменивался самыми дружелюбными улыбками, а с одним, старым, беловолосым и белобровым, в очках, даже – извинившись пред иностранцами – остановился поговорить, и долго стояли они на виду всего народа, посреди тротуара, похлопывая друг друга, то по плечу, то по животику.

– Странные нравы!– заметил Вельский,– можете ли вы вообразить себе подобную сцену на улице русского города? Чтобы кафедральный протопоп, скажем, в Харькове или Воронеже, публично, средь бела дня, обнаружил фамильярнейшую дружбу с каким-либо местным Фузинати? Как будто мы, россияне, все-таки еще не дошли до такой милой культуры.

– Буржуа, батюшка. Маленькие, самодовольные буржуа. В правильной буржуазии человек есть ходячая рента, а как и с чего она получается,– это, в общем обороте доходов, безразлично, лишь бы терпел закон. Ренту, поди, Фузинати олицетворяет собою изряднейшую. Вы слышали, как он девиц-то стрижет: четыре пятых дохода! Да и, наверное, нужнейший человек для квартала. Владеет бойким местом, населенным публикою безалаберною – нищею, но прихотливою. Самый выгодный народ для торгового человека. Нигде так быстро не богатеет мелкий купец, как рядом с ночлежными и публичными домами, на Хитровом рынке, на Сенной площади, в портах либо на ярмарках, близ приисков, когда рабочий с деньгами и пьет. Вон дамы наши сегодня с утра нам какой кофе подали – и печенья, и масло, и мед, сандвичи... А между тем капотик-то у Саломеи видели? Лет десять носит! Салотопенный завод! Всегда босые, голые и ни гроша за душой, но вкусы избалованные и спрос капризный,– разыгрывается при первой же возможности в нервную прихоть. Такому дому поставщики нужны, близкие, розничные, которые всегда под рукою. А поставщики, конечно, от этого господина зависят и им гарантируются в кредитах. Как же им не ломать шляпы пред синьором Фузинати? Поди, весь квартал только его гнездом и живет...

А к церкви,– продолжал он,– эта публика весьма прилежна и страстна во всех странах без исключения. Наш Гоголь, за пятьдесят лет до Мопассана, рассказал, как благоговейно служатся молебны в российских Maisons Tellier, для начатия дел, для поездки на нижегородскую ярмарку. В Москве у нас спросите по приходам, где гнездятся подобные учреждения: усерднейшие жертвователи на храм и церковные нужды, первые богомольцы и богомолки, непременные говельщики и говельщицы. Да и понятно: понимает же совесть-то человеческая, как ни глуши ее деньгой, что уж очень пакостным делом хозяин промышляет,— ну и трусит она смерти в грехе, страшится ада, чертей, раскаленных сковород, нуждается в прощении, льготах, ходатайстве, защите. Только у нас все это тайно, по секрету, крадучись, впотьмах и по закоулкам, с задних крылец. Московская, блаженной памяти, "Александринка" в своем приходе все образа в золотые и серебряные ризы заковала, таких облачений нашла, такие утвари жертвовала, что подобных и в соборах не бывало. Но сама она, жертвовательница, в эту церковь, ею обогащенную, буквально, кралась по стенке – молясь, пряталась в самые темные углы, отстаивала целиком только вечерни и всенощные, не смея сесть даже во время кафизм, а в обедни – уходила, как недостойная, после литургии оглашенных. Русский капитал, знаете, еще конфузлив и родовым гамлетизмом одержим; с происхождением своим считается. А здесь, где капитал есть капитал наголо, и идея его от всяких наследственных психологий эмансипирована вполне,– вы видите,– господин Фузинати чуть не обнимается с седовласым каноником воочию всей улицы и средь бела дня. Фузинати, конечно, счастливее Александринки: он, когда платит, уже знает – установлено это и высчитано, что каноник обязан выручать его из грехов,– и насколько. Ведь они же здесь до сих пор откровеннейше индульгенциями торгуют. Ну, а российской Александринке еще приходится ползать в сомнениях, унижаться и молить. Знаете ли, поразителен этот страх греха, которым они живут, в подобных промышленниках, за исключением, конечно, совершенно уж оголтелых. Оттого, что он трусит, он промышленности своей, конечно, не бросит, но промышляет в трусости и с отчаянием. И это повсеместно и международно. Боятся не только того, что сами грешат, но и именно того, что других, рабынь-то своих, заставляют "на себя" грешить, и ужасно волнуются, если их девушки оказываются не набожны, и, стало быть, не замаливают своего образа жизни. Боятся принять на совесть, и без того черную и слабую, тяжесть чужого греха. Этот страх порождает пресмешные трагедии и претрагические комедии. В Харькове я знал хозяйку-еврейку, которая отчаянно ссорилась и даже дралась со своими русскими девушками за то, что они лениво ходили ко всенощной по субботам и не зажигали лампадок пред образами. "Сура Яковлевна! Да вам-то что? Ведь это их счеты со своим Богом!" – "А як же,– говорит,– помилуйте, пане Тесемкин, чи то справедливо: дивчата своему Богу грешат, а молиться не хотят,– надо же Ему с кого-нибудь грех их спросить,– ну, Он с меня, бедной еврейки, и спросит..." Здесь подобная наивность уже невозможна. У господина Фузинати, поди, счетец-то с Богом разработан, как детальнейший контракт.

Распрощавшись, наконец, с своим каноником, Фузинати догнал русских с прыткостью, необыкновенною в таком старом и больном человеке, и довел их до монумента Леонардо да Винчи, показал им издали, через площадь, вход к Кова и, рассыпавшись в тысяче комплиментов и благодарностей, исчез в галерее Виктора Эммануила, не забыв все-таки схватить из щедрой руки Тесемкина еще лиру.

– Я уверен, что этот Фузинати впятеро богаче меня,– говорил Иван Терентьевич,– но это-то и приятно. Нищему на чай дать естественно, но есть нечто гордое в том, что даешь на чай, в некотором роде, барону из "Скупого рыцаря"...

– Ну, положим, он скорее на Плюшкина похож.

– Все равно... Плюшкина от "Скупого рыцаря" только учителя словесности различают.

– А вы заметили, что он не осмелился подвести нас к самому ресторану?

– Очевидно, знают здесь его, филина ночного,– побоялся компрометировать нас пред швейцаром.

– Или, вернее, Фиорину, которая должна к нам прийти. Раз, мол, швейцар заметил, что господ привел Фузинати, то сообразит, что и дама, которая затем будет искать господ, тоже не дама, а девица от Фузинати...

– Удивительный все-таки оборот общественной морали, при котором разврат стыдливо прячется от швейцара в ресторане, и, как ни в чем не бывало, обменивается любезностями с попом!

Великолепный зал Кова производит впечатление даже и на русских, привычных в отечестве своем к грандиозным размерам подобных капищ. Тесемкин огляделся и сразу стал в духе:

– Хоть бы в Москву!– воскликнул он.– Эка – свету-то! Приятное учреждение... Водку бы тут пить. Да, поди, нету?

– Ну, слава Богу, расшевелился,– москвич! А то я, идя сюда, боялся, что вы Леонардо да Винчи проглотите... так зевали!

– Батюшка, да ведь мы же с вами почти не спали. Я в седьмом часу заснул, а в половине одиннадцатого проснулся с кошмаром, ибо стало нестерпимо: до того итальяшки выли и орали во дворе и по галерее... Я думал: в ад попал, или японцы город берут; или бомба взорвалась. А это они белье по перилам развешивали...

– Я меньше вашего спал.

– Ну, положим, будил-то я вас, а не вы меня.

– Да, но мы с Фиориною проговорили именно до тех пор, что уже весь дом проснулся и поднялся на ноги... Действительно, адский гвалт у них по утрам. Словно каждый и каждая, просыпаясь, обрадовались, что не умерли за ночь, и пробуют глотку, живы ли, слышны ли... Надо было так устать, как мы вчера, чтобы задремать под этот крик. Я совершенно не помню, как потерял сознание... Проснулся от вашего стука: Фиорина упала головою на подушку, спит, не раздетая, а Саломея сидит на стуле, бессонная, и глазищами ворочает, как сова. С места всю ночь не сошла, бумажник мой стерегла. Руки на груди скрестила,– совершенно кавас черногорский или албанский. Надо расспросить о ней Фиорину. Оригинальное существо.

– Да!– перебил Тесемкин.– Кстати о Фиорине, покуда ее нет еще... Вы хотели рассказать, кто она такая и откуда вы ее знаете.

71

– Вы слышали, что она знала меня в К. Я тогда еще служил и был прикомандирован к – скому губернатору в качестве чиновника по особым поручениям. Если вы были в К., то, конечно, помните и тамошнее городское гулянье. Единственная достопримечательность! Однажды там, на музыке, я заметил двух новых, очевидно, приезжих,– в К., конечно, свет весь наперечет,– весьма элегантных дам.

Блуждают, никому не знакомые и с видом туристок. Одна – пожилая, другая – молоденькая и редкостной красоты... Осведомляюсь у дежурного полицейского: "Кто такие?" – "Из Петербурга, баронесса Ландио с племянницею, проездом в Одессу, по собственным делам, остановилась в гостинице "Феникс"..." Я сейчас же представился и был принят весьма благосклонно,– сделал визит; начал бывать и немножко ухаживать за m-lle Лусьевой,– я вам забыл сказать, что фамилия красивой племянницы оказалась Лусьева, Марья Ивановна Лусьева... Очень милое было существо, неглубокое, но живое, веселое, резвушка, хохотушка, грациозная черная кошечка, отличные манеры, недурной французский язык... Спутницы ее – баронесса Ландио и старуха-прислуга – были довольно вульгарны и противны,– баронесса, положительно, приживалкою выглядела,– но сама Марья Ивановна была очаровательна и притом, повторяю вам, писаная же красавица!.. детская какая-то, чистая, цветковая, мурильовская красота!.. Хорошо-с. Приблизительно неделею спустя после нашего знакомства, завтракал я у большого приятеля моего, нашего полицеймейстера,– милейший, к слову сказать, был человек – и умный. Впоследствии, как революцией запахло, сейчас же в отставку подал: "Заметил я,– говорит,– что желудок мой осколки бомб трудно переваривает..." Вдруг из первого участка дают знать, по телефону, что пришла какая-то сумасшедшая барышня, вне себя, и просит – ни больше ни меньше, как выдать ей книжку, то есть так называемый желтый билет – записать ее в явные проститутки... "Как звать?" – "Марья Ивановна Лусьева..." Меня это известие, понятное дело, ужасно изумило. Что за чудо? Как? Почему? Отправились мы с полицеймейстером в первый участок и, действительно, нашли там ее, Марью Ивановну Лусьеву, ужасно расстроенную, в состоянии, близком к сумасшествию. В страшном возбуждении, она кричит нам, что она – тайная проститутка, давно уже торгует собою в Петербурге, а теперь с той же целью приехала в К., что спутницы ее совсем не баронесса Ландио и "няня" Анна Тихоновна, но торговки живым товаром, что эти женщины эксплуатируют ее и жестоко с нею обращаются и что – чем терпеть обиды и зверства от подобных тварей, она предпочитает получить "книжку" и работать уже начисто, на самое себя: из тайных проституток обратиться в явную. Все это показалось нам с полицеймейстером совершенным сумбуром, хотя несколько странным было, что баронесса Ландио и другая старуха стремительно исчезли из "Феникса" и города К. в это же самое утро, оставив племянницу в таком безумном состоянии. А Марья Ивановна тем временем, замечая, что мы ей плохо верим, рассказала нам всю свою жизнь. Как она, "дочь бедных, но благородных родителей", была втянута, через шантаж и задолжание, в тайный великосветский "дом свиданий" некой "генеральши" Рюлиной, как ее потом госпожаэта проиграла в карты другой хозяйке, и как наконец она очутилась во власти тех двух ведьм, в обществе которых я ее застал и от которых она сегодня утром сбежала. Разоблачила целую систему торговли живым товаром, назвала множество имен, указала нити и пути, по которым все это дело можно распутать. Приходилось поверить,— начали верить... У полицеймейстера уже глаза разгорались, какое наклевывается ему славное дельце. Но вдруг является к губернатору самая что ни есть великолепная наша дама-патронесса Софья Александровна Леневская и требует Марью Ивановну к себе, потому что они-де близкая родня. Вот тебе раз! Все, что случилось, оказывается сплошным недоразумением, так как Марья Ивановна – психически ненормальный человек. Каждый месяц бывают с нею, в известные периоды, припадки, сопровождаемые эротическим бредом, в котором она несет невесть что. Баронесса эта, сбежавшая, и спутница ее тоже оказываются опять в городе,— плачут, воют – подтверждают слова Леневской. Находится у них и медицинское свидетельство какого-то петербургского светилы, подтверждающее болезненные аномалии Марьи Ивановны.

Отъезд свой эти госпожи объясняют тем обстоятельством, будто было условленно между ними и Марьей Ивановной, что, покуда они съездят в Одессу, она погостит несколько дней у неких Карговичей. Эта семейка – довольно темная, надо сознаться – показывает, что Марья Ивановна уже провела у них предшествующую ночь и исчезла только утром – когда именно и объявилась она в участок. Софье Александровне мы, естественно, не можем не верить: конечно, она у нас жох-баба и аферистка страшная, но губернская аристократка, в благотворительных комитетах разных первая деятельница, председательница – между прочим – общества борьбы с проституцией. Сверх того, сама Марья Ивановна, после разговора с госпожою Леневскою наедине, категорически взяла обратно все свои показания и объяснила, будто не помнит ничего, что говорила нам в участке. Ей читают,— она приходит в ужас, кричит, что оклеветала людей, ни в чем подобном неповинных, что она была сумасшедшая, что ее нужно посадить на цепь... Наш к – ский чудотворец, психиатр Тигульскй,— жулик, к слову сказать, каких мало, но великий дела своего знаток и мастер,— исследует девушку, признает ее больною и... истории конец. Какая-то старушенция забрала Марью Ивановну и повезла ее в Вену к покойному Краффт Эбингу, который в то время был авторитетом из авторитетов. Ну-с... говорят, будто все хорошо, что хорошо кончается. Так-то оно так, но признаюсь, и у меня, и у полицеймейстера остался от истории этой прескверный осадок на душе,— что-то смутное и неясное,— как будто нас очень ловко надули, да еще потом и рот законопатили, чтобы мы не протестовали. Действительно, от баронессы Ландио мы, через Леневскую, получили – и сдуру, по дружбе с Леневскою, взяли – такие подарки, что если бы

73

предложили их нам перед делом, а не после дела, то и принять нельзя было бы ни под каким видом: прямой подкуп, под суд попадешь. И именно эта роскошь подарков очень нашего полицеймейстера смутила: если все чисто, то – за что же так пышно дарить? Что-то замазывают! Ну, успокоились на большом аристократизме Леневской и баронессы Ландио,– что, дескать, спасли несколько хороших фамилий от большого срама, который чуть не накликала на них ни за что ни про что полоумная истеричка.

Хорошо-с. Пропускаю три года. На сцене китайская война. Я уже с губернатором своим и службою распростился. Нахожусь в Харбине, с "Красным Крестом", в качестве, как теперь говорят, "героя тыла". Деньжищ у меня уйма, скука страшная, пьем, играем, скучаем без хороших женщин. В одну прекрасную ночь, в весьма интендантской компании, играю в "железку" и обрабатываю господ интендантов ни много, ни мало – на двадцать три тысячи золотом-с! Молва людская на другой день превращает их в двести тысяч... Герой дня!.. Вечером является ко мне фактор,– джентльмен благороднейшей наружности,– боюсь, не служил ли он даже у нас раньше. Там ведь, в тылу, самые невероятные метаморфозы с людьми происходят. Предлагает, не желаю ли я познакомиться с приезжею польскою графинею?.. "Почему же нет... Сколько?" – "Это уж вы с ее тетушкой условитесь, а мне сто за знакомство..." – "Ого?.." – "Да ведь не вперед прошу, а только в том случае, если сговоритесь с тетушкой... Не поладите,– довольно золотого! Да как не поладить? Увидите, каков товарец! Не жаль тысячу дать!.." – "Что же? – думаю,– самому двадцать три тысячи даром достались, без женского общества душа завяла, шансонеток и откровенно грубой проституции я, грешный человек, не выношу, ибо романтик и искатель иллюзий,– почему не разгуляться? Тысяча – это чушь, таких цен ныне даже на графинь и даже в Харбине нет, а до двух-трех сотен пойду..." Устроили знакомство в театре – как бы смотрины. Пышная особа, не весьма первой молодости, видно, что когда-то была совсем безукоризненная красавица, но теперь уже в том неопределенном возрасте, когда полька-блондинка обязательно расплывается. Туалет пестроват, но со вкусом,– не перворазборный, но все же Петербург сказывается. Глупа страшно, но превеселая, все хохочет и так неугомонно трещит, что даже спектакля смотреть не может,– все ей болтать надо. "Ну,– думаю,– голубок мой, что ты полька, тому я верю, но графинею ты никогда не бывала". Не так держат себя и не так говорят польские графини, хотя бы судьба и сбила их с пути истинного. Так – шляхтяночка с Литвы, да и вдобавок обрусевшая в петербургском обороте. Но мне это, конечно, безразлично. Я не из тех, кто влюбляется в женщину за титул. У меня у самого предков с дюжину наберется. Тетка, при графине состоящая, тоже сомнительный тип какой-то... На Старом месте в Варшаве за лотком с бубликами встретить ее я не удивился бы, ну а под графскою короною – не того и весьма не того. После спектакля отправились мы к графине пить чай. Открыла нам двери почтенная нянюшка: как взглянула на меня –

74

дернулась и сделалась какая-то странная в лице. Поглядел: ба-ба-ба! да ведь это та самая нянюшка Анна Тихоновна, которая была в К. при Марье Ивановне Лусьевой?.. Я не подал вида, что узнал ее,— именно потому, что стало мне ужасно любопытно: очевидно, я стою около тайны, которая меня вот уже три года интересовала, время от времени всплывая в памяти. Начинаю припоминать тогдашние якобы "бреды" Марьи Ивановны: что-то мерещится,— как будто и про польскую графиню какую-то речь была. Ага! Так, значит, "сумасшедшая"-то правду говорила? Вот вы какие, голубчики? Ну, это дело надо исследовать!.. И пожалел же я тут,— впервые пожалел, что не состою более на прежней службе.

С тетушкой мы объяснились по секрету — оказалась сводня вульгарнейшая,— и сторговались великолепно. Остались с графинею вдвоем. Тогда я сперва убедился, что нас никто не подслушивает, а затем — прямо к ней с вопросом.

— Графиня, не упростим ли мы с вами отношения,— не позволите ли вы мне называть вас по-настоящему — просто и коротко – Жозей?

Ее немножко вскинуло.

— Я вас не понимаю. Меня зовут Аврора.

— Очень верю, графиня. Но прежде, когда вы работали у генеральши Рюлиной, вас звали Жозей.

Ужасно переполошилась.

— Вы меня знаете? Откуда вы меня знаете? Я никогда вас не видала. Не помню.

— Ну, а подругу свою — Марью Ивановну Лусьеву, по вашей кличке, Люлюшку — помните?..

— Погодите, Матвей Ильич!— перебил Тесемкин, указывая глазами на изящную, темную фигуру дамы, выросшую во входной арке. Вот, кажется, и мадемуазель Фиорина ищет нас...

— Она... о, да ее, в сравнении со вчерашним, не узвдть!

— Черт возьми! Действительно, почтенный Фузинати не солгал вам: très distinguée[58], как у нас, русских французов, говорится...

Вельский встал из-за стола и поспешил навстречу Фиорине.

IX

— А мы здесь, без вас, перетряхивали старину,— сказал Фиорине Иван Терентьевич, когда она, элегантная, помолодевшая темным, скромным туалетом и без малейшего следа красок на матовом, чуть желтоватом, как слоновая кость, лице, уселась к столику,— Матвей Ильич рассказывал мне вашу первую встречу...

— Мосье Вельский,— сказала Фиорина,— видел меня в самую решительную минуту моей жизни, когда я выдерживала страшное

---

[58] Весьма изящная, видная (фр.).

сражение за свою свободу... Сражение я выиграла и свободу получила, но – как видите: все равно, не к добру.

– Неужели вы сожалеете о тех днях, когда вас держала в золоченой клетке своей генеральша Рюлина или госпожа Буластова? – спросил Вельский,– подвигая к ней пестрый станок с вкусным набором всевозможных antipaste[59].

– Никогда!.. С тех пор не раз бывало мне очень скверно, я голодала, холодала, мне случалось продаваться за пять франков, чтобы достать себе обед, но никогда не приходила мне даже мысль в голову – вернуться в тот ужас... То рабство мне душу сгноило... Здесь, на воле, пусть я жалкая тварь, пусть я – для других – девка, но я сама-то себе человек, я в себе волю свою чувствую, я такая, потому что моя на то воля есть, и потуда, покуда есть моя воля... Там – кроме петли – некуда было. Вся жизнь твоя зажата в кулаке. Есть суеверие, что из всех детских смертей самая страшная, если ребенка свинья съест, потому что она-де не только мясо детское, но совсем все дитя, с душою, съедает. Вот так-то и нас, бедных, Рюлина и Буластиха с душою ели. Фузинати держит меня в когтях долга, но он не хозяин мой, а только кредитор, дерущий с меня адские проценты. Когда мне это надоест, я очень просто объявлю свое банкротство – и, сторговавшись с ним на нескольких тысячах франков, а может быть, даже и сотнях только отступного, буду на воле. Остаюсь у него, потому что предпочитаю иметь дело с ним, а не с другим, потому что он практичнее других, да и привыкла, насиженное место. Но – я остаюсь, а не меня в неволе держат. Меня сейчас заковать в цепи нельзя. Я видела все в жизни и ничего больше не боюсь. Ну суд, ну тюрьма... все это преходяще! Когда человек открыто становится déclassé, вы даже вообразить себе не можете, до чего он вдруг свободен оказывается, сколько отпадает от него ложных страхов, а вместе с ними, возможностей к его эксплуатации и угнетению. Даю вам слово, что Фузинати имеет в распоряжении гораздо больше внешних средств держать меня в рабстве, чем Рюлина или Буластиха. Я, вероятно, даже должна ему больше. Но я-то не та, что была. И посмотрите: он гнется предо мною, как лакей, а там меня мокрым полотенцем били – и я молчала. Увы! К сожалению, наша профессия такая, что в ней к самосознанию и к свободе можно переступить только через разрушенный стыд. Вся игра той большой, шелковой и бархатной, тайной проституции, в которой я томилась в Петербурге, рассчитана на психологию стыда и тайны. Если женщина проститутка, но желает остаться, в глазах людей, барыней или барышнею добродетельною, ясное дело, что тот, кто знает, что она проститутка, сделается ее полным хозяином и повелителем и заставит ее работать на себя, и не освободится она от власти его прежде, чем не откажется от показной стороны своей жизни и не откроет закрытые карты игры своей... Жизнь явной проститутки – жизнь потерянной собаки, бесконурная, бесприютная, с мучительными поисками валяющейся кости на улице

---

[59] Закуски (ит.).

и злой борьбой за кость, когда найдешь,– настоящая война против всего вашего милого общества, и вдобавок, война, в которой мы, горемычные, всегда бываем поколочены не только в моральном, но иногда и в буквальном смысле слова. Но бродячею собакой себя чувствовать я предпочитаю, чем быть безвольным скотом у яслей грубой и подлой захватчицы, которая до того тебя в тайне твоей порабощает, что, наконец, даже – тоже не в переносном, а в буквальном смысле слова – начинает ездить на тебе верхом... Да, да. Не смотрите на меня такими удивленными глазами. Это было в Петербурге. М-м Юдифь, тоже хозяйка, у которой был, под видом модного магазина, знаменитый дом свиданий,– женщина, в своем роде, литературная. Она вычитала в "Mémoires d'une danseuse russe"[60] – есть такой непристойный роман, который в Париже под портиками у Одеона из-под прилавков продается,– будто русские крепостные помещицы когда-то так забавлялись: устраивали домашние скачки, верхом не на лошадях, но на рабынях своих, которая быстрее бежит. Вычитала и рассказала Буластихе и Перхуновой. А эти милые хозяюшки – в первый же раз, что напились вместе,– не замедлили воспроизвести... К счастью, я была в то время в отъезде, на гастролях, а то и мне пришлось бы верховою лошадью попрыгать, как Жозе и Люське несчастным! А повторять игру не решились: оказалось невыгодно, потому что затем две перхуновских женщины и одна наша кровью закашляли... Вот какая была жизнь! Налейте мне вермуту, пожалуйста!

Я тогда из К. уехала большою победительницею,– рассказывала Фиорина, разбирая новомодным серебряным ножом вкусную морскую рыбу.– Скандал мой передался, конечно, в Петербург и произвел в мирке Буластих, Перхуних и Юдифей страшное волнение. Прелюбопытная среда в этом отношении. Нет более наглых, грубых, дерзких тварей, покуда все идет гладко и чисто на дорожке их, и никто не теряется так трусливо и подло при малейшем признаке грозы. Они вообразили, что теперь всем им – крышка. Струсили, как только эти госпожи умеют трусить. Сразу увидали себя разоренными – и под судом, и в тюрьме, чуть не в кандалах и на каторге. Даю вам слово, если бы я тогда за отречение от показаний своих, за право объявить меня сумасшедшею, потребовала с них единовременно сто тысяч рублей,– они бы сложились и дали. Потому что понимали очень хорошо: это не одной Буластихи беда,– тут только за хвостик одной мышки ухватиться, так все ихние подполья и норки насквозь пробежишь, и весь клубок по ниточке сам собою размотается. Но я была глупа, не сообразила всей величины дела и, когда мне ваша госпожа Леневская предложила за молчание десять тысяч рублей и пожизненную выплату по 200 рублей в месяц, мне это показалось невесть какою огромною суммою, и я на том с ними покончила...

– Леневская!– перебил Матвей Ильич,– вот чего я решительно не понимаю: это – участия в вашем деле госпожи Леневской... Не могла же она быть компаньонкой вашей Булас-тихи и прочих промышленниц, ей подобных?

– Конечно, нет,– усмехнулась Фиорина.– Такая большая барыня!

– Тогда – как же?

– Да очень просто, не надо искать никаких пружин и гвоздиков, ларчик просто открывается. В К. у Буластихи агенты – некие Карговичи. Когда стряслась беда, они указали Анне Тихоновне на Леневскую: вот, мол, дама с влиянием и авторитетом, но совершенно без всякой совести, в делах запутана страшно, и неттакой минуты, когда бы она не нуждалась в деньгах, и нет такой услуги, которой бы она за деньги не продала, если в силах ее оказать. Не раз выручала разную темную публику, которая догадывалась к ней прибегать. Анне Тихоновне выбирать было некогда. Сейчас же забрала баронессу Ландио и – марш к Леневской вашей. Совершенно откровенно ей рассказала, в чем дело, и столь же откровенно предложила пять тысяч за хлопоты: выручайте, барыня! Поручитесь за нас! На десяти сторговались... вот вам и весь секрет! Нельзя проще. И тоже продешевила барыня! Дали бы и двадцать пять!

Когда я приехала в Вену, то ног под собою от радости не чувствовала! словно крылья ласточкины у меня за спиною выросли. Денег у меня множество, доходом на всю жизнь обеспечена, свобода полная, я еще молодая, мне тогда 25-й год пошел,– жизни впереди ах сколько! Страсть как хочется жить, и весело мне до бесконечности. Остановилась я не где-нибудь, но у Захера – против Оперы... Прожила месяц совершенно одна и – как в вихрь. Из театров не выходила, один день в опере, другой в драме, в Кайнца была влюблена, в Демута. Платьев себе нашила – дорогих, но, нарочно, скромных, таких, чтобы прошлого не напоминали. В конце месяца аккуратно принесли мне из Laenderbank'a[61] 520 крон,– исполняет, значит, свое обязательство госпожа Буластиха, и напоминать не пришлось! Больше того скажу вам,– признаться, я, впопыхах-то и радостях, даже и забыла, что должна получить эти деньги, потому что говорю же вам: богачихою себя чувствовала, капиталисткою, сам Ротшильд мне не брат.

Но именно эта присылка заставила меня оглянуться на месяц и подсчитать, сколько же у меня денег. Подсчитала и ахнула; умудрило меня спустить, за один-то месяц, больше двух тысяч рублей. Как я ни глупа была по денежной части,– ведь подумайте, я всю молодость в золоченых клетках прожила, на всем готовом, а в собственном личном распоряжении никогда сторублевой бумажки не имела – как ни глупа была я, но настолько-то у меня достало соображения и арифметики, чтобы сосчитать, что подобным манером я, три месяца спустя, останусь без грошика и, значит, при одних 520 кронах из России, да и то, если они будут и впредь высылаться аккуратно. А – что такое 520 крон – видела я теперь очень хорошо; 420 мне один мой номер у Захера стоил... Решила быть вперед благоразумной и нагонять экономию. Говорят, в Италии жизнь дешева и приятна.

---

[61] Земельного банка (нем.).

Живо собралась и поехала в Италию. Да угораздило меня тронуться в путь не с обыкновенным курьерским поездом на Понтеббу, а в train de luxe[62], Вена – Канн: заодно, мол, посмотрю французскую Ривьеру... Ну и посмотрела – известно что... казино в Монте-Карло!

Фиорина осмотрела застольников своих с видом комической жалобы и расхохоталась.

– Вы даже представить себе не можете, господа, как это быстро кончилось. В один какой-нибудь час я была голенькая, как мышка: все мои золотые скушали rouge et noir[63] – как в яму их бросила, без остатка... Очистила место... Что же теперь делать? – вышла... Насупротив ресторан, веранда, музыка... Гляжу: за столиком одиноко сидит русский знаменитый актер из Москвы... Видала я его на сцене. Кутили однажды вместе в компании одной – из коммерческой аристократии. Он сам большой барин... Толстый такой, носатый, haut de forme a huit reflets[64], лицо доброе, грустное... Обрадовалась я ему, как брату родному. Подхожу:

– Вы меня не узнаете?

– Нет, помню, что где-то как будто видались...

Ну, напоминать себя ему, я, конечно, не стала, а просто отрекомендовалась, как московская поклонница.

Пригласил к столику. Села. Сижу – как на иголках. Потому что надо мне у него денег попросить,– а как ее начнешь – с незнакомым-то человеком, который тебя где-то как будто видал,– этакую антрепризу? Но он, спасибо, сам помог,– опытный человек, насквозь видит.

– Проигрались?

– Совершенно.

– Видел я, как вы золотые швыряли... Только вмешиваться неприлично в чужую игру, а то следовало бы вас дернуть за локоть. Как дитя... Разве так здесь играют?

– А как же?

– Как... как...

И расхохотался.

– Не знаю, как, но во всяком случае так, как я, тоже не играйте. Потому что я за неделю здесь уже восемь-десять тысяч франков спустил без системы, теперь систему одну пробую... должно быть, остальные двадцать спущу.

Подходит к столику другой русский–черненький такой, в бородке, красивый господин, только лицом желт очень, улыбается прилично и равнодушно, словно ничто на свете уже не может его удивить, и говорит актеру:

– Представь себе: я сейчас чуть не сделался богатым человеком... Все на красной проухивал,– только что на черную перешел, ан,

---

[62] Пассажирский поезд-люкс (фр.).
[63] Красное и черное (фр.), азартная игра с банкометом.
[64] Цилиндр к цилиндру (фр.).

красная-то и вышла. Если бы выдержал характер, большой капитал бы загреб...

– А теперь? – спрашивает актер.

– А теперь не можешь ли ты мне дать un petit bleu?[65] Надо послать домой телеграмму, чтобы прислали денег на отъезд. Ну и покуда тоже существовать надо же как-нибудь? Будучи органическим существом, имею физиологические потребности.

– Нет,– отвечает актер,– пятидесяти франков я тебе не дам. И не потому, чтобы жаль или у меня их не было, но потому, что принцип: когда сам играю, денег взаймы не даю,– этак можно счастье взаймы отдать.

– Ну, братец, как ты играешь, от тебя скорее несчастье займешь. Был ли когда-нибудь случай, чтобы ты выигрывал?

– Да! Говори! А вот, может быть, именно в тех-то пятидесяти франках, которые ты у меня просишь, оно и сидит, мое счастье?.. Когда ты видал, чтобы игрок давал взаймы? Вот кончу свою серию, выиграю тысяч триста,– тогда бери не то что пятьдесят франков, но хоть пятьдесят тысяч.

– Спасибо,– говорит черненький,– к тому счастливому времени я сам рассчитываю быть в полумиллионе и, если хочешь, тебя смогу ссудить даже сотнею тысяч... А пока...

– А пока, если тебя уж так дочиста выпростали, можешь столоваться здесь за мой кредит. Он у меня безграничен... Привыкли, что езжу прогорать из года в год.

И оба хохочут, словно у них миллиарды в кармане. Так что с соседних столов унылые немцы какие-то, в бриллиантовых запонках, отдавшие рулетке франков по двадцати каждый, стали даже смотреть на наш стол с ненавистью.

Однако я, слыша слова актера, что, играя, он взаймы по принципу не дает, отдумала просить у него денег. Посидела для приличия несколько минут, встала, пошла в отель. Слышу:

– Барышня... послушайте... русская!– догоняет актер.

– Извините,– говорит,– я не хотел расспрашивать вас при товарище... Вы – как, passez le mot[66], продулись-то – совсем или с запасом?

Я пред ним только портмоне открыла:

– До дна. Ни грошика.

– А счет в гостинице оплачен? А билет обратный куда-нибудь имеете?

– Ничего не заплачено и никуда я не еду... Пусто. Покачал головою.

– Эх, пускают же сюда младенцев подобных... Полез в карман, достал бумажник, вынул сто франков.

– Взаймы я не даю, это счастье отнимает,– просто, так,– на отъезд,– сделайте одолжение... Возьмите!.. И уезжайте, немедленно

---

[65] Синеньких? (денежных купюр; фр.).

[66] Простите, что так грубо (фр.).

уезжайте,– хоть недалеко, покуда куда-нибудь, в Геную, что ли, только бы вон из Монте-Карло, а то пропадете... Вы не смотрите, что мы все здесь такие веселые... Это хороший тон – проигрываться, как ни в чем ни бывало, и faire bonnes mines au mauvais jeu[67]... ну, и нервы... А бывает, знаете... похохочет этак человек с недельку, поострит над собою, поиздевается, а потом – и находят его где-нибудь в парке на скамье с виском простреленным или просто с головою размозженною – там вон под террасою... Понимаете? Смех – хорошая штука, только уж очень дорогим риском человек его здесь покупает... Имею честь кланяться! До свиданья. Уезжайте же – очень вас о том прошу!

Повернулся и ушел, даже поблагодарить себя не дал. Согрел он тогда душу мою,– спасибо ему. Хороший, добрый человек!

Сто франков, которые он мне дал, мне решительно ни к чему, впрочем, оказались, потому что ждал меня в отеле счет на 475. Ну – что же тут будешь делать? Понятно, возвратилась в казино и попробовала счастье отыграться в trente-et-quarante[68]... Как будто повезло,– по крайней мере, целый день, правда, просидевши, после бесконечных приливов и отливов по мелочам, своих не потеряла и еще два золотых лишних оказалось в портмоне. Вот какое счастье! А поутру в гостинице счет уже 522!

Горничная, востроносая этакая стерлядь, швейцарская француженка, пришла убирать комнату. Вступает в разговоры:

– Pardon, madame... Мадам, кажется, немножко играет? Вздыхаю.

– Какое там немножко... К сожалению, очень...

– Мадам не везет?

– Очень не везет. В пух продулась...

– Быть может, мадам имеет нужду в деньгах для игры? всегда можно достать...

– Где же это? Какой тут у вас припасен благодетель?

– У мадам есть хорошие вещи. Если мадам угодно, то кое что даже я сама купила бы, а на остальное найду покупщиков за самый маленький процент в мою пользу.

Очень жаль было, но – пришлось устроить дешевую распродажу. Платья, за которые две недели тому назад в Вене сама по сту гульденов платила, за двадцать франков шли... Наколочу таким манером сотенку – ив казино. Что выиграю, отель в счет берет. Выбраться нет никакой возможности, потому что – сколько ни сколько, но все-таки сдуру плачу. Иначе – давно выгнали бы. И было бы это, вероятно, к большому моему счастью, как всякое безвыходное положение для людей моего характера. Если стена пред тобою, а жить хочется, так волею-неволею выход найдешь или уж и сам не заметишь, как об стену разобьешься до смерти.

Допродавалась я до того, что только и осталось у меня платьишко, что на мне,– хорошее, чтобы в казино войти было возможно. А игра

---

[67] Делать хорошую мину при плохой игре (фр.).
[68] Тридцать-и-сорок; азартная карточная игра с банкометом (фр.).

все по-прежнему: сегодня шестьдесят франков взяла, завтра сорок проиграла, послезавтра восемьдесят взяла, дальше шестьдесят проиграла, на разницу день прожила, задень задолжала,— тянется какая-то канитель засасывающая: ни тебя не пришибет сразу, ни тебя не вытащит из трясины.

В отеле, конечно, немедленно стало известно, как я распродалась. Управляющий на меня уже едва смотрит. Швейцар не шевельнется двери открыть. Прислугу звонишь-звонишь, прежде чем удостоит явиться. Морды у всех чванные, надутые... Понятно: капиталисты ведь все они. Им-то ведь играть нельзя: строжайше запрещено. Ну и золотит их, невинных агнцев, понимаете, осадок этакий от казино — и от выигрышей, потому что тогда шальные деньги им летят от обезумевших счастливцев, и от проигрышей, потому что тогда, вот вы видели, можно покупать у безумного несчастья за двадцать франков вещи, которые стоят двести с лишним. Я потом одно свое собственное платье назад купила у этой же горничной — и заплатила за него 110... Девяносто разницы! Высчитайте-ка, каков это процент, и можно ли при нем нажиться? И — каково же, в самом деле, подобным капиталистам служить мне, нищей? Они покупают, я продаю, они люди порядочные, я бродячая дрянь, а между тем они этой дряни — подай, убери, поди, принеси!

Актера, покровителя своего, издали видала, но бегала от него: совестно... Все равно, что украла у человека сто франков — обманула, не послушала его. Ну да вскоре он уехал в Россию. И черненький этот тоже вместе с ним... совсем, говорят, налегке улетели оба! едва выбрались!

В один прекрасный вечер в отеле устроили мне из-за ванны такую прелестную сцену, что я, уходя, решила: если выиграю сегодня, расплачусь с ними,— и ноги моей больше здесь не будет, перееду; если не выиграю,— просто не вернусь, лучше на улице останусь, пусть подбирают, кто хочет и куда хочет.

Ну не выиграла, конечно. Чистая — без сантима ушла... Ночи короткие, весенние. До рассвета бродила я по парку. Состояния своего нравственного описывать вам не стану. Что же? Конец. И надежд уже никаких нету, потому что самый ключ к ним теперь потерян. Не на что войти завтра в казино. Платье с себя продать, будет на что пойти, так зато будет не в чем войти... Заря встала. Море сиреневое. Прошла на бульвар. Села на скамью. Смотрю и думаю: "Третью неделю я здесь, а — как странно — ведь я впервые море вижу..."

Бродит мимо меня какой-то мужчина — громадный, бородатый, не слишком хорошо одет,— однако "господин", хотя и ужасно разбойничьего вида. Остановился, посмотрел. Глаза под котелком дикие, красные... Боюсь: не пьяный ли? обидит?.. Еще остановился... еще и еще... Я струсила и хочу уйти. А он вдруг — глухим и хриплым басом по-русски:

— Это вы,— говорит,— в самом деле или моя галлюцинация?

— Нет,— говорю я, очень удивившись так, что сразу и страх прошел,— это — я, в самом деле...

– Фу, черт возьми! Вот необыкновенность! Неужели Люлюшка? Рюлинская Люлюшка? Если да, то по какому же высокоторжественному случаю ты, дрянь, здесь?

Очень жаль было, но – пришлось устроить дешевую распродажу. Платья, за которые две недели тому назад в Вене сама по сту гульденов платила, за двадцать франков шли... Наколочу таким манером сотенку – ив казино. Что выиграю, отель в счет берет. Выбраться нет никакой возможности, потому что – сколько ни сколько, но все-таки сдуру плачу. Иначе – давно выгнали бы. И было бы это, вероятно, к большому моему счастью, как всякое безвыходное положение для людей моего характера. Если стена пред тобою, а жить хочется, так волею-неволею выход найдешь или уж и сам не заметишь, как об стену разобьешься до смерти.

Допродавалась я до того, что только и осталось у меня платьишко, что на мне,– хорошее, чтобы в казино войти было возможно. А игра все по-прежнему: сегодня шестьдесят франков взяла, завтра сорок проиграла, послезавтра восемьдесят взяла, дальше шестьдесят проиграла, на разницу день прожила, за день задолжала,– тянется какая-то канитель засасывающая: ни тебя не пришибет сразу, ни тебя не вытащит из трясины.

В отеле, конечно, немедленно стало известно, как я распродалась. Управляющий на меня уже едва смотрит. Швейцар не шевельнется двери открыть. Прислугу звонишь-звонишь, прежде чем удостоит явиться. Морды у всех чванные, надутые... Понятно: капиталисты ведь все они. Им-то ведь играть нельзя: строжайше запрещено. Ну и золотит их, невинных агнцев, понимаете, осадок этакий от казино – и от выигрышей, потому что тогда шальные деньги им летят от обезумевших счастливцев, и от проигрышей, потому что тогда, вот вы видели, можно покупать у безумного несчастья за двадцать франков вещи, которые стоят двести с лишним. Я потом одно свое собственное платье назад купила у этой же горничной – и заплатила за него 110... Девяносто разницы! Высчитайте-ка, каков это процент, и можно ли при нем нажиться? И – каково же, в самом деле, подобным капиталистам служить мне, нищей? Они покупают, я продаю, они люди порядочные, я бродячая дрянь, а между тем они этой дряни – подай, убери, поди, принеси!

Актера, покровителя своего, издали видала, но бегала от него: совестно... Все равно, что украла у человека сто франков – обманула, не послушала его. Ну да вскоре он уехал в Россию. И черненький этот тоже вместе с ним... совсем, говорят, налегке улетели оба! едва выбрались!

В один прекрасный вечер в отеле устроили мне из-за ванны такую прелестную сцену, что я, уходя, решила: если выиграю сегодня, расплачусь с ними,– и ноги моей больше здесь не будет, перееду; если не выиграю,– просто не вернусь, лучше на улице останусь, пусть подбирают, кто хочет и куца хочет.

Ну не выиграла, конечно. Чистая – без сантима ушла... Ночи короткие, весенние. До рассвета бродила я по парку. Состояния своего нравственного описывать вам не стану. Что же? Конец. И надежд уже никаких нету, потому что самый ключ к ним теперь потерян. Не на что войти завтра в казино. Платье с себя продать, будет на что пойти, так зато будет не в чем войти... Заря встала. Море сиреневое. Прошла на бульвар. Села на скамью. Смотрю и думаю: "Третью неделю я здесь, а – как странно – ведь я впервые море вижу..."

Бродит мимо меня какой-то мужчина – громадный, бородатый, не слишком хорошо одет,– однако "господин", хотя и ужасно разбойничьего вида. Остановился, посмотрел. Глаза под котелком дикие, красные... Боюсь: не пьяный ли? обидит?.. Еще остановился... еще и еще... Я струсила и хочу уйти. А он вдруг – глухим и хриплым басом по-русски:

– Это вы,– говорит,– в самом деле или моя галлюцинация?

– Нет,– говорю я, очень удивившись так, что сразу и страх прошел,– это – я, в самом деле...

– Фу, черт возьми! Вот необыкновенность! Неужели Люлюшка? Рюлинская Люлюшка? Если да, то по какому же высокоторжественному случаю ты, дрянь, здесь?

Тут я его узнала. Господин Бастахов. Богатейший[69] барин, коммерсант, из компании Фоббеля и Смерчевского, но он много превосходил их капиталом... Налетал к нам изредка из Москвы или провинции, и тогда начинался у Рюлиной такой пир горой, такой шабаш безумный, что, проводив Бастахова из Петербурга, мы все с неделю никуда не годны бывали – головою маялись. Однажды всех нас, четверых, ближайших рюлинских,– меня, Адель, Жозю, Люську,– он выписал к себе на подмосковную дачу,– инженеров каких-то он чествовал, с которыми дорогу, что ли, строил или другое что. Целый дворец у него там оказался. А в оранжереях у него аквариум – исполин – на сто ведер – стекла саженные, зеркальные. Вот – однажды, ради инженеров этих – какую же он штуку придумал? Воду из аквариума выкачал, а налил его белым крымским вином, русским шабли. Сам он и трое гостей кругом сели с удочками, а мы – Жозя, Люська, Адель и я – по очереди в аквариуме за рыб плавали. Удочки настоящие, только на крючках, вместо червяков, сторублевки надеты... Натурально, боишься, чтобы сторублевка не размокла в вине, ловишь ее ртом-то, спешишь,– ну хорошо, если зубами приспособишься. Мне и Адели как-то счастливо сошла забава эта, ну а Люську больно царапнуло, а Жозе – так насквозь губу и прошло – навсегда белый шрамик остался... Зато каждая по четыре сотенных схватила. И уж пьяны же мы выбрались из аквариума – вообразить нельзя. Удивительное дело. Вино легчайшее, да и не пили мы ничего, только купались, глотнуть пришлось немного. А между тем меня едва вынули, потому что я на дно упала... мало-мало не захлебнулась...

Бастахов же стоит, руки в карманы и хохочет: – Мне,– говорит,– это – наплевать!– что шабли? Его ведро десять рублей стоит. Сто

_____

[69] См. в "Марье Лусьевой".

ведер – тысяча рублей. Нет, вот я в другой раз купанье из pommery sec закачу...

Другие его поддерживают:

– Что же сразу-то не закатил? Поскупился?

– Ничего не поскупился. Из одной эстетики. Так как шабли цветом белее, то – для прозрачности... А коль скоро ты сомневаешься в широте моей души...

Насилу его удержали. Потому что уже скомандовал было молодцам своим:

– Выкачивай шабли! Тащи шампанского!

Только тем и отговорили, что "рыбки" уже совершенно пьяны – "заснули" – и пускать их в шампанское больше нельзя: "играть" не смогут. И только вино испортят, а удовольствия никакого. Согласился.

– Хорошо! Значит, верите мне на слово, что я это могу?

– Верим! Верим!

– Ну, так знайте же, что я и еще больше могу!

С этими словами берет в углу оранжереи заступ или лом какой-то да – как развернется, хватит...

Дзззинь – гррр! Дзззинь – грр!.. Стекло из аквариума к черту, и хлынул винопад... Сотня-то ведер!.. Все потопил... Самого его, дурака, чуть не залило.

Гости бегут, ругаются, вино – по колено, тысячные растения пропали, нижние стекла в оранжерее напором вина высадило, во двор каскады полились... Что этот Бастахов себе убытку в одну секунду наделал, многими тысячами считать надо. А он хохочет и рад:

– Понимаете ли вы теперь меня? Я – сверхчеловеческий человек белокурой расы!

Между тем у самого бородища черная-пречерная: Пугачев живой!..

Редко когда-либо я видала Адель такою веселою, как когда мы ехали от этого Бастахова назад в Питер. Значит, уж чисто ограбила человека,– отвалил, не пожалел![70]..

Ну-с, и после таких-то радостных забав вот где и в какой момент привелось увидаться. Подлинно уж, гора с горою не столкнется, а человек с человеком всегда встретится... Смотрю я на господина Бастахова и – сразу надеждами ожила, а с другой стороны, что-то он как будто мне страшен немного и как-то необыкновенно весел уж очень... Хорошо, если только пьян, а, пожалуй, что и не совсем в своем уме.

X

Смотрит на меня Бастахов, ворочает красными глазищами.

---

[70] Факт сей относится к 1895 году. Герой здравствует по сие время.

— Ты что же здесь сидишь, Люлюшка? Море при восходе солнца желаешь видеть? или квартиры у тебя нет?

— Нет, квартира у меня есть... А, впрочем, пожалуй, что и нету,– все равно, вернусь поутру – только затем, чтобы выгнали.

Засмеялся.

— Так хоть выспалась бы в хорошей постели на прощанье... Кто же ночью уходит, когда время терпит до утра? Запиши часов семь или восемь себе в убыток... Продулась, значит? Ничего... Женщине продуться – ничего... У женщины всегда остается про запас капитал на отыгрыш...

— Нет,– говорю,– у меня ничего не осталось, ни единого су... Казино для меня закрыто.

Отдул губы и фыркает на меня.

— Ты – как? отроду глупа или притворяешься,– в наивность играешь? Так со мною не финти... Это дело безнадежное. Я калач тертый, в девок Агнессок не верю.

— Я вас не понимаю. Я совершенно искренно говорю вам, что я села без копейки.

— Дура! Я тебе не про деньги... Разве женский капитал – деньги? Это наше мужское дело. Вот твой капитал: тело твое красивое, продажное... Им отыгрывайся.

— Ах, вы вот в каком милом смысле... Виновата, позабыла, как мы с вами друг друга знаем... Да, этого капитала, конечно, я проиграть не могла,– только вот пользоваться-то им больше я не собиралась... и очень-то печально мне будет, если придется. Я эти дела, в которых вы меня знали, совершенно оставила, господин Бастахов.

— Очень глупо. Красота и молодость – процентный билет: требуют, чтобы с них хозяин стриг купоны, покуда билет не вышел в тираж.

— Может быть, господин Бастахов, но только оно так. Хотела я порядочною быть, стала на честную дорогу.

— Вот какие нежности! Скажите! Ты, значит, с генеральшею-то своей, Рюлиной-старухой, рассталась?

— Хватились! Рюлина который год умерла уже... Адель замужем, во Франции живет.

— Ну да! стану я всех ваших мерзавок помнить. Адель какую-то приплела... Еще, как швейцара у вас там, в заведении вашем подлом, звали, знать не прикажешь ли?.. А помнишь, как ты у меня на даче в белом вине плавала? Loulou au vin blanc[71] Недурна была выдумочка?

— Как не помнить!

— Теперь, моя любезная, ау! не выкупаю – не поплывешь! Теперь Бастахов винцо-то не аквариумами считает, а стаканчиками приемлет, и то не каждый день.

— Что же вам – запрещено докторами? Страшнейшую рожу состроил.

---

[71] ? Лулу в белом вине? (фр.).

– Да,– говорит,– запрещено. Только не докторами, а российским государственным банком.

– Почему? Какое дело банку до здоровья вашего?

– Такое, что больше в нем государственных кредитных билетов не осталось на мою долю, первой гильдии купца и разных орденов кавалера Павла Родионова Бастахова... Ну, Люлюшка! Удивляешь ты меня,– этакую жизнь вела, у генеральши Рюлиной работала, плотичкою в аквариуме плавала, а все-таки, в самом деле, наивна, как молодой карась... Неужели ты сразу-то не поняла, кто с тобою разговаривает? Плохо же твое дело: девке без нюха – грош цена. Ты присмотрись ко мне хорошенько. Разве я тот Бастахов, которого ты знала? В этом-то котелке? В этаком-то пальто? С этакою-то образиной?

– Никакой особенной перемены не нахожу... конечно, постарели, поседели... и вина, должно быть, много пьете, хоть и хвалитесь, будто стаканчиками... потому что лицо такое – одутловатое и нос... совсем красно-бурого цвета.

Захохотал,– словно медведь заурчал.

– Да,– говорит,– да! это твоя правда, Люлюшка, это – именно от стаканчиков. Потому что, когда вином аквариумы наливались, этого мне никто не смел заметить, чтобы у меня лицо пухло и нос красный был. А когда вино пьешь только, если добрые люди стаканчик поднесут, тут твою рожу всякий замечает и отмечает: вот он бродяга! пьяница!.. Пословица даже такая есть у нас, питухов, что господа никогда не бывают пьяны, пьяны бывают лишь мужики да прохвосты, а господа бывают только нездоровы... Нищий я, Люлюшка! Голый нищий! Беднее тебя! А как же – после моей-то жизни – нищему пьяным не быть? Сердце горит, не терпит.

Я так и ахнула.

– Господин Бастахов! Вы надо мною посмеяться хотите! Разве это может быть?

– Отчего же нет?

– Да ведь у вас, говорят, состояния сто миллионов было?

Приосанился:

– Ну, это преувеличивали... а к пятнадцати – правда, шел.

– Да – если даже пятнадцать... Господи! Это и считать-то месяц надо...

– Если в банке, то много больше: сторублевками – пятнадцать недель. Но – тут артель проворная, считают быстрее...

И указывает рукою на казино.

– Ты, Люлюшка, много ли проиграла?

– Около пяти тысяч рублей.

– Ничего себе,– для такой маленькой дряни, как ты, и этого достаточно... Ну, а я в этом милом учреждении пять миллионов оставил. Non c'e male![72] – как говорят итальянцы.

В ужас я пришла.

---

[72] Это не беда! (ит.).

— Неужели так вот сразу – в один присест?

— Ну нет. Этакие страсти только в романах бывают, да в нравоучительных книжках о них пишут, чтобы публику от Монте-Карло предостерегать. Сам же игорный дом эти книжки и заказывает, потому что от их предостережений народ сюда еще вдвое больше валит... Кому не лестно побывать в раздевальне, где этакими сменками торгуют? Сейчас – миллионер, сейчас – нищий, утром – голодранец, вечером – капиталист... Это чепуха! Нет, меня восемь лет чистили, покуда не доскребли до конца... Ну и выпотрошили же! Говорю тебе: пять миллионов моих эти стены в себя вобрали! Вот – брожу по ночам, как упырь какой-нибудь, да любуюсь издали... эка утроба! Внутрь-то, в жерло, ведь меня уже давно не пускают! Три года, как не был в жерле. А кабы пустили, я б им показал теперь, я б их в свою очередь тоже вот как почистил... Сейчас-то... с моей-то опытностью, с моей выдержкой, с системой-то... о-го-го!

Вспомнила я, говорю ему:

— Ах, знаете, системы эти... наслушалась я о них: один обман и яд!

— Ну что ты понимаешь!

— Тут писателя русского я встретила: тоже с системою играл... что на плечах осталось,– только с тем и уехал.

— Знаю я писателя твоего... Где ему! Какая у него может быть система? Система игры требует правильного представления о деньгах. Разве у писателя может быть правильное представление о деньгах? Какие он деньги видел в своем веку? Вон для тебя – пять тысяч деньги. Разве с пятью тысячами игра? Наверняка банку в пасть бросить... А вот как приехала к ним, голубчикам, наша московская Анастасия свет Романовна княгиня Латвина, урожденная купеческая дочь Хромова, пригляделась к столам, да и пошла их чистить. Удачница! С выдержкой! А, главное, капитал на капитал: проигрывает – не жмется, выигрывает – рискует, аж у самого хладнокровного крупье руки трясутся... Неделю их грабила, курицыных детей! Когда уезжала, смеется на вокзале: "Я бы еще поиграла, да боюсь: отравят подлецы..." Мне на прощанье тысячу франков подарила на счастье: "Авось, мол, пойдешь опять на поправку с моей легкой руки..." Какое! в тот же вечер в Ницце в Jetée[73] до последнего сантима уложил... Что тысячи, Люлюшка! Миллионы только миллионов и боятся.

— Послушайте,– говорю,– господин Бастахов,– ну, положим, пять миллионов ваших рулетка съела. Это очень много, конечно, но – все-таки – вы же говорили, у вас пятнадцать было... Куда же остальное-то ваше состояние разошлось?

— Если хочешь,– отвечает,– опять-таки все туда же, в эту великолепную печь, которую для покойника Блана архитектор Гарнье выстроил, а черти помогали... Потому что скажу тебе слово опытное: как ни ужасен вред, который это чертово гнездо приносит нашему карману, он – ничто в сравнении с тем опустошением, которое, через

---

[73] Жете (название игорного дома; фр.).

него, врывается в ум и душу... Прах побери капитал, был бы цел характер,– ан он-то здесь и разрушается. Княгине Латвиной играть можно, потому что для нее это шалость, в увеселительную программу входит, а характер ее – не тут, весь наружу, вдоль стола прыгает, а крепко в ней сидит, баланс рассчитывает и волю ее в кулаке держит. Ну, а аз многогрешный... У меня, Люлюшка, мой друг, миллионные дела в России провалились только от того, что я здесь находился и не мог оторваться от азарта. Как же! Шутка ли? Пять-десять тысяч франков на номере – хо-хо? Разве это не интересно? Ну и убил, взял... торжествуй, победитель! На другой же день половину в Ницце на Bataille des fleurs[74] выбросил...

А тем временем Мурлыкинская дорога у меня, можно сказать, из-под носа уплыла... Когда Тузовский банк рушился, меня из Питера, Москвы, Саратова телеграммами засыпали: "Приезжайте, мол, в Питер, переговорите с министром, добейтесь ссуды, на вас вся надежда, спасайте себя и нас..." А я – как нарочно, тут – в руке: везет мне... Как удар бросить?.. Телеграфирую: "Завтра непременно... завтра выезжаю... держитесь до завтра..." Завтракал, завтракал, да и дозавтракался: сто тысяч франков снял, забастовал, телеграфирую: "Еду", а мне отвечают: "Поздно, банк опечатан, и теперь хозяин в нем судебный следователь по особо важным делам..." Хо-хо-хо! А я в Тузовском банке был заинтересован больше, чем на полтора миллиона... по ликвидации-то еле двадцать процентов получить пришлось... Отец у меня умер,– я здесь сидел... Жена с любовником сбежала и на сотни тысяч вещей из дома средь бела дня увезла,– я здесь обретался... Как повелся человек с здешним пеклом, так уж это кончено: станет оно между тобою и остальным миром, и ничто тебе не мило и не интересно по-настоящему, кроме него. Разве я один такой? Ты посмотри, как американские миллиардеры играют, наследные принцы, герцоги владетельные, всякие там князья из Готского альманаха... Что у них своих денег, что ли, нет? или дел важных не имеют? Вандербильт или Асквит какой-нибудь? У них на родине такие аферищи, что каждая секунда приносит доход хорошего рабочего дня, а между тем они торчат здесь почти безвыездно, из фраков не вылезают, от столов игорных не отходят, всякая шушера их толкает, через голову их деньги бросает или тянет, а они чуть не прыгают от радости, когда рулетка выбросит им тысячу франков... Я здесь одного нашего русского администратора – туза из тузов – видал; от одного титула помереть с испугу можно; в России он, на питерском своем кресле пальцем шевельнет, а в Камчатке либо в Ташкенте каком-нибудь чуть не землетрясение; хочет – милует, хочет – губит... все! А здесь – при мне было!– пробирался он к столу, согнутый, заискивающий, лишь бы протискаться; ругают его со всех сторон, а он будто и не слышит, только лезет. А, черт его знает, может быть, и в самом деле не слышит! У самого стола он – должно быть,

_____

[74] Бой цветов (фр.), карнавальное развлечение, во время которого бросают друг в друга букетами цветов.

проигравшемуся какому-нибудь на ногу, что ли, наступил, и тот, со злости, кулаком его в шею ткнул... так веришь ли, Люлюшка? плюнь ты мне в глаза, если я лгу!– он даже не обернулся. В России из этого покушение состряпали бы, за одно намерение в Сибирь человека загнали бы, а тут даже не обернулся!.. Выиграет – ходит индейским петухом и на всех смотрит, словно с высоты горы высокой; а когда в проигрыше, гнусно на него смотреть: из великана маленький станет и перед каждым счастливым игроком лебезит, ухмыляется подло, завистливо... лакей лакеем, право! Бывало, так и хочется ему двадцать франков швырнуть: лови, мол! поминай Бастахова!.. А чего ему? Он и проиграться-то не мог. У кого капитал, у кого доход, а у него и доходы-то на капитал походили. Каждый год на судостроительстве миллион воровал. Не к деньгам, значит, зависть, не к деньгам жадность, а – к счастью. Это, любезнейшая моя, в высокой степени особенная штука! обаяние магическое! прелюбопытнейшее колдовство!

Француз-художник приехал с молодою женою – путешествие медового месяца... понимаешь? Он играет, а ей скучно... Ухажеры пошли... Испанец какой-то... Французу друзья шепчут: "Это известный Дон-Жуан, смотрите в оба..." Проследил: в самом деле, завелись шуры-муры... Ну, ревность, страдание, самолюбие оскорбленное – все черти в стуле... А в казино между тем нет сил не ходить: играет и проигрывает... И вдруг – счастье повернуло: взял на rouge et noir двадцать тысяч франков... Бежит домой и застает супругу свою с испанцем только что не au flagrant delit[75]... Ну, казалось бы, скандал, дуэль... Так нет: не тут-то было... Стукнуло ему в голову, что это потому он и выигрывать начал: что – либо игра, либо женщина, и, значит, испанец ему счастье принес... Ну и – неделю спустя, уехала молодая с испанцем своим куда глаза глядели, а супруг еще с год здесь околачивался и счастье пытал, покуда вот в таком же положении не очутился, как я, твой покорнейший слуга... Ну, характера у него оказалось побольше моего: могу тебе завтра показать крюк, на котором он повесился.

А, благо я француза вспомнил, самоубийцы здешние? В романах и страшных книжках пишут, обыкновенно, только про таких, которые – вот вроде тебя, Люлюшка,– скудные деньжонки свои до последнего грошика спустили либо казну при этом обидели и пополнить надежды нет, либо чужими капиталами позаимствовались... Разумеется, таких большинство, но видал я совсем другого сорта упокойничков. И состояния еще впятеро осталось против того, что проиграл, и позора никакого за спиною нет; а человек стреляется себе в лучшем виде либо со скалы прыгает, разбивает себя вдребезги, как пустую бутылку... Потому что – тут, опять-таки, не в деньгах одних дело, Люлюшка, а так: вдруг почувствует мужчина, что вот стоял он на дуэли против судьбы своей, и судьба оказалась сильнее, а ты – пред нею вышел как пигмей, Иной еще загадает на что-нибудь. Выиграю,

<hr>

[75] На месте преступления (фр.).

мол,– знак будет: стоит жить. Не выиграю, жизнь – плевок, нечего ее и тянуть-маячить. Я сам когда-то насчет пули в лоб подумывал здесь очень серьезно – чуть ли даже не на этой именно скамье, где мы с тобою теперь беседуем,– и далеко не разорен еще был тогда... До администрации, до банкротства... А когда разорился, то, напротив, тогда что-то не в охоту оказалось череп свой дырявить,– струсил, жаль стало: один ведь он у меня – природный, я не наживной, свой собственный, а не благоприобретенный. И тебе не советую! Что! Пуля грубая, скалы жесткие, вода мокрая.

– Да я и не собиралась...

Оглядел он меня.

– Это, что на тебе, только и есть у тебя туалета?

– Да.

– Трудно тебе будет... Здесь туалет – первое дело, гораздо дороже самой женщины стоит... По платью встречают, а по красоте провожают... Рожа в туалете стоит гораздо дороже красавицы, одетой без шика... Как же это ты так оплошала, Люлюшка? Кажется, хорошей школы девка, должна бы знать.

– Распродала я туалет свой.

– Эх, ты! Жаль, поздно встретились... Отсоветовал бы я тебе. Кто же так поступает? Здесь, моя милая, все наоборот: лучше сперва самое себя распродай до гнилости, а потом уже, когда на этом торге совсем обанкротишься, когда ни Пакэн, ни Дусэ, ни краски никак не помогают; тогда принимайся за туалет... Туалетные здесь себя в сотнях франков числят, а без туалета, как ты, и за двадцать франков скажи "мерси".

– Повторяю вам, бросила я это...

– Что ж – бросила? При деньгах-то всякая бросит. Сама видишь: приходится нагнуться да поднять... Ну, подымайся, пойдем!

Гляжу на него во все глаза.

– Куда пойдем? Зачем? К вам? Затряс бородищею.

– На кой ты мне бес? Я, ангел мой, тоже бросил вас, женщин, и поднимать не хочу. Да и – правду тебе сказать, если бы и не бросил, то – принять тебя мне некуда: в мансарде живу, в Монако, плачу скверно, хозяева суровые католики, угрюмые буржуа, не охотники до нашего брата, вагабонда, терпят, но не дорожат,– побаиваться их приходится. Если я себе этакую дерзость позволю – с женщиною вернусь, выйдет скандал великий, выгонят меня завтра же из конуры моей... А, с другой стороны, нельзя же тебе совсем бесприютную оставаться... Пойдем, пока еще полиция внимания не обратила, что ты этак странно сидишь здесь... поверь: не совсем обыкновенная фигура, недаром я тебя за привидение принял... От тебя, хоть ты и не собираешься, но самоубийством пахнет-таки. Уважь, не пугай жандармов, уйдем.

– Вы скажите, куда меня вести хотите, я так – в неуверенности – не могу.

– Эх, ну словно тебе не все равно? Под крышей будешь. Не бойся, в обидное место не поведу. Знакомая тут у меня есть, пансион для девиц приезжающих содержит, устроит тебя...

Вижу, что глаза у него бегают, и спрашиваю прямо:

– Сводня, что ли? Рассвирепел, вспыхнул...

– Дура! За кого ты меня принимаешь? Я ей – благодеяние, а она...

Но тут же и смяк, и стих. Бурчит:

– Ну и сводня. Что ж, что сводня? К принцессе Бельджойозо тебя вести, что ли? Так не примет! не беспокойся, мой друг. Конечно, тварь: была девка, разбогатела, теперь промышляет вашею сестрою, прогоревшею... Да! Когда-то с меня тысячные куши рвала! Десяти лет нету, как она для меня публично на столе danse du ventre[76] танцевала... А вот теперь... Пойдем, пожалуйста! Чего тебе? будешь ты сыта, одета, обута, денег на игру получишь малую толику, комнату прекрасную Мари-Анет даст тебе – все в кредит... Ну, конечно, работать заставит... Пойдем! И я, старик, не останусь без выгоды, куртаж с нее, шельмы, сорву за то, что привел тебя... Пойдем! помоги старичку... будь добрая девушка... Я тебя когда-то в вине купал... Сделай такое одолжение! Меньше двадцати франков не помирюсь, вот тебе мое слово... А то к мадам Фридолине уведу... Да! Двадцать франков – и никаких разговоров!.. Что ж? Девушка красавица, свежая... школы какой... Двадцать франков и шабаш!

– Вы, господа, можете верить мне или не верить,– это ваше дело, но даю вам слово мое, клянусь вам всем, что мне свято: если я тогда встала и пошла за ним, то исключительно потому, что охватила меня страшная жалость к нему, этому горемычному человеку, когда-то удивившему меня в белом вине на приманку сторублевых бумажек,– такие у него ноты в голосе звучали, когда он о двадцати франках говорил, что во мне вся кровь закипела и к лицу прилила, и слезы на глаза выступили.

"Будь, что будет!" – думаю. Пойду, посмотрю. Закабалить себя я не позволю,– не такая я теперь уже наивная дурочка, как была, да и трудно это с иностранкою, до консула-то недалеко... А зарок, действительно, приходится нарушить: надо же как-нибудь выйти из положения невозможного и перебиться до получения денег из России. Не пропадать, же на улице, как собаке, покуда жандармы, бесчувственную, подберут, да вон, уже и сейчас мне есть хочется, а к утру я от голода совсем волком взвою... Главное же,– пусть этот несчастный не думает, что я какая-нибудь неблагодарная. Конечно, из того, что он на нас тогда, будучи в богатстве, денег перешвырял, я ни грошиком не попользовалась: все поделили Адель и старуха Рюлина,– но все-таки был же он великодушен и щедр, а вот теперь дрожит голосом при одном помышлении о двадцати франках... Доставлю же ему двадцать франков эти! Куда ни шло, где наше не пропадало и была не была! Это все равно, что нищему милостыню подать.

Повел Бастахов меня переулками. Ведет и все ворчит себе под нос

---

[76] Танец живота (фр.).

о двадцати франках. Давно, должно быть, у него их в кармане не было.

Переулки очаровательные, розами заплетенные, из-за оград пальмы подымаются, плющи по ним вьются... Чудо! Вижу все это в первый раз и изумляюсь:

– Как красиво!

– Что?

– Природа, говорю, какая здесь очаровательная...

– А, да, природа... В насмешку дана.

– Почему же в насмешку, господин Бастахов?

– Потому что лучше, чем здесь, ее нигде нет, но здесь она никому решительно не нужна, и никто ее не замечает. Ты – до сих пор – природу замечала? Море? Горы? Небо? Корниш? Кап Мартен? Тюрби?

Я должна была сознаться, что нет.

– То-то вот и есть... Природу здесь видят только те, от кого игорный дьявол отступился; то есть,– кто так просвистался, что даже черту ни к черту негоден стал. Природа для нищих. Для тех, кому закрыт вход в казино... Природа, любовь – все это, милая моя, не от здешнего мира. Вот ты – красивая, молодая и, что называется, заманчивая женщина. На водах, где-нибудь, в Aix les Bains[77], в Виши, за тобою тянулся бы длинный хвост ухаживателей, вздыхателей, поклонников. Скажи, пожалуйста, правду: был ли у тебя с тех пор, как ты сюда приехала, хоть один этакий – приличный, как говорится,– роман? Ухаживали за тобою? Старались познакомиться? Получала ты букеты? письма?

– Нет, конечно. Полагаю, что если бы было что-нибудь подобное, то я не сидела бы на бульваре в пятом часу утра и без единого су в кармане.

– Ага! То-то! Во всяком другом южном городе, тем более на границе Франции и Италии, где приличную красоту ух как ценят, ты была бы окружена молодежью... Здесь тебя не замечают так же, как не замечают природу. И по той же причине. Не надо тутошней толпе ни природы, ни женской красоты, ни искусства. У них тут лучший по силам театр в Европе. Шаляпин поет, Фелия Литвин, Рено – самые первые знаменитости. Но, знаешь, это выходит совершенно так, как, бывало, у меня на обедах: мы, именитые, едим, а на хорах нанятые музыканты играют,– это нужно для обстановки, но никто их не замечает. Подают тюрбо выписное,– черт ли слушает, что в это время, пока вилки серебряные по фарфору стучат, музыка рассказ Лоэнгрина играет. Так и здесь. Настоящее – одна игра. Другое все – обстановка. В одной зале – trente et quarante, а в другой – "Мефистофель" или "Валькирия". Здесь – rouge et noir, а выйди на террасу – вид, какого другого нет на земном шаре. Тут – рулетка, а вон там, в ресторане, букет кокоток, съехавшихся со всех столиц и подбирающих крохи, которые упадут им с игорных столов, потому что

_____

[77] Экс ле Бен – название бальнеологического курорта (фр.).

крохи – тысячные. Все устроено к удобствам и комфорту играющего человека до такой степени полно, что он уже даже не замечает своего блаженного комфорта, как воздуха, которым дышит, ни о чем-то ему не приходится подумать кроме игры. Казино на себя как бы поручительство берет: "Только играй, милый друг, играй себе, не развлекайся, а уж за все прочие твои потребности, физиологические и эстетические, я отвечаю – без всяких с твоей стороны усилий, будут они удовлетворены за первый сорт..." Удивительно, как еще тут церквей для всех исповеданий не настроили!.. У католиков и англичан есть, а русским приходится в Ниццу ездить. Следовало бы выстроить. Одними просительными молебнами в год окупилась бы постройка... Нет! ты подумай: пятьдесят лет тому назад здесь была голая скала,– вся земля, из которой поднялись теперь эти вековые пальмы, бананы, бамбуки, приехала сюда из Франции и Италии на спинах мулов... Единственное место в Европе, где нет ничего своего,– даже земли!– ничего, кроме скалы-подпочвы!.. Море обращено в гигантский аквариум, природа – в зимний сад, великие артисты, певцы, художники – в нечто вроде граммофона и кинематографа, играющих автоматически по востребованию, женщины – в разряженных гаремных кукол, которые ждут своей очереди, как базарный товар, без всяких иллюзий... Выбежит выигравший счастливчик на веранду, свяжется с тою, которая наряднее в глаза бросилась, рассыпется билетами или золотом, избудет минутку возбуждения, и назад, в казино!.. Все здесь между двумя ставками! Faites votre jeu... Rien ne va plus![78].. О проклятые черти! И когда только провалится она в тартарары свои обратно, эта из ада вынырнувшая скала!

В таких-то веселых разговорах добрались мы до весьма красивой виллы с маленькою вывескою справа входной двери "Pension de Famille"[79], слева – "Sage Femme"[80]. Вид был такой приличный, что я даже усомнилась было: туда ли меня завел проводник мой полоумный?.. Но он принялся бесцеремоннейше дубасить в дверь обоими кулаками и орать таким зычным басом, что я даже испугалась:

– Тише вы! Соседей разбудите! Привлечете к нам всеобщее внимание... Что хорошего?

Но он:

– Наплевать! Эта штука тут нарочно повешена, чтобы, в случае ночного шума, была отговорка и никто не смел бы заявлять претензии и жаловаться...

И показывает на дощечку "Sage Femme". Ухмыляется:

– Остроумно, не правда ли? Не слышится ли тебе, Люлюшка, нечто инфернальное в самой идее – объявить себя повивальной бабкою в Монте-Карло? Повивальная бабка в Монте-Карло – это что-

---

[78] Делайте свои ставки... Никто больше не ходит!.. (фр.).
[79] "Семейный пансион" (фр.).
[80] "Повивальная бабка" (фр.).

то вроде адмирала швейцарского флота либо лейб-гвардии пономаря! Как будто здесь рожают!.. Ведь это же просто неприличие для метрического свидетельства: "Родился в Монте-Карло". А ведь, бывало, оно,— случалось даже в самом казино, но это уж просто потому, что маменька заигралась и не приняла своевременно к сведению, что для нее le jeu est fait![81] Либо из игроков кто-нибудь, не считаясь с месяцами почтенной соседки, двинул ее локтем под ребро... К слову спросить: тебя не толкали?

— Еще и как!

— Вот тебе и красавица!.. Говорю тебе: здесь, как на пожаре... Эй, да что же вы там? все перемерли, что ли?.. Фелиси! Антуан! Ашиль!..

Открылось окно. Выставилась женская голова.

— Ого! Сама Мари-Анет!— пробормотал мне Бастахов, стихая,— bonjour, madame![82] я к вам...

— Это вы шумите, мосье Поль?— сурово заговорила женщина.— Кажется, я в последний раз категорически заявила вам, чтобы вы оставили меня в покое? Что же мне — полицию, что ли, прикажете приглашать против вас?

— Извините, мадам, но вы напрасно напоминаете давешнее,— сказал Бастахов, видимо смущенный и униженный.— Я сегодня к вам совсем по другому делу...

— Дела имеют для себя день, а не раннюю зарю.

— Но — я привел к вам новую постоялицу, madame! Понимаете? Новую постоялицу!— воскликнул Бастахов с горячностью и даже стукнул кулаком в грудь. Разве ваш пансион полон? Разве все комнаты заняты? — Разве вам не нужны пансионерки?

— Все это прекрасно,— мягче отвечала Мари-Анет,— но все-таки лучше бы вы приходили днем...

— Днем? Но — если мадемуазель прибыла в Монте-Карло ночью? — хитро подмигнул он мне,— должна же она где-нибудь приклонить голову... Или вы хотите, чтобы она скиталась, как бродячая собака?

— Ко мне так придираются в последнее время...— вполголоса проворчала Мари-Анет.

Бастахов с притворным равнодушием надел котелок свой.

— Ну, нечего делать, если вам неугодно, поведу ее к Фридолине.

Это решило дело.

— Раз вы меня разбудили,— совсем уже любезно сказала Мари-Анет,— понятно, я велю вам открыть мои двери... Но, право, вы такой беспокойный, мосье Поль. Никогда не знаешь, с чем вы — с хорошим делом или со скандалом...

— Ну-ну, не ворчите! Поль — друг ваш верный. Не первый год друг друга знаем. Будете Поля благодарить...

Задвижка щелкнула, дверь на шнурке подалась, и мы вошли. Престранное это было заведение, куда привел меня Бастахов. Первый вопрос, который я услыхала от Мари-Анет, был:

---

[81] Ставка сделана! (фр.).
[82] Здравствуйте, мадам! (фр.).

95

– Позвольте, мадемуазель, но – разве вы одна? Где же ваш мужчина?

Я смотрю на нее во все глаза: что за чепуха? Ведь видела же она, что я пришла с Бастаховым? Говорю:

– Доставил меня к вам вот он.

– Да... доставил... Я не о том вас спрашиваю, а где ваш мужчина, который с вами здесь останется?

"Да – что она,– думаю,– с ума сошла или нарочно дуру валяет?"

Очень обозлилась: понимаете,– ведь утро, уже двадцать четыре часа как не спала, устала, как собака, а тут – фокусы.

Отвечаю:

– Полагаю, мадам, что таких мужчин находить для меня уже не мое, а ваше дело. Если бы я хотела ловить мужчин на улице, то мне незачем было бы стучаться в вашу лавочку.

Она вся вспыхнула и закипела, но Бастахов вмешался.

– Позвольте, Мари-Анет! Молчи, Люлюшка! Вы, так сказать, люди с двух разных планет и друг друга не понимаете. Дело в том, Люлюшка, что заведение Мари-Анет находится на положении chambres garnies[83]. Конечно, в меблированных комнатах девица, как ты, может поселиться и одна, но, обыкновенно, хозяйки предпочитают, чтобы при ней был мужчина, который бы ее защищал...

– Не только предпочитают,– вставила Мари-Анет,– но я вам, мосье Поль, прямо заявляю: для того, чтобы поселиться у меня, мадемуазель непременно должна иметь мужчину. Довольно мне было неприятностей от одиночек...

– Ну, черт возьми, Мари-Анет!– в конце концов, это же простая формальность, пустая отметка в livre de police[84]... запишите при ней хоть меня, если вам нравится!

Мари-Анет присела перед ним почтительнейше, показала ему шиш и говорит с усмешкою:

– Вы слишком любезны, прекрасный рыцарь...

– Почему же нет? – обиделся Бастахов и даже медно-красный с лица сделался, как индеец.

– Потому, мой друг, что вас здесь все знают, как белого волка, и за вами полиция ходит по пятам.

– Кажется, я ничего дурного не делаю.

– У нас, здесь, как вам известно, полиция французская, а во Франции принято следить не за теми, кто делает что-нибудь дурное, а за теми, кто способен сделать.

– А я способен? Покорнейше благодарю!

– Конечно, способны.

– Почему?

– Потому что вы нищий и пьете.

---

[83] Меблированные комнаты (фр.).
[84] Полицейская книга... (фр.).

Нехорошо захохотал в ответ ее словам Бастахов и ко мне обратился:

— Вот, Люлюшка, учись. Ты находишься в той прелестной стране, где бедность – преступление, где власть существует только для того, чтобы нищие не хватали за горло богатых...

Но Мари-Анет тотчас же его оборвала.

— Ну, вы с этими речами можете в Ниццу отправляться, там в порту и в кварталах под Cimiez вас будут охотно слушать, а тут вам, слава Богу, не анархический митинг, но приличный дом...

И – ко мне:

— Видите ли, мадемуазель: у нас, если девушка поселяется в "гарни" одна, то полиция уже a priori рассматривает ее как проститутку,– начинаются преследования, дознания, сыщики, соседское шпионство, хозяйка не будет иметь ни минуты покоя... Тогда как – если при ней записался в домовую книгу мужчина, который за нее отвечает и ее защищает, дело кончено: полиция больше вами не интересуется, а переносит все свое внимание на него, и – чем бы вы ни промышляли,– смотрит сквозь пальцы, разве уж забудете всякий такт и поведете себя слишком вызывающе... Вот – посмотрите...

Раскрыла домовую книгу:

— 12 апреля м-ль Элеонора Друо и мосье Артур Дьелегард из Парижа.

— 17 апреля: м-ль Эвфемия Траспаренте из Турина и мосье Леоне Ботильясекка из Генуи.

— 23 апреля: м-ль Юлия Феркельфус из Инсбрука и мосье Алексис Пижоно из Дижона.

— И так далее. При каждой из моих жилиц записан ее мужчина. В случае какого-либо столкновения с полицией первая ответственность – на этом мужчине, а я не при чем... Слава Богу, пятый год держу свой пансион и никогда не имела никаких историй!..

— Послушайте, Мари-Анет,– остановил ее Бастахов,– что вы мне очки втираете? Ведь это же у вас все фиктивно. Ну что Артур при Элеоноре находится, это – правда, потому что он ее любовник и сутенер и глаз с нее не спускает, каждую копейку ее сторожит и грабит... Но Леоне уехал в Геную обратно в тот же самый день, как привез вам итальянку свою, а Пижоно ваш – обыкновеннейший странствующий сводник, который, может быть, сейчас находится уже где-нибудь в Нью-Йорке или Аргентине... Так что ихним записям цена – грош и, чтобы форму, вам желательную, выполнить, мое имя ничем их, почтенных сопромышленников ваших, не хуже.

— Ну уж это позвольте мне знать,– сказала Мари-Анет.

— Да – чем же, наконец?!– взбесился Бастахов.

— Тем, что, раз вы записаны в мою домовую книгу, я не смею отказать вам, коль скоро вы придете и вздумаете в самом деле у меня поселиться. Напьетесь пьяны, вздумаете бушевать,– что мне с вами тогда делать? То есть вышвырнуть-то вас я, конечно, сумею вышвырнуть, но это опять-таки скандал, шум, полиция, соседи... вы знаете, в нашей профессии все на руку, кроме скандала.

– Подумаешь, полиция и соседи – агнцы невинные: так и не знают, что вы держите публичный дом!

– Во-первых, потрудитесь лучше выбирать ваши выражения: я не держу публичного дома, но – пансион для приезжающих и приют для родильниц. А, во-вторых, что обо мне знает полиция, это мне решительно безразлично. Важно, что она хочет знать обо мне и как ко мне относится.

– А вы не скупитесь на взятки, не жалейте денег,– вот и все будет хорошо.

– Если вы думаете, что я мало плачу, то горько ошибаетесь. Это – настоящие пиявки. Намедни я смотрела из окна, как дочери нашего комиссара шли в церковь к коммуникации. Из каждой складочки их беленьких платьиц мне, как голубые ангельчики, мои bleux[85] улыбались...

Мари-Анет засмеялась.

– Нет, нет, любезный мосье Поль. Вы для меня слишком шумный и заметный субъект. Наше положение здесь, к сожалению, похоже на то, как – если бы акробату позволили ходить по гнилому канату, но – без сетки и всякой гарантии, что его поддержат, не дадут ему расшибиться об землю в случае, если канат оборвется. Завтра выйдет у меня скандал,– и я пропала. Тот же самый комиссар, который за мой счет рядит, как куколок, своих причастниц-дочерей, погубит меня не только совершенно спокойно, но еще и с красивыми фразами и громкими словами, en bon bourgeois, en bon père de famille, en vrai citoyen et patriote[86], и ему рукоплескать будут, а про меня соседи хором скажут: "Туда ей и дорога, мерзавке"! Вы бы посмотрели, с каким видом в мэрии принимают от меня благотворительные пожертвования разные, которые, однако же, сами приказывают делать. Есть у них нарочно такой прохвост – для сношения со мною и Фридолиною. Жуира из себя разыгрывает, а на самом деле сквалыга и взяточник. И на приюты дай, и на школы дай, и на мостовые дай, и на корсо, и на гонки – на все! Давай широкою рукою, а принимают – фыркают. Подумаешь, я им не деньги даю, но жаб и змей подсовываю. И – в отчетах всегда показано меньше, чем я пожертвовала. Так и говорят без всякой церемонии, когда засылают гонца своего с требованиями, что – пожалуйте, мол, пора денежки нести, давно не раскошеливались... "Вы, мол, пожертвуйте 500 франков, а в отчете будет показано 50".– "Это за что же?" – "А за то, что принцесса Бельджойозо пожертвовала всего только сто, не можете же вы стоять в списке жертвователей выше принцессы Бельджойозо?.." "Я совсем не добиваюсь чести стоять рядом с ее

---

[85] Денежки (фр.).
[86] Хороший буржуа, хороший отец семейства, истинный гражданин и патриот (фр.).

светлостью и готова ничего не жертвовать... "Мне швыряют в нос бумагу и приказывают: "Пишите, что вам говорят, и не рассуждайте! Если вы не будете давать на общественные нужды, то – кто же будет? Помните, что вы пользуетесь общественною терпимостью и висите на волоске... Умейте быть благодарною обществу, которое вас терпит!.."

В конце концов, дело мое, конечно, сладилось, мы с Мари-Анет друг дружке понравились, Бастахов получил свои комиссионные двадцать франков, а я вошла в число пансионерок, с обязательством уплачивать Мари-Анет за содержание свое тридцать франков ежедневно, десять франков платить господину, которого она ко мне припишет или к которому меня припишет, то есть, в конце концов, тоже ей, и, сверх того, за посредничество, отдавать ей треть заработка, который она будет мне доставлять. Кроме того, она обязалась уплатить мой счет в отеле, под расписку на один месяц, составленную с надбавкою 12%, и оказать мне кредит, чтобы я могла восстановить свой туалет. Когда я сосчитала все, к чему обязана, то увидала очень хорошо, что, если я не выработаю в день, по крайней мере, 150 франков, то в мою-то собственно пользу не останется ни единого су. Но выбирать мне было не из чего. Я была еще молода, сильна, здорова, хороша собою,– рассчитывала быстро выплатиться и при помощи тех 520 франков, что ежемесячно мне посылаются из Петербурга, устроиться где-нибудь на Ривьере на дешевую жизнь.

Все это шло – как по-писаному, тем более что Бастахов в одном отношении, к счастью моему, ошибся; Мари-Анет не только не дала мне денег на игру, но оказалось, что, по конституции княжества Монако, мы, как постоянные обывательницы, даже и не имеем права играть. Положим, запрещение это желающими превосходнейше обходится, но – конечно, не нами, жиличками пансиона Мари-Анет. Нам нигде не чинили никаких препятствий, ни неприятностей, ничем не показывали, что профессия наша известна, но – с первого же дня, как я вошла в пансион, я почувствовала, что между мною и остальным миром опустилась завеса, которой до сих пор я – вне дома – даже у Буластихи не чувствовала. Там, бывало,– у себя дома, в четырех стенах,– рабыня, в люди вырвалась – барышня, как все. Здесь – как раз наоборот. Надо отдать справедливость Мари-Анет: она была вправе обижаться, когда ее пансион ругали публичным домом. Хотя все ее жилички были проститутки и работали, как вы видите из моего условия, всецело на нее, но тон был взят такой, будто мы, в самом деле, жилицы, а она очень любезная – до известных пределов кредита – и потрафляющая нам хозяйка. Кормила недурно, сцен никаких, в расчетах была очень порядочна, прислугу держала вышколенную, учтивую. Зато вне пансиона все время, бывало, сознаешь себя под зорким, неумолимым надзором, который, при первой же промашке с твоей стороны, вцепится в тебя безжалостною рукою и тебя оскорбит, осрамит, раздавит. Все время сознаешь за собою презрительную силу, которая двигает тебя, как пешку: иди сюда, а не туда, садись здесь, а не там. Тут – порядочные, а вон там – ты. В театральной кассе спрашиваешь билет в партер. Кассир выглядывает в окошечко и, молча, отрезывает талон где-нибудь в тринадцатом ряду.

— Я не хочу так далеко.

— Ближе нет.

— Не может быть... Позвольте план.

— Бесполезно: ближе нет.

— Все-таки позвольте... А это – что? это – что? Указываешь незанятые места в третьем, четвертом ряду.

— Позабыл отметить... Проданы. Ближе тех, которые я вам предлагаю, нет...

И, получив такой "билет терпимости", имеете удовольствие слышать, как следующий за вами буржуа спокойнейше получает те самые места, в которых вам только что отказано: "Ближе нет".

В ресторане слуга, мельком окинув вас взглядом при входе, сразу показывает вам стол – в сторону налево, где гнездятся подобные вам же козлища, и, Боже сохрани, если вы, по ошибке, попадете в места, уготованные для агнцев и овечек праведных: вам просто служить не станут,– выживут вас невниманием. На площадке бельведера – конечно, все равны, никто прогнать тебя не может, но сейчас же вырастает подле тебя откровеннейше глазеющий шпион и следит, не отрываясь, как вежливый коршун: не сделаешь ли ты какого-нибудь ложного шага? не привяжешься ли к какому-либо мужчине? не бросишь ли какой шутки или скоромного словца, не сделаешь ли авось жеста непристойного? А тут же рядом открытые кокотки, soumises, ведут себя нахальнейшим образом, как ни в чем не бывало,– а дамы наезжие, иностранки, очень усердно им в манерах и туалетах подражают, визжат, как они, хохочут, словечками швыряются, с мужчинами вольничают... ничего! Даме – можно, проститутке – можно, а ты – ни дама, ни проститутка, значит, чувствуй себя неизбывно в когтистой лапе какой-то, которая тебя хочет – сожмет – раздавит, хочет – потерпит и помилует... Вот я вам рассказывала, как, впервые проигравшись, прямо подошла к московскому актеру и получила от него сто франков. Теперь, если бы я имела подобную встречу, то никогда не решилась бы вести себя так смело, потому что – уверена: едва отойдя от актера, была бы арестована и препровождена в участок... В какое бы пристойное место ни пришла ты, уже смотрят откуда-нибудь на тебя подозрительные глаза и без слов говорят: "Догадайся же, душенька, что здесь тебе не место и уйди честью, покуда не попросили тебя вон..." Юлию Феркельфусс в Ницце так-таки и вывели из евангелической церкви. Да-с! Из церкви! Подошел сторож и говорит: "Уходите, дамы волнуются, вы получите неприятность..." Ушла! А указала на нее англичанка – богатая леди из этаких, знаете, кочующих по свету прожигательниц жизни, какие, по-настоящему, только в Англии, кажется, и плодятся. А признала Юлию как грешницу недостойную добродетельная англичанка потому, что раньше Юлия работала в Каире, и было там, среди дам международной знати и аристократии коммерческой, тайное дамское общество, то, что у нас в России называется Еввин клуб, где эти скучающие добродетельные госпожи развратничали втихомолку, которая как горазда... Юлия в клуб этот бывала часто приглашаема и немало денег в нем заработала... И англичанка, которая ее из церкви вывела, была в клубе одна из самых, что ни есть, habituées[87] и безобразничала так бесстыдно, что даже подруги ее унимали и стыдили... удержа не было – глаза прятала в мешок!.. Но тем не менее стоять перед одним Богом с продажною женщиною, как ведите не согласилась... где же английской спеси выдержать подобное равенство?

Однажды под вечер возвращаюсь я домой, вдруг окликает меня приличный господин. Узнаю: конторщик великолепного отеля, в котором я раньше стояла.

– Мадемуазель Лусьева?

– Что вам угодно?

– О! Я только с удовольствием вижу, что вы еще находитесь в наших местах.

Помолчал,– потом начинает:

– А ваш счет у нас погасила m-me Мари-Анет?..

– Да... так что же?

– Да – жаль, что вы нас не предупредили о ваших намерениях. Могли бы гораздо лучше устроиться. Обесценили себя. И вам было бы выгоднее, и нам бы доход.

– Где же это вы меня устроили бы?

– Да у нас же, в отеле.

– Как у вас в отеле? Разве вы...

– Боже мой! Мадемуазель! Да – откуда вы? с луны, что ли, свалились? Какой же большой отель в Париже не промышляет этим делом? А мы здесь, конечно, уголок, в некотором роде, дача Парижа... Кто же не знает, что за штука такая les aventures de l'hôtel?[88] Это же целая система! Ею отлично пользуются в свое удовольствие и господа, которые любят пожить в свое удовольствие, и дамы, которые не прочь приработать несколько денег к своему доходу, не рискуя в то же время опасностью вылететь за решетку общества, в разряд déclassées[89]... Вы не можете себе представить, как наш управляющий жалел, когда выяснилось, что вы попали к Мари-Анет. Простите меня, но вы поступили безумно. Это все равно, что наш здешний стофранковый золотой отдать за серебряный кругляк в пять франков. Вы просто зарезали себя, погубили себя для Монте-Карло. И еще если бы мы не делали вам намеков...

– Позвольте! Какие же намеки? Я не помню. Мне никто ни одного слова не говорил...

– Еще бы вам слова! За слова-то есть такая статья 334-я... А разве вам не подавали ежедневных счетов? Разве не торопили вас уплатою? Вы подумайте: велик ли, по нашему огромному делу, был ваш

---

[87] Завсегдатаев (фр.).
[88] Гостиничные приключения (фр.).
[89] Опустившихся людей, деклассированных (фр.).

маленький долг, чтобы мы с ним к вам приставали так тревожно? Мы вас на объяснение вызывали, а вы не поняли. И горничную к вам подсылали, чтобы она вас навела на мысль, что в отеле всегда можно сделать выгодное знакомство, а вы вместо того вздумали распродавать платья... Разве она вас не спрашивала, что – нет ли у вас в Монако друзей, которые за вас могли бы поручиться?

– Спрашивала.

– А вы что же ответили?

– Что нет и искать таковых не желаю.

– То-то вот и есть! Ну – что ж? в конце концов, была бы честь предложена, от убытков Бог избавил: мы решили, что ошиблись на ваш счет, что вы, в самом деле, маленькая добродетельная буржзуазка, которая ждет откуда-то своего там жениха, что ли, или мужа,– ведь вы же так и уверяли, помните? – и, хотя проигралась, но имеет пред собою еще какие-то исходы... Жаль! Очень жаль! В отеле вам одни сутки могли бы принести то, что у Мари-Анет вы едва ли заработаете в неделю...

– Если так,– говорю я,– то – очень просто: заплатите Мари-Анет за меня мой очень небольшой долг, и я возвращусь в отель.

– То-то и есть,– возразил он,– что уже поздно. Вы уже не приезжающая, слишком примелькались в глазах. Вас уже начинают понимать. И полиции вы известны, и dossier[90] ваше составлено. Я знаю. Взять вас обратно в отель теперь – значит, нажить надзор, хлопоты, да еще и узнает вас кто-нибудь из бывающих у Мари-Анет, запротестует, скандал устроит... все это нам не подходит, наш отель респектабельный. А вам позвольте посоветовать: если вы от Мари-Анет скоро выйдете, а, вероятно, скоро, потому что подолгу держать у себя в пансионе одних и тех же женщин ей неудобно, еще недели две-три, и полиция начнет уже на вас коситься, а к ней придираться, и вам трудно будет остаться insoumise[91],– так вот, если с Мари-Анет вы расстанетесь и поедете в другой город, то я очень рекомендую вам отелями не пренебрегать... Вы, мадемуазель, с вашим видом светской дамы, можно сказать, созданы для этого именно рынка, а вас – вон куда бросило. И как только было не понять? Решительно недоумеваю, как могло выйти такое недоразумение, что вы не догадались, а мы не настояли...

XI

Вас интересует, что рекомендовал мне этот господин словами "les aventures de l'hôtel"? Видите ли: когда вы входите в нижний, доступный с улицы зал, то, что у нас называется atrio, какого-нибудь большого отеля, в особенности парижского или устроенного по

---

[90] Досье (фр.).

[91] Строптивая, непокорная (фр.).

парижскому типу, вы почти всегда найдете там двух-трех элегантно одетых господ, которые читают газеты, пьют кофе либо просто шатаются на качалках и, по-видимому, кайфуют без всякой иной цели. Конечно, бывает и так, но по большей части оно неспроста. Это — современные Дон-Жуаны и ловеласы, искатели любовных приключений по отелям. Если вы сведете знакомство с таким господином, то, обыкновенно, оказывается, что это человек хорошей буржуазной или даже аристократической фамилии, богатый и праздный рантье, член шикарного клуба. Наведите о нем городские справки, вам все это подтвердят, с прибавками:

– Известный развратник!

– Пресыщенный, изношенный человек, который вечно ищет новых ощущений.

– Себялюбивая скотина, которая для своего наслаждения не пожалеет ничего святого. За ним десятки грязных дел подозреваются, да – ловок и богат: до сих пор либо вывертывался, либо откупался.

Эти прекраснейшие господа постоянно торчат в вестибюлях и общих залах отелей, высматривая среди женщин-постоялиц новеньких приезжающих. Некоторые из них являются к наблюдательному посту своему аккуратно к тому времени, как омнибус гостиницы должен подвезти с вокзала новую публику,– и не пропускают ни одного курьерского поезда по расписанию всех путей. Встретит, осмотрит и, если нет ничего подходящего, чтобы разжечь его любопытство и страсть, уходит в свой клуб или в ближайшее кафе – до следующего поезда. Аккуратны во времени эти господа до того, что по ним можно часы ставить,– право. Маньяки! Другие поступают иначе. Они абонируются в отеле на обед и изучают публику в столовой за табльдотом, либо tables séparés[92], или в салоне за кофе. Третьи, наконец, убедившись, что вот такой-то отель особенно удобен для их целей, устраивают себе в нем постоянную берлогу – нанимают номер помесячно, а то и на год, и, конечно, в нем не живут, а только обеспечивают себе в доме права жильца постоянного и почетного.

Хорошо. Теперь – представьте себе, что такой барин выбор свой сделал и жертву наметил. Так как он не кто-нибудь, не первый встречный, а человек из общества, с именем, даже, может быть, с титулом, то знакомство сделать ему очень легко. Характера эти светские люди не робкого, одеты, как картинки последней джентльменской моды, обращаться в обществе и "козировать" умеют в совершенстве – остряки, шалуны. Значит, не мудрено им и перевести понемногу знакомство в некоторую фамильярность и, пользуясь ею, испытать почву: с какою женщиной имеют дело? не клюнет ли? Если кажется, что клюнет, то авантюрист, не теряя времени, пишет, в самых пылких и почтительных выражениях, письмо с объяснением в любви и поручает его метрдотелю. А уже дело этого последнего – вручить записку желаемой даме настолько ловко и с тактом, чтобы она не оскорбилась и не сделала скандала, чтобы

---

[92] За отдельными столиками (фр.).

автор письма не был скомпрометирован и чтобы передатчик во всяком случае мог изобразить блаженное неведение и остаться в стороне. Никаких так называемых "гнусных предложений" в письме не заключается,– просто, мол, чувствую к вам непреодолимую симпатию и желаю излить пред вами душу свою в кратком, но искреннем разговоре. Женщины на любовные письма редко сердятся, а во Франции и в Италии эта литература процветает в таком количестве и с такою энергией, что если принимать каждую любовную записку всерьез и поднимать из-за нее историю, то женщине красивой и имеющей успех – никакого сердца не хватит и ни на что больше времени не останется. Так что, становясь любовным почтальоном, метрдотель решительно ничем не рискует. Ну, самое большее,– скажет ему какая-нибудь неприступная добродетель:

– Передайте этому господину, что он дурак!

Или:

– Вы всегда занимаетесь таким грязным ремеслом или это ваш первый дебют?

Так что же! Это – в составе профессии: зачем пойдешь, то и найдешь.

Но и подобные легкие протесты – в редкость. Обыкновенно в путешествии женщина любопытна, возбуждена, ей хочется приключений, романа, и она скучает без них и, при случае, жадно на них бросается. К тому же она выбита из своей привычной домашней обстановки, очутилась вдали от своего города и знакомства, в среде, где ее решительно никто не знает. Поэтому, за исключением этакой уже патентованной, заклятой и непоколебимой добродетели,– разыграть романчик, который пройдет в жизни, как бесследная тень, и о котором никто никогда не узнает,– в большинстве, милые путешественницы оказываются весьма согласны. Я уже не говорю о множестве тех, которые с тем и в путешествие отправляются, чтобы непременно наткнуться на какой-нибудь роман, способный пополнить их тоскливое семейное существование и в то же время остаться строго тайным и семейных условий не разрушить. Сюда относятся многие уважаемые и почтенные молодые вдовы, красивые девицы по паспорту, засидевшиеся по бесприданью без мужей до возраста фрейлин святой Екатерины, неудовлетворенные жены слабых мужей. Вся эта женская толпа – прямая добыча отдельных авантюристов. Да о ней-то могут порассказать свои приключения не только такие элегантные ухаживатели из света, но и капитаны пассажирских пароходов, обер-кондуктора курьерских поездов со спальными вагонами, проводники в горах, бэньеры в купальных местах и даже официанты в отелях... Не думайте, что только русские барыньки вешаются на татар в Ялте и на черкесов в Кисловодске. Те же самые сцены можете вы наблюдать в Биаррице, Трувиле, Сен-Себастиане, под Неаполем – в самой, что ни есть, международной обстановке. Англичанки отличаются еще почище наших. Соскучится дома-то в лицемерии своем и в туманах своих,– ну, выберет на континенте уголок поглуше, да и пошла козырять... В отельных авантюрах англичанки — на втором месте. На первом — провинциалки. На третьем — все иностранки вообще.

Некоторые метрдотели заходят гораздо дальше такого посредничества, как я вам рассказала. Они организуют целую осведомительную агентуру, так что искателю любовных приключений, если он не охотник тратить свое время на скуку выжидания, незачем и сидеть в отеле понапрасну. Ежедневно он получает от знакомых ему метрдотелей подробные рапорты о всех молодых и интересных дамах и девицах,— а для любителей-спецалистов и о красивых мальчиках,— которые остановились в отеле с семействами своими. Конечно, за подобные рапорты платятся бешеные деньги. Если сведения по рапорту интересны, Дон-Жуан сейчас же является в отель и находит к услугам своим комнату, смежную с комнатою, отведенною той барышне или даме, которой он добивается. Вы знаете, что все номера в гостиницах соединены между собою, и, значит, чтобы проникнуть из номера в номер, это — только вопрос ключа. Конечно, ключ этот продается Дон-Жуану за сумму весьма почтенную и опять-таки при обстановке, которая снимает с метрдотеля и прислуги всякую ответственность в случае неудачи приключения. Разумеется, огромное большинство подобных проникновений происходит в результате быстрого, но добровольного романа, по обоюдному соглашению. Для того, чтобы забраться в комнату порядочной женщины ночью, без ее предварительного разрешения и согласия, нужна дерзость, на которую немногие мужчины способны. Однако вы представить себе не можете, как часты в этих же обстоятельствах случаи насилия, обмана, опаивания. Из моих подруг и товарок я могу насчитать не менее дюжины женщин, втянутых в проституцию теми или другими последствиями отельных приключений, и из них добрая половина была в том положительно лишь без вины виновата, да и остальные-то действовали без всякого разумения, больше по глупости и озорству. Одна — француженка из-под Тулузы — пятнадцатилетняя — возвратилась из Парижа, после того как провела там праздники рождественские, под строжайшим надзором папаши и мамаши, которые в ней души не чаяли и с нее глаз не спускали. Жили в шикарнейшем и вполне приличном отеле. Отец с матерью занимали большую спальню, а будущая приятельница моя маленькую боковую комнату. Спала она страшно крепко, сном здоровой юности, да к тому же еще набегается за день-то, осматривая столицу, и, понятное дело, лежит к вечеру в постели как мертвая. Однажды поутру, на рассвете, просыпаясь, она видит — не то сон, не то действительность: будто кто-то был в комнате и, когда девушка зашевелилась, быстро отступил от нее и ушел в стену. Одевшись, девушка исследует место, где исчезло ее видение,— оказывается, как она и прежде знала, массивная, прочная дверь, под тяжелыми портьерами, из которой торчит весьма величественный ключ. Заперто — и крепко заперто. Она все-таки на всякий случай сообщила сон своей матери. Та сперва обеспокоилась было, но потом, тоже исследовав двери, да вдобавок узнав, что соседом за этими дверями живет господин с герцогским титулом, представитель одной из старейших и богатейших фамилий Франции, человек уже не молодой, занимающий крупный пост, известный в науке юрист-писатель,– успокоилась, что это, мол, тебе приснилось. Ночи две или три затем прошли спокойно, но – накануне самого отъезда вдруг в комнате дочери страшный шум: треск, стук, звон битого стекла... Что такое?.. Бежит мать, бежит отец... Дочь в испуге протирает глаза, смотрит с кровати... Покуда нащупали электричество, зажгли свет... На полу лежит опрокинутый ночной столик, графин и стакан, колпак электрической лампочки – вдребезги, лужа воды... В комнате – никого. Дверь в соседский номер заперта так же массивно и недвижно, как была днем... Правда, портьеры как будто колышутся, но это – растормошили их сейчас, исследуя и обыскивая комнату... Опять решили, что девушка сама виновата – неспокойно спала, задела рукою за столик, опрокинула... Обругали ее, бедняжку,– и конец... "Спи! утром едем!.." В Тулузе девушка начала болеть... Доктора позвали, осмотрел, говорит: "Беременна!.." Вот так сюрприз!.. Понятно, ужас!.. Девку ругают, бьют, пытают: "Сказывай, кто?.." Она ровно ничего не понимает, кого им надо, о ком ее спрашивают,– и только ревет, разливается в три ручья... Словом, обнаружила такую моральную невинность, такое глубокое неведение истины, что даже родительская подозрительность должна была сдаться и прийти к убеждению, что девка погубила себя как-то так, что и сама не знает, и что дело тут очень нечисто и пахнет преступлением. Припомнили каждый день, каждый час, каждый шаг свой в Париже: буквально не было такой минуты, когда бы девушка оставалась без наблюдения либо отца, либо матери, либо вернейших и честнейших приятельниц родителей и хорошей, буржуазной родни. Вспомнили и ночные случаи эти: сон, когда человек в стену ушел, падение ночного столика... Отец отправился в Париж, посоветовался с хорошим адвокатом и по его рекомендации обратился к услугам частного сыскного бюро. Там начальник бюро, когда услыхал историю, только и спросил:

– Не в таком-то отеле было это дело?
– Вы совершенно правы. Именно там.
– Ага! Ну так это – проделка либо герцога N, либо банкира Z... не первый раз они подобные штучки устраивают.
– Да... герцог N был нашим соседом.
– Ну вот. Дочь ваша, очевидно, была систематически усыпляема при помощи отельной прислуги каким-нибудь наркотическим средством, доля которого, весьма вероятно, доставалась и вам с супругою, а затем герцог N проникал в ваш номер и хозяйничал, как желал...
– Что же теперь делать?
– Да ждать внука или внучки... больше вам ничего не остается.
– Я начну процесс и устрою скандал...
– Скандал – это еще куда ни шло. Скандалом, особенно с предупреждением, можете деньги нажить, потому что от скандала он,

герцог, по крайней мере, вероятно, пожелает откупиться. Но процесса не советую: проиграете, и вас же еще потянут к суду за шантаж. Еще – если бы вы в ту пору схватились, а теперь – какие же у вас доказательства?

– Помилуйте, да ведь не от черта же беременна дочь моя! Это только в "Роберте-Дьяволе" такие страсти приключались...

– Конечно, не от черта, но на герцога-то – нет у вас улик, а мужчин и кроме него в Париже довольно.

– Он единственный, кто мог к ней проникнуть.

– Как – единственный?

– Ну да, потому что всякому другому пришлось бы пройти через нашу с женою спальню: комната дочери не имела своего выхода в коридор.

– Вот видите: значит, не единственный.

– Ничего не понимаю. Всякого другого мы с женою должны были услыхать.

– То-то вот и есть, что вы с женою...

– Кто же еще мог?

– Как кто? Да вы же, почтеннейший, вы!.. Добрый тулузский буржуа выпучил глаза.

– Позвольте,– говорит,– соображаете ли вы, что говорите?

– Очень.

– Ведь я же отец?

– Так что же?

– И вы смеете, вы позволяете себе заявлять подозрение...

– Нет,– отвечает ему начальник бюро,– мы-то ни в каком случае вас не подозреваем и верим честности вашей и что – все было так, как вы рассказываете. Но считаем своим долгом указать вам, что в случае процесса вы, со стороны защиты герцога,– а ведь у нас защитник при следственных допросах присутствует и может, при желании, весьма искусно следствие направлять,– непременно встретитесь с этим возражением, и оно вам, что называется, боком выйдет.

– Послушайте! Да разве подобные вещи бывают?

– А то нет? Из какой патриархальной Аркадии вы к нам приехали? Каждый год регистрируют в Париже 15–20 случаев явных... судите же, сколько тайных.

– Но, наконец, тут же мать ее спала.

– Матери в подобных скандалах молчаливы и терпеливы, покуда силы есть выносить,– чтобы большого скандала не было... Да, наконец, разве необходимо будет это доказать? Достаточно пакостного подозрения. Вы своего обвинения на герцога не докажете, а ему на вас и доказывать не надо. Жизнь ваша будет уже одним слухом, одною тенью подозрения испорчена, семья разбита, знакомые от вас отвернутся, если служите, придется со службы уйти, и в городишке своем уж, конечно, не уживетесь: мальчишки начнут пальцами показывать... ну-ка! ловите каждого за уши да объясняйте ему с начала до конца, что вы – несчастная жертва бесчестной клеветы...

— Вы правы.

— Еще бы! Люди опытные.

— Так дайте ж мне совет, как выйти из этого ужасного положения,— хоть какой-нибудь настоящий совет!

— По-настоящему,— говорит начальник бюро,— по-настоящему-то, по-рыцарскому-то, вы, конечно, понимаете, как вам следует поступить...

— Вызвать его на дуэль? Да он не пойдет,— у него предки с Крестовых походов, а я москательным товаром торгую.

— Нет... что же дуэль? Что и кому она докажет? Это — депутатское занятие. В серьезных встречах частной жизни оно никуда не годится. А возьмите вы револьвер по-сквернее, из которого шума много, а убить никак нельзя, да — в возможно более публичном месте и при большем стечении народа — закатите в этого герцога маленькую пульку... так, чтобы сюртук продырявила, ну, кожу поцарапала, а больше ничего. Тогда общественное сочувствие всецело на вашей стороне окажется... Знаете: Виргиния... Аппий Клавдий...

— Покорнейше вас благодарю. Это еще ко всему в тюрьму из-за него, мерзавца,— идти? Ссылкою рисковать?

— Положим, вас непременно оправдают.

— Да скандал-то мой от этого меньше что ли будет?

— Напротив, даже гораздо больше, но у вас будет то утешение, что сделаетесь знаменитостью на всю Европу, создадите cause célèbre[93]. С одних интервьюеров потом сколько денег возьмете...

Подумал начальник и прибавил:

— А впрочем, может быть, и не оправдают.

— Даже?!

— Вообразите себе: а вдруг герцог докажет свое alibi?

— Каким же образом?

— Да — вдруг — он в эти ночи, которые вы подозреваете,— окажется,— не был дома, а где-нибудь в отъезде или просто в игорном доме каком-нибудь, и, значит, тогда к вашей дочери проникал совсем не он, а только кто-то через его комнату... всего вероятнее, какой-нибудь из отельной прислуги. Да и, наверное, докажет. Там ребята тоже не промах — сидят чистенькие. Конечно, все у них уже как по нотам разыграно и подготовлено на всякий случай. Поставьте, значит, на риск и такую возможность...

Поставил отец на риск и — плюнул. Возвратился в свою Тулузу и отправил дочь — носить и рожать — в Марсель к родственнице... А она там ухитрилась в моряка-румына влюбиться и удрала с ним в Аргентину. И очень ее моряк любил, да однажды сильно в карты продулся, так — на отыгрыш — заложил ее на неделю в публичный дом, ну а выкупить-то уж и не пришлось: сам забосячил... Так и пропала моя бедненькая Луизет!

---

[93] Громкое дело (фр.).

XII

Хотя пословица уверяет, будто на ловца и зверь бежит,— однако на отельные авантюры столько охотников, что зверя настоящего, то есть истинных жертв романа,— падающих из общества, буржуазных, кругом порядочных,— и на десятую долю Дон-Жуанов не хватает. Вы можете легко понять, с какою чуткостью и осторожностью должны вести себя посредники в приключениях подобного рода и какие безумные деньги должны они брать за риск свой в случаях вроде того, как я рассказала вам о герцоге N. Разбойничий акт возможно иногда осуществить в отеле, но нельзя превратить его в постоянную систему. Между тем спрос на авантюру непрерывный, усиленный, выгодный. И вот в ответ ему явилась симуляция порядочных женщин в тайнейшей из тайных проституции, о которой, в конце концов, знают только двое: сама торгующая собою и ее посредник. Прислуга может догадываться, соседи могут сплетничать, но уличить фальсификацию очень трудно, и ловец-покупатель остается в отличных дураках, воображая будто он сам кого-то дурачит.

Я уже говорила вам, что есть разряд буржуазных женщин и иностранок, которые, путешествуя, сами ищут отельных романов и приключений. Большинство из них веселится своими мимолетными победами, конечно, совершенно бескорыстно, некоторые еще сами не прочь истратиться. Но есть и такие, что, если не сами находят на мысль о возможности соединить приятное с полезным, то очень легко наводятся на нее и охотно принимают представляющийся случай приработать кое-что в добавку к своим, обыкновенно, довольно скудным средствам. Случай при удаче обращается в привычку, и вот вам готова госпожа, которая — истинный клад для отельных посредников, потому что она — дама с головы до ног и никто не заподозрит в ней проститутку, как и она себя проституткою не подозревает, а между тем торгуй ею на самую широкую руку. Бывают милые провинциалки, которые, таким образом, наезжают в Париж, Ниццу, Милан, совершенно как на отхожий промысел, и после двух-трех недель работы возвращаются к очагам своим почтеннейшими в мире матронами. Затем — кочующие авантюристки. Я могла бы вам назвать путешественниц, объехавших таким же образом, от отеля к отелю, весь свет, не истратив ни единой копейки, напротив, нажив капиталец. Английские авантюристки на континенте тут, конечно, идут в первую голову, но и наших, русских, много. Вы имеете понятие о Порт-Саиде?

— Слыхал, но не был,— отвечал Матвей Ильич.

— И я тоже,— сказал Иван Терентьевич.

— И я не была, но вот эта Мафальда, которая вчера вас так удивила собою, трепалась там и рассказывает, что у них была верная примета, когда приходил пароход с Дальнего Востока, велика будет нажива или нет. Если первыми в заведение являлось офицерство, а потом уже валил матрос,— значит, на пароходе или вовсе не было женщин, или ехала настоящая семейная публика. Если же сразу начинал валить матрос, а офицерство показывалось только потом,– значит, на пароходе были две-три одинокие авантюристки-англичанки ил и русские, которые перекрутились со всею кают-компанией и ласково обобрали ее еще в океане. "И ненавидят же,– говорит Мафальда,– в Порт-Саиде этих госпож!" Еще бы: какой хлеб отбивают! Ведь в Порт-Саиде из нашей сестры, проститутки несчастной, попадают уже такие обноски и лохмотья человеческие, что иную сытому мужчине и показать нельзя: стошнит. На то и рассчитана вся торговля, что после перехода от Сингапура всякая европейская ведьма голодным морякам Венерою кажется: pour un coup[94] золотой платят, да еще и щедро на булавки дают. Между тем к морякам, которые плывут из Средиземного моря, этих женщин даже и выводить не смеют: такой хлам. Ну да вы видали Мафальду, а она из лучших там была: потому и вырвалась еще из ямы этой... Можете судить!

Одну я знала: англичанка была, уже пожилая, но крепкая еще баба, могла нравиться, а смолоду, должно быть, была совсем красавица. Та мне говорила, что она даже не понимает, как это возможно, чтобы красивая женщина платила за отель, за пароход, за железнодорожный билет на дальнее расстояние. Она всю жизнь так прожила. Приезжает в город, берет номер в лучшей гостинице. Высматривает публику. Если есть материал для отельной авантюры, заводит знакомство сама или чрез метрдотеля, которому тонко дано понять, что я, мол, не прочь, а ты старайся – поделимся, внакладе не будешь. Если нет, она выведывает город – и объявляет публичную лекцию. У нее две темы, две засаленные тетрадки, которые она за двадцать пять лет такой жизни не потрудилась даже заучить наизусть, хотя они и поят ее, и кормят, и по свету возят: "О вечных мучениях грешников" и "Телепатические явления и возможность общения с миром усопших". Это – единственное наследство, полученное ею от покойного мужа, какого-то пастора английского, за которым она страшно голодала, потому что его за что-то считали еретиком и он не мог ужиться ни в одном приходе. Теперь она откровенно говорит, что, оставив ей "Вечные мучения" и "Телепатические явления", горемычный пастор обеспечил ее гораздо лучше, чем мог бы обеспечить настоящим наследством тысяч этак в десять фунтов.

"Десять тысяч фунтов я давно прожила бы или любовник выманил бы, а эта белиберда решительно никому не нужна, однако отлично кормит".

На лекциях красавица производит впечатление. Публика у нее, по темам, все возвышенная: духовенство, святоши из аристократии и крупной буржуазии, спириты, оккультисты,– народ, у которого довольно досуга, чтобы заниматься подобными вопросами, а где довольно досуга, там, значит, довольно денег, а где довольно денег, там всегда достаточно праздных мыслей и желаний. Все эти одухотворенные люди ужасно падки на плоть. В конце концов, не бывало случая, чтобы моя прекрасная проповедница не завоевала

---

[94] Одним ударом (фр.).

себе несколько щедрых сердец и таковых же кошельков. Она женщина скромная, то есть не жадная и не честолюбивая, равнодушная к рекламе и крику,– поэтому из нее не вышло авантюристки высокого полета, хищницы, хотя ей представлялись удивительнейшие случаи ограбить большие капиталы, сыграть видную дерзкую роль, нашуметь на все газеты мира. Она любознательна и находит удовольствия в путешествиях, которыми живет, но совершенно бездарна и даже в тетрадях своих ничего не смыслит, хотя повторяет их бесконечно. Если ее втягивают в диспут, она преискусно уклоняется,– если же оппонент человек богатый, приятный и кажется ей рыбкою, способною клюнуть, она с удовольствием позволяет ему разбить ее наголову и так наивно и искренно поражается его гениальною победоносною диалектикою, что вот вам уже и готов новый поклонник из противного лагеря. Недели две-три женщина великолепно сыта, отлично живет, счета ее оплачены, и когда ей надоедает сидеть на одном месте, то уезжает она в лучшем train de luxe с salon bar'ом[95] и в сопровождении какого-нибудь спутника, который за честь почел оплатить ее билет. Такую жизнь она начала двадцати шести лет от роду. Сейчас ей пятьдесят с лишком. Три десятка годов прокатились у нее этим родом, как по рельсам, без зацепки. Была всюду. И в Китае, и в Японии, и в Австралии, и на Мысе Доброй Надежды, даже в Новой Зеландии и на Шпицбергене. И ни под какою широтою и долготою никогда ни за что не заплатила ни единого собственного пенса.

Но все-таки и подобные барыни, и просто приторговывающие путешественницы – единицы, а нужна постоянная поставка. Тут на сцену выступают молодые начинающие актрисы. Положение их всюду в Европе ужасное. В Германии, Франции, Италии – они всюду – сразу как-то и вне общества, и в обществе: никаких прав и все обязанности, ни следа уважения и необходимость вести себя строже, чем все высокоуважаемые. Иначе с тобою станут обращаться, как с открытою общедоступною проституткою, и втопчут тебя в грязь, из которой никаким талантом не выползешь. Сейчас молодые актрисы в Австрии, Германии, Франции сильно работают, чтобы положить грань между собою и проституцией, которую навязывает им общество, потому что и привыкло оно, и выгодно ему, чтобы актриса была проституткою. Если бы это прекратилось, вы подумайте: уже одна военщина какой шанс потеряла бы из прелестей быта своего. У нас в России актрисы уже лет сорок, а то и больше, не знают той непременной зависимости от мужчин партера, которая на Западе повсеместна, и выбиваются из нее только первоклассные таланты, да и то не сразу. Назовите мне какое угодно громкое женское имя европейской сцены, за каждым остается тенью либо аристократ, либо банкир, для которого когда-нибудь ваша великая артистка была только продажною женщиною. В России это крепостное право давно забыто, в Европе оно едва начитает шататься. И – какими еще

---

95 Поезде-люкс с салоном-баром (фр.).

робкими, жалкими средствами, какими компромиссами! Как ни вертись, как ни крепись маленькая актриса австрийской или немецкой сцены, но без туалетов ей, по нынешнему репертуару и требованиям публики, существовать нельзя. Значит, нужен или поручик граф такой-то, или коммерции-советник такой-то, который заплатит за туалеты,– нужно содержанство. А при отсутствии одного поручика и одного коммерции-советника, способного расшибиться на крупную сумму, приходится раздробить содержанство в более или менее крупную проституцию и терпеть весь ее местный позор и огласку. Это не под силу и не по характеру очень многим, и вот в последнее время, так лет пять, может быть, десять, очень заметно для нас новое явление. На французской и обеих итальянских Ривьерах в купальных местах на водах появляются немецкие барышни, живущие обыкновенно очень скромно, не в первоклассном отеле, и находящиеся постоянно в весьма определенном мужском обществе, с такими господами, о которых местным обывателям хорошо известно, что они от платонических ухаживаний далеки и времени с хорошенькой женщиной даром не истратят. Видя такую особу, вы можете держать пари на сто против одного, что перед вами – добровольная героиня отельной авантюры. Она может разыграть роль хоть принцессы и играет ее, обыкновенно, очень хорошо, но в действительности это – почти всегда и без исключений – маленькая немецкая актриса. Пользуется каникулами или тем, что осталась без ангажемента, чтобы в свободное время приработать вдали от родины на будущий сезон круглую сумму денег, способную покрыть ее туалетные расходы, а следовательно, избавить ее и от поручиков, и от банкиров, от всего позора и огласки проституции на месте. Проституция дальняя предпочитается проституции ближней, только и всего. Француженки и итальянки тоже прибегают к этому способу, но реже, главный контингент – немки. Правду сказать, французские и итальянские актрисы еще и сами-то не отделались от взгляда на себя, как на фатальных проституток, и простота нравов в этом отношении между ними удивительная. А знаете, откуда немки взяли примеры подобных гастролей инкогнито? С австрийского офицерства. Там бедный офицер, особенно кавалерист; мощи ему приходится уж очень туго, весьма спокойно берет отпуск по болезни и едет лечиться... в какой-нибудь женский курорт. Особенно – Platensee[96] у них в моде, Левико, Гарда. Возвращаются с деньгами и платят долги. Начальство и товарищи знают – и никого это не шокирует.

– Однако!– засмеялся Иван Терентьевич.

Бельский прибавил.

– У нас такие нравы держались сто лет тому назад. В гвардии при Александре Первом.

– А у них процветают благополучно и при Франце Иосифе. Вообще эта немецкая мораль прекурьезная... Самая требовательная и самая покладистая. Сколько подруг-немок имела я на веку своем,

---

[96] Название курорта (нем.).

которые зарабатывали себе приданое, как половые машины какие-нибудь, до положенного срока и назначенной суммы. Вот, мол, будет у меня двадцать тысяч марок, и я скажу вам – genug und adieu![97] – и уеду на родину в свой Вольфенбюттель, и возвращусь в первобытное состояние, и считайте меня по-прежнему девицей, и выйду замуж за своего Ганса, и буду самою добродетельною и строгою хозяйкою во всем княжестве. Кроме немок, никто так не умеет. Француженки – да, но для этого надо, чтобы кто-нибудь догадался в нее влюбиться и жениться: замужем они буржуазятся превосходно, но готовиться к замужеству в школе проституции – решительно не в состоянии. Это немецкая привилегия. О русских, славянах, итальянках, англичанках я уж не говорю: мы все считаем себя погибшими навсегда, падшими, все грызем себя, все чувствуем свои имена вычеркнутыми из общества. Еврейки пробуют барахтаться за свое достоинство,– у них нервов много, характер, темперамент,– но почти никогда не выдерживают – разве, что из жертвы палачом станет, из товара – продавщицею, из проститутки – хозяйкою... А у немок все это – вот как у австрийских кавалеристов,– точно отпуск: уволена от совести на столько-то лет и месяцев с обязанностью возвратиться в срок. Конечно, обобщать это было бы грешно и несправедливо. Есть немки и немки. И по характеру, и по обществу, и по местности, и по племени. Знавала я и таких немок, которые, толкнутые в наш проклятый промысел, давились в петле или отравлялись фосфором в olio после первого же гостя. Но вот этого явления: порока на срок, пунктуальной отдачи себя как бы в службу черту, я в проститутках других наций совершенно не встречала. И добросовестные они в чертовой службе своей до отвращения.

Помнит одно: сейчас у меня одиннадцать тысяч марок, а мне нужно двадцать, недостает девяти тысяч марок. Одну видела в Константинополе,– с нее и взяла эти двадцать тысяч марок. У нее был календарь, размеченный на пять лет, с обязательством – ежедневно, по календарю этому, откладывать пятнадцать марок, а в праздники, в виде отдыха, только десять. Три дня в месяц она не могла работать, но считала их взятыми взаймы у своей кассы и приходила в отчаяние, если в течение месяца ей не выпадало случая пополнить недостающие сорок пять марок. Как-то раз уговорила я ее:

– Да, будет тебе, Клара! Почувствуй ты себя хоть на один день человеком. Отдохни, подыши воздухом, как все люди,– ну подари мне день, поедем с тобою на Принцевы острова...

Подумала и согласилась.

– Подсчитала что,– говорит,– моя касса имеет сейчас триста марок лишку, значит, она мне должна за двадцать дней,– один день я могу ей простить.

Нас было пятеро, своя компания, мы отлично провели время. Но в ресторане после обеда, покуда мы пили кофе, Клара успела переглянуться с каким-то русским моряком и исчезла. Нашлась

[97] Довольно и прощай (нем., фр.).

только к пароходу. А на пароходе до самого Константинополя изливалась мне в чувствах и в благодарностях за то, как прекрасно провела она день и как она теперь в особенности счастлива, потому что не только получила большое удовольствие от поездки, но теперь уже не мучается за удовольствие это угрызениями совести, которые терзали ее с утра. Моряк заплатил ей турецкую лиру, и, значит, день не только не пропал даром, но, напротив, касса ей должна уже за двадцать один день!.. И скажу вам, господа: Клара была кроткая и, по-своему, очень хорошая девушка, добрый товарищ, ласковая, богобоязненная, и я полагаю, что в глубине души своей она была невиннее всех старых дев на свете,— в своем обществе, между нас, распутных, я никогда не слыхала от нее слова грязного, шутки грубой. Но не было такой мерзости, которой она не позволила бы сделать над собою, если вместо пятнадцати франков ей обещали тридцать: лишь бы касса больше должала и сокращала бы ей назначенный срок.

За актрисами следуем мы, профессионалки, которых, однако, по приличному виду и остаткам образования, можно и не принять за профессионалок, если они о том хорошо постараются. Надо сказать правду, это не особенно часто встречается. Интеллигентные девушки и женщины до самого последнего времени в проституции были сравнительно редки. Притом профессия быстро накладывает свой отпечаток. Интеллигентка, барышня уходит куда-то в туман, на задний план, а проститутка выползает вперед с неуловимыми ухватками и тонами, для которых вы, пожалуй, слепы и глухи, но их превосходно ловит на лету любой полицейский, лакей в ресторане, сыщик, кучер фиакра и своя сестра-проститутка, какого бы разряда она ни была. Ловят, конечно, и те знатоки, ловцы отельных авантюр,— поэтому их какою-нибудь случайною самозванкою, первою встречною мамзелью, не обманешь. Вот почему метрдотель и жалел так, что я, с моею внешностью скромной буржуазки, пропустила такой блестящий карьерный шанс... Черт бы побрал его, этого Бастахова, с его пьяной мордой! Утопил он меня!

Теперь уже не то, совсем не то... Я могу идти с вами завтракать в Кова, куда не пойдет Ольга Блондинка и у подъезда которого не решается показать свою компрометирующую рожу Фузинати. Но меня не достанет так надолго, я утомлюсь, как актриса в трудной роли. Было время, когда мне труднее всего на свете было почувствовать себя и держаться проституткою. Теперь, наоборот, несколько дней подряд в роли порядочной женщины, без уличного словечка, без уличного жеста, без колоды старых карт, без моей кушетки, туфель, без папиросы, которую можно палить по-мужски, без бутылки, из которой можно пить стаканом, по-солдатски,— мне невыносимы. Это грустно, но я должна вас предупредить. Это – то, что повернуло книзу мое колесо, то, почему вы находите меня у Фузинати. Вы, мосье Вельский, вчера предлагали мне совершить с вами маленькое путешествие. Я была бы счастлива, но... прямо скажу вам: стыдно и боюсь. Что вы будете делать со мною, если я прорвусь и компрометирую вас? Бывало это, друзья мои, бывало...

Как мы черти из ада проституции, друг друга иногда узнаем, это – что-то поразительное, инстинктивное, выше моего собственного понимания. Все россказни об однообразных булавках, галстухах, серьгах, брошах, помеченных будто бы одним и тем же знаком, голая сказка чувствительных романов о белых рабынях. Если бы было что-нибудь подобное, нам бы и жить нельзя стало. То и дело нарывались бы на скандалы и попадали в скверные истории. Однажды в Бельгии в курьерском поезде сидела я с тогдашним другом моим, японским художником, и его двумя приятелями в вагоне-ресторане. Один из ближних столиков заняла чопорная благообразная старушка в седых буклях, в дорогих черных шелках, и при ней барышня лет шестнадцати: красивое, здоровое созданье, кровь с молоком, датчанка или норвежка, с коровьими глазами и бюстом, как бастион. Пригляделась я к ним и спрашиваю своих спутников:

– Скажите, господа: кто такие, по-вашему, эта старая дама с барышней?

Один говорит:

– Какая-нибудь католическая маркиза взяла внучку из монастыря и везет домой, в деревенский замок, на каникулы.

Мой японец поправляет:

– Нет, это не внучка, а лектрисса. Для внучки у барышни руки грубоваты. Она еще недавно знала черную домашнюю работу.

Третий:

– Не знаю, католическая ли это аристократка. В ней есть что-то Рембрандтово. Такие головы попадаются среди именитой антверпенской знати. Это попечительница какой-нибудь религиозной общины и при ней послушница.

А я:

– Все вы трое попали пальцем в небо. Это – сводня, купившая в Антверпене с парохода свежую девушку, и везет она ее в Париж по поручению или перепродать.

Они меня подняли на смех, даже обругали… Но я стояла на своем.

– Да почему ты так думаешь?

– По тому, как она рюмку взяла, когда гарсон ей ликеру налил…

И что же? Приезжаем мы в Брюссель. Гляжу в окно – на дебаркадере ждет самолично известный парижский посредник, мосье Клод. Узнал меня, раскланялся.

– Кто это? – спрашивает японец. Я объяснила.

– Ну вот, это другое дело,– говорят художники.– Этому верим. Это так. У него и рожа такая. Un vrai laquais endimanché[98].

Но – доехали мы до Парижа. Выходим, и – что же? Из соседнего вагона лезет эта самая маркиза с внучкою или лектриссою, и мосье Клод почтительнейше поддерживает ее под локоть и передает носильщику ее чемодан… Так и ахнул мой японец. Я его тогда на бутылку шампанского оштрафовала: не спорь!

---

[98] Истинно разряженный лакей (фр.).

XIII

После завтрака у Кова хороший городской автомобиль, взятый на площади del Duomo, помчал двух русских и Фиорину по Милану и вокруг Милана. Фиорина называла им главнейшие здания и некрасивые окрестности столицы плоской, болотной Ломбардии. Так незаметно докатились они до Монцы, побывали в парке и поехали обратно в город.

– Хорошо!– говорила разгоревшаяся Фиорина,– за городом свободною себя чувствуешь... Точно из клетки убежала... Этак бы всю жизнь...

– А что, если бы вы в самом деле убежали? – спросил Иван Терентьевич, посасывая сигару свою.

Фиорина пожала плечами.

– Куда? – позвольте узнать.

– Ну да вот, мы завтра уезжаем в Монте-Карло. Хоть бы с нами...

Фиорина засмеялась.

– В России это, кажется, называется ездить в Тулу со своим самоваром?

– Да я ведь не в самом деле,– смутился москвич,– я для примера.

– Ах, для примера! Ну похищать меня для примера я вам не советовала бы. Потому что в первом же городе, где я, беглая, остановлюсь, меня великолепно арестуют как воровку. Не забывайте, что все, на мне надетое,– платье, шелковое белье, шляпа, украшения, брошь, браслеты, даже обувь,– принадлежит Фузинати.

– Однако сегодня он совершенно не следит за вами,– не то, что вчера.

– Да что же ему следить? Вчера его интерес был, чтобы я не удрала от его агентов работать на сторону, ему в убыток. А сегодня – зачем? Все выговорено и условлено. Свое он – часть получил, часть – знает, что получит, а – если бы, pardon, вы оказались мошенниками и не заплатили,– то напишет на меня, да еще и с огромными процентами, новый долг, который вытянет из меня до последнего сантима. Не считая уже того удовольствия, что получит право сделать мне сцену, во время которой он будет орать, а мы с Саломеей должны будем молчать, потому что виноваты. Это развлечение его любимое, но не часто ему достается, потому что без толку оскорблять себя мы не позволяем, а он нас боится. Меня – за то, что я, какова ни есть, а все-таки, хоть в остатках, синьорина. А Саломею – за то, что если она войдет в бешенство, то в доме ни одной целой вещи не останется, и усмирять ее нужен взвод карабинеров. Саломея – ангел характером, если с нею хорошо обращаться, но если ее обижают, а уж в особенности, если меня обижают, то от ее кулаков и ногтей убежит и сам сатана... Фузинати решительно не о чем беспокоиться до завтрашнего утра... даже до вечера. Вот если бы завтра вечером меня не оказалось ни дома, ни в галерее, и я не дала бы ему знать о продлении моего, так сказать, ангажемента,– это, доложу вам, поднялась бы история.

Со мною вы можете быть спокойны: я за ваше предложение не уцеплюсь,– продолжала она, между тем как автомобиль катился между стволами еще голых платанов. Но вообще позвольте вас предупредить: русскую жалостливость к нашей сестре за границею нужно спрятать в карман. Или, по крайней мере, если не спрятать, то применять ее с большою осторожностью. "Как дошла ты до жизни такой?" – здесь, на девяносто процентов, вопрос праздный, потому что ответ будет простой и постоянный: "Самым обыкновенным образом: работницею я заработала бы полторы лиры в день, служанкою –лиру, а проституткою – худо-худо, если десять-пятнадцать лир". У вас там, в далекой России, еще ищут извинительного предлога: житейского или любовного несчастия, чтобы броситься в проституцию: дескать,– хоть червем, да жить, не в омут же головою! Здесь это уже гораздо проще. На проституцию смотрят прямо, как на промысел, доходнейший других, и в весьма многих крестьянских и мещанских семьях, где много дочерей, вы услышите совершенно спокойное и откровенное распределение: "Джузеппина старшая, она получит в приданое виноградник,– значит, выйдет замуж, будет хозяйкою и останется в деревне, при земле. Андреина и Кьяра тоже получат свои части и не останутся без женихов. Белла и Мария – красавицы: им приданого не надо,– только надо стеречь их, чтобы какой-нибудь мерзавец не испортил, а то богатые женихи оторвут их у нас с руками за красоту. Франческа некрасива, зато сильна, как вол, и хорошего характера, понимает хозяйство и любит работу: клад для одинокого бобыля, которому не под силу его участок, либо, наоборот, для вдовца, у которого дети еще не в рабочем возрасте. А Лоренца, Сидония, Марта – и не очень красивы, и слабого сложения. Они должны идти в город – искать работы на фабриках, по мастерским, в услужение к господам, либо far Pamore"[99]. И как скоро такое семейное распределение установлено, все в нем видят самое естественное дело и принимают его как рок какой-то. Настолько, что, скажем, окажись вдруг в интересном положении Джузеппина или Белла, их измучат, истерзают, проклянут, дому позор, отцу и матери отчаяние, а Лоренце, Свдонии, Марте грех совдет с рук, как ни в чем не бывало: разве обругают для приличия, а то – что же? Не все ли равно? Не сегодня, так завтра, девушки обречены far Pamore,– значит, в себе вольны...

– Вы говорите о низших слоях этой профессии,– заметил Матвей Ильич.– Неужели и выше то же самое?

Фиорина подумала.

– Я, право, не знаю, что вам на это сказать. В Италии вообще женщина высших слоев и женщина из простонародья разнятся между собою гораздо меньше, чем у нас либо в Германии, по-моему, даже, чем во Франции. А уж в нашей-то профессии – смешение полнейшее, и табели о рангах никакой. Кто больше зарабатывает, вокруг которой больше мужчин, та и первая, хотя бы она еще вчера гнула спину и

---

[99] Заниматься любовью (ит.).

мозолила руки на рисовых полях, а подруги ее были – падшие принчипессы какие-нибудь. Этого парижского деления от жалких pieurreuses[100] до великолепных grandes panaches итальянская проститутка почти не знает. Grandes panaches здесь – это уже полупроституция: главным образом, вторые актрисы, дебютантки, вообще девицы, вертящиеся вокруг искусства, но не для искусства, а пробы ради, как судьба сложится: вывезет талант, встретит меня успех и удача,– буду артисткою и сделаю себе имя; нет,– буду торговать собою из-за кулис, под вывескою сцены. Повторяю вам: какое бы громадное сценическое имя в Италии вы ни назвали мне, на каждом есть в прошлом пятно от того или другого соприкосновения с проституцией. Только в опере этого меньше, потому что там другой товар налицо – голос. Да и то – если певице начинает сразу везти и она с места в карьер попадает в примадонны. А посмотрите-ка, чего стоит маленькой вырасти и перейти в большие. Балет же, оперетка, фарс, легкая комедия, кафешантан, цирк – все это полно проститутками в вуалях искусства до такой степени, что, знакомя вас даже с знаменитостью опереточною, человек из приличного общества непременно предупредит:

– Несчастная девушка. Смею вас предупредить: она вполне порядочная и из хорошей семьи... Приходится заниматься таким ремеслом... фамильное несчастье...

Италия, кажется, богаче всех стран Европы классом маленьких буржуа, piccoli borghesi[101]. В ней мало крупных капиталов и предприятий, но множество маленьких и средних торговых дел, которые возникают и лопаются, как пузыри. Затем, прогорев, семья этакого piccolo borghese распадается. Старики философически запираются с уцелевшими крохами состояния кончать жизнь в каком-либо медвежьем углу родной провинции, где можно жить на лиру в день, питаться маисовою полентою и кислейшим вином по сольду пол-литра; мужская молодежь уплывает искать счастье в Бразилии и Аргентине, а женская – выбрасывается в Милан или Рим и становится либо прямо проститутками, либо проститутками после того, как хорошо нажглись на разных пробах женского труда, либо, наконец, проститутками под видом и предлогом какого-нибудь женского труда. Половина не половина, но наверное треть товарок моих – дочери или сестры мелких банкротов. Да оно и понятно. Ни на какой интеллигентный труд они неспособны, потому что совершенно невежественны,– и настоящим-то интеллигенткам в Италии покуда хода нет и некуда приложить силы свои! А для черного труда – слишком барыни. Ну и несут в общество на продажу тот непременный товар, который природа дала: самих себя.

Из проституток этого типа много насчитаю вам таких, которых можно назвать полувольными. Это – либо красивые девушки, почему-либо засидевшиеся в невестах до отчаяния когда-либо выйти

---

[100] Проститутки (фр.).
[101] Мелкие буржуа (фр.).

замуж, либо обманутые невесты. Опять-таки вряд ли где-нибудь число плутов-женихов и обманутых невест больше, чем в Италии. Тут, конечно, солдатчина на первом плане. В итальянском простонародье и среднем сословии развит пренелепый обычай жениховства. Редкий парень уходит на военную службу, не обменявшись честным словом или не обручившись формально с какою-либо девушкой. Затем она открыто считается его невестою,— стало быть, для всех других парней неприкосновенною. На невесту свою он имеет все права мужа, кроме одного, главного: до свадьбы он должен довести ее невинною. Казалось бы, чего уж лучше девушке — получить этакого заинтересованного хранителя? На самом же деле получается прескверный мужской разврат и гибель множества девушек. Отпуска солдат-женихов домой на побывку это,— я и сама наблюдала, и десятки подруг говорили,— амурный кошмар какой-то. Во-первых, конечно, то требование — относительно блюстительства за невинностью — исполняется только добросовестными, а их немного. Во-вторых, добросовестные распоряжаются со своими красавицами, пожалуй, еще того хуже. Понятие невинности принимается в этой среде самым грубым образом, в анатомическом символе,— вы, надеюсь, меня понимаете. Значит, лишь бы в этом смысле все обстояло благополучно, а затем — нежничайте себе, как вам угодно. Примите в соображение темпераменты южные, примите в соображение, что невесты — деревенские дурочки либо полудикие мещаночки маленьких патриархальных городков, а женихи к ним приходят развращенные казармами и улицами Турина, Милана, Рима, Неаполя. В конце концов, жениховство превращается черт знает во что! "Невинная" невеста доходит к венцу, обученная всяким противоестественным штукам и фокусам и очень часто уже больная чем-нибудь, если не вовсе скверным, то, во всяком случае, не похвальным. А — что нервных недомоганий и заболеваний приносят подобные отношения! Какие женские недуги бывают последствием этих жениховств!— трудно и рассказать. Вот пробудет этакий гусь в отпуску свои 28 дней, развратит за это время невесту свою до состояния совершеннейшей, как теперь говорят, демивьерж и уходит обратно в полк. А свято место пусто не бывает: глядишь, на его очередь — к девушке, раздразненной и неудовлетворенной, втихомолку подбивается какой-нибудь заугольный конкурент, не связанный уже никакими обязательствами. Это до такой степени обыкновенно, что в каждом городе, в каждой деревушке вам покажут местного Фоблаза, специалиста ловить момент — утешать покинутых невест. Девушка барахтается немного против соблазнителя, но, в конце концов, горячая кровь берет свое,— к тому же жених обучил ее таким отношениям, при которых последствий не бывает. Начинается сближение и — так как на новом герое никаких обязательств не лежит, то, конечно, вскоре открываются последствия. Беременная девушка в маленьком буржуазном местечке — несчастнейшее существо в мире, а впереди грозит расправа разъяренного жениха, который менее всего на свете думает о том, как он сам дрессировал невесту свою к непременному падению, а, напротив, хвастается, насколько он был воздержен и благороден, но она – подлая, развратная, потаскушка... И вот девушка либо сама удирает, либо какая-нибудь сердобольная бабушка-тетушка ее отсылает в большой город – скрыть стыд. Ну а здесь, при той школе предварительного разврата, при том убийстве именно стыда-то, которым обработал ее почтенный кандидат в супруги, разве долго свертеться? Капканы-то направо и налево стоят... Есть у меня одна. И ребенок – женихов, и жених не отказывался грех покрыть, а она все-таки у Фузинати очутилась.

– С чего же ты это, дура ты неестественная?

– Да, они меня заперли: скучно стало. Девять-то месяцев в одиночку сидеть.

А это, правда, есть такой обычай в северной Италии: беременную девушку держат в ее комнате строгою одиночкою до самого разрешения от родов,– там ее и кормят, как узницу; если надо выйти, Боже сохрани, чтобы она повстречала не то, чтобы кого-нибудь чужого, но даже своих домашних мужчин.

А о женихе говорит:

– Если бы он еще скоро службу кончал, а то еще три года, да на вторичный срок его сманивают остаться. А я себя теперь узнала. Я не хочу так долго ждать. Молодость-то одна.

А другие ждут по пяти, по восьми, по десяти лет! Обручатся в семнадцать, замуж выходят под тридцать. Знаете, конечно: нигде нет таких старых старух, как в итальянских деревнях,– все восемьдесят-девяносто лет, а то и все сто. В чем бы душе держаться, а она еще работает и никогда ничем не болела вообще, а о существовании женских болезней и нервов только от правнучек узнала. Спрашивала я одну такую:

– Скажите, бабушка, отчего это вы и все ваши ровесницы – такие богатырки, а нынче, что ни женщина, то нездоровая?

– А это,– говорит,– внучка, от двух причин: от Америки и от воинской повинности. Америка и солдатчина лишают девушек женихов и выходят они замуж перестарками, рожают трудно, после родов болеют, кормить сами не хотят, от вторых, третьих родов бегают, как от галер, средства принимают... оттого и старухи прежде времени. Я замуж пятнадцати лет вышла, с мужем-покойником сорок годов прожила, двадцать две штуки детей принесла и только на шестьдесят первом году перестала себя женщиною чувствовать, старость подошла и знак дала, что будет мол! исполнила свое! И вот сейчас мне семьдесят восьмой год, а я по дому ворочаю всякую работу не хуже любого мужика. А внучка у меня в невестах семь лет просидела, покуда жених в Аргентине капиталы сбивал,– приехал оттуда хромым бесом,– проверяй его, отчего охромел,– говорит, будто ревматизм... Пятый год женаты, один ребенок – девчонка хиленькая, гниленькая, а больше – ни-ни-ни! Закаялись! Да оно и впрямь, пожалуй, лучше, чем этакое увечье родить. А он-то – хворый, кашляет, а она-то – хворая, кровью истекает и каждый месяц ноги у нее отнимаются то на три дня, то на пять. Тридцати годов бабочке нет, а уже старуха в морщинах,– и лицо – как земля.

Хотите, я дам вам верную примету тому, попала ли итальянка в проституцию, как в промысел или по несчастию? Это надо соображать по мере ее красоты. Если красавица,– наверное, по несчастию: свихнулась как-нибудь, бедняжечка. Если только недурна собою, а то и некрасивая, даже уродливая,– промысел.

– Казалось бы, что скорее надо ждать наоборот,– заметил Матвей Ильич.

Фиорина сделала итальянский отрицательный жест указательным пальцем пред лицом своим.

– Нет. Красота итальянских женщин – большой всемирный предрассудок. Правда, что в Италии вы можете встретить время от времени всесовершенную красавицу, но общий уровень женской толпы, мало сказать, средний, а ниже среднего. Куца же сравнить с Парижем, с Веною, с Будапештом. Там, наоборот, исключительная красавица – редкость, но весь уличный тип, средняя женщина – прелесть. Опять-таки говорят, что когда-то итальянская толпа была молода и красива. Не знаю, куца это девалось, но сейчас она старая и чахлая. Должно быть, молодость и красота тоже уплыли в Америку, куца, к слову сказать, и песни ушли, и мандолины. Сейчас Италия молчит. Красоту женскую здесь любят и ценят по-прежнему, но ее нет, и потому, когда она расцветает, как нечаянная роза среди опустошенного сада, ее берегут в сто глаз и за нею ухаживают, как за мечтою. Чтобы красавица не нашла себе хорошего мужа, надо какое-нибудь совершенно специальное препятствие, не зависящее даже от ее материального положения. Я могу показать в Генуе на рынке торговку, мать красавиц-дочерей, из которых две замужем за богатыми англичанами, а третья – за знаменитым художником-французом; растет четвертая и – Бог знает, кого она поймает, русского князя или какого-нибудь из своих принчипе, потому что хороша уже, как молодая чертовочка, даром, что мать ее водит в тряпках. "Сестры Рондоли" – знаете, есть такой рассказ у Мопассана – только тем грешат против правды, что Мопассан изобразил их красавицами. Красавицу буржуазная семья, как Рондоли, никогда в промысел не пустит. Это – брачный товар. Если проститутка – красавица, знайте заранее, что это дочь какой-либо опозоренной семьи, которую даже чужая сторона не могла избавить от погнавшейся за нею дурной славой. Либо – жертва одной из любовных трагикомедий жениховства, о которых я вам рассказывала. Либо – старая дева, которая, любуясь собою в зеркало и разбирая женихов, доважничалась до того, что молодым – стара, за старика – не хочется, и вот, пожалуйте, ползут роковые годы, не угодно ли делать прическу святой Екатерине? Беснуются они на переломе этом,– ну и свихиваются, а раз свихнулась, что же ей себя жалеть-то? Грех, так уж грех до конца, покаюсь, мол, уж за все сразу вместе, но, по крайней мере, остаток молодости проживу в свое удовольствие. Словом, красавица в проституции – случай, недоразумение.

121

Деревня выгоняет на городскую улицу своих слабейших, которые ей не пригодны как работницы, но в городе, покуда улица не надорвет их работою или развратом, они оказываются сильнейшими и самыми свежими. Мужчины юга – пребольшие-таки скоты. Когда-то они, говорят, рыцарями были, но это, должно быть, давняя история и, во всяком случае, к нашей сестре они без всякого рыцарства подходят. Русский, англичанин, даже немец всегда норовят, даже у проститутки, сочинить себе что-то похожее на любовь, иллюзию красоты выдумать. Здесь – ничего подобного. Знаете, как итальянец определяет красивую женщину? Blonda, grande, grassa – блондинка, большого роста, жирная. И какая бы морда ни подошла под эти три условия, у нее будут поклонники, смею вас уверить. Красота – последнее, что от нас требуется. Над мужчинами, которые ищут проституток-красавиц, товарищи их даже смеются, как над идеалистами, и даже, простите меня, как над... недостаточно сильными мужчинами: какой же, дескать, ты самец, если даже продажною женщиною не можешь овладеть без возбуждения красотой? Нигде мы не чувствуем себя живыми машинами пола в большей мере, чем на Средиземном юге. Ну, и только действовала бы машина, а раз действует, то эстетические соображения – второстепенность, это – для прихотников и расточителей, швыряющих деньги, как сор. Вы видели вчера Мафальду. Как вам показалось это чудовище? Однако у нее есть свои гости, и между ними я могла бы назвать несколько крупных коммерсантов, с годовым доходом в десятки тысяч франков, которые идут к Мафальде, а не к... ну, хотя бы к Ольге Блондинке, которую вы тоже знаете, только потому, что Ольге надо заплатить двадцать франков, а Мафальда довольна будет и десятью. Я вам искренно говорю: нет такой противной женской твари, которая не могла бы торговать собою в этой стране красоты и не нашла бы покупателей. А если бы вы видели, какими прелестницами обслуживаются провинциальные итальянские городки. То, что Милан, истаскавши до совершенной непригодности, вышвыривает вон, как грязную тряпку, подхватывают Александрия, Тортона, Брешия. У меня во Флоренции была девчонка на посылках: горбатая, косая, хромая, с рожицей обезьяны и в копне грязнейших волос, из-за которых и пришлось ее уволить, потому что вечно я боялась, что с нее переползет на меня зверюка какая-нибудь. Прошло пять лет, и я встретила мою Миреллу в галерее, одетую, как барышня. Оказывается, что все эти пять лет она "работала" в Эмполи,– это маленький городишко в Тоскане, узловая станция от Пизы на Флоренцию и Сьенну,– и настолько нажилась, что вот, слава Богу, выходит замуж за альбергаторе и открывает вместе с ним свое собственное заведение. А Эмполи, к слову сказать, как вся эта часть Тосканы – холмы Сьенны и Val d'Eisa[102] славится красотою своих женщин и чувствительностью своих мужчин. Что поэтов оттуда вышло! художников! артистов!.. То-то вот и есть. Все эти здешние Ромео таковы. Серенаду поет пред окнами Джульетты, а,

---

[102] В долине Эльзы (фр.).

напевшись, отправляется far Pamore к Мирелле и нисколько не смущается тем обстоятельством, что у нее одно плечо выше другого и одна нога короче другой, и не только на Джульетту, но даже на человеческое существо-то она еле-еле похожа... Как в них все это совмещается,– сколько лет с ними живу и путаюсь, не пойму. Должно быть, надо особую душу иметь.

XIV

– Скажите, Фиорина,– начал Матвей Ильич, когда автомобиль остановился на Corso и высадил седоков своих у лучшей миланской Tea Room[103].– Скажите, Фиорина: вот вы отрицаете возможность широкой организации торговли проститутками, а между тем об этом сейчас все говорят и пишут; в Америке – это парламентский вопрос, разоблачаются целые тресты...

– Я в Америке не была и не знаю, как там. Читать в газетах и слыхать приходилось ужасы. Да я и для Европы не отрицаю совершенно сообщества и соучастия торговцев живым товаром, но одно дело – сообщество, хотя бы самое широкое, а другое – коммерческая организация, синдикат, трест, как вы говорите.

– Однако вы сами говорите, что огромное большинство торговцев живым товаром и агентов их знают друг друга?

– Боже мой! да какой же колбасник не знает, кто держит колбасную лавку в соседнем городе? Разумеется, знают. И сообщаются между собою. И женщинами меняются. Но все это не в грандиозных размерах, как пишут брошюрки и романы о белых рабынях, а самым что ни есть мелкобуржуазным манером – в тесной клиентуре, по соседству. Самые большие и широкие организации нашего дела я ввдела,– вы их знаете,– в России, в Петербурге. Здесь все это гораздо чаще, но мельче,– поставлено гораздо уже и теснее, по-мещански. Относительно же Америки у меня, когда я слышу, возникают сомнения вот какого свойства. Что торг туда девушками существует и большой, это несомненно. Но так ли он многотысячно велик, как о том рассказывают и пишут, этому – трудно верится. Уж очень огромен должен он быть для надобности в трестах, а между тем лишь очень дробно может он быть обслужен. Капли, конечно, делают дождь, но – сколько же нужно капель! Притом, когда капли делают дождь, он становится заметен, а дождю, о котором мы говорим, именно то и надо, чтобы остаться незаметным. Не думаю также, чтобы он снабжен был миллионными капиталами, как не думаю, что из него возможно быстро сделать миллионный капитал. По-моему, и сколько могла я наблюдать, это дело типически розничное и выгодное только в маленьких размерах и для прибыльщика небольшой фантазии, рассчитывающего нажить на затраченный

---

[103] Чайная (англ.).

скромный капитал процент далеко не сверхъестественный, но больший и скорейший того, что он в состоянии сделать на месте. Миллион всегда найдет себе помещение и более приличное, и более доходное. Если миллионер зафрахтует несколько пароходов просто для перевозки гальки с итальянского морского берега в Аргентину, где камень – ценность, это ему, без всяких неприятностей, рисков, больших предварительных затрат, даст гораздо большие шансы, чем заокеанский женский рынок.

– Не понимаю, почему?

– По самой простой причине: вы посчитайте, что стоит доставить девушку в Аргентину, не говоря уже о расходах по ее приобретению или заманиванию – словом, до парохода. Подобный товар ведь эмигрантским порядком не повезешь, иначе он в таком виде придет, что не найдет потребителей. Надо хорошо везти, хорошо кормить, хорошо одеть. Торговля запрещенная, за нею следят. Какие бы добрые отношения ни были у агента с пароходной компанией, ни один капитан не согласится принять на свой пароход настолько значительную партию женщин, чтобы она производила впечатление стадное – живого товара. Да если бы и согласился, это значит – иметь в каждом порту полицейские скандалы, которые – даже в том случае, когда будут кончаться благополучно,– обойдутся дьявольски дорого. Вообразите себе, что вы везете пять женщин, ну, десять, из которых каждая обошлась вам со всем: с ее приобретением и перевозом, даже только в две тысячи франков. Это я кладу самое малое. В Буэнос-Айресе вы должны будете или поручить их другому комиссионеру, или быстро сбыть. В том и другом случае вы теряете. Быстро сбывать – дешево отдать, поручить комиссионеру – уступить ему львиную долю прибыли. Ждать цен – трудно: живой товар не только ест и пьет, но и помещение ему нужно пристойное, и одевать его надо так, чтобы не ударил лицом в грязь. В конце концов, если за каждую женщину агент выручит 3000 франков, а это цена превосходная, то барышей он возьмет франков 500,– не более, а скорее и чаще,– менее. На пять, на десять женщин это составит от двух с половиною до пяти тысяч франков. Барыш как будто и недурной, но ведь это же, с возвращением, составит почти два месяца тропического путешествия и всяких рисков, не исключая желтой лихорадки. И сколько таких рейсов можно сделать в год? Ну три, ну четыре... ну, значит, заработок в десять, в двадцать тысяч в год. На маленький капитал – чего лучше желать, но разве это лестная приманка для миллионера?

– Однако в старину наживались же миллионы торговлею невольниками!

– Да, когда их можно было возить если не тысячами, то сотнями, причем на них не надо было ничего тратить в переезде, потому что они, как товар, сваливались в трюм. Этот двуногий скот, вероятно, приносил своим хозяевам выгоды много больше, чем четвероногий, которым и сейчас торгуют люди через Атлантический океан и тоже наживают миллионы. Потому что стоил он на рынке дороже, а места в трюме занимал вдвое или втрое меньше. Есть большая разница

124

между тем, чтобы привезти на рынок тысячу рабов и получить за каждого из них по тысяче франков, и тем, чтобы привезти на рынок десять рабынь и получить за них даже по десяти тысяч франков, а таких цен не бывает никогда. И то, что я вам раньше-то считала, все брала очень широко и в преувеличениях.

– Странно! Читать приходилось совсем не то...

– Я знаю. Но подумайте сами. Жертвы международной торговли живым товаром – кто такие? Девушки из народа, с низов, так сказать, по преимуществу. Красавиц между ними очень мало вообще, а в международных транспортах в особенности, по тому же самому правилу, что я вам об итальянских проститутках говорила: если красавица, чем замуж выйти, продажною станет, так ее совсем не надо возить на рынок куда-то за тридевять земель в тридесятое царство. Она свою цену и в ближайшем большом городе оправдает. Значит, можно установить как общее правило: это – товар для массы, низший сорт. Что может заработать такая девушка в сутки? Двадцать-тридцать, ну сорок франков при особенном, праздничном счастье, ну вот там теперь юбилей и выставка, скажем – даже пятьдесят. Так, если хозяин платит за нее агенту 3000 франков, это значит: он, самое меньшее, даже при исключительном счастье торговли, два месяца должен возвращать только затрату свою, не считая того, что женщина обходится ему содержанием. А в большом портовом городе,– ну-ка, кто поручится, что привозная проститутка, два месяца спустя по приезде, не очутится уже в больнице? Учтите характер рынка, цены и риск и увидите, что 3000 франков – сумма, которую, поклонившись, берут. Так что эти легенды о громадных деньгах, которые будто бы платятся за привозных белых рабынь, надо оставить. Это все равно – как прежде про Англию шла такая слава, что там какие-то лорды тратят безумные капиталы на то, чтобы покупать невинных девушек. Они и есть, и тратятся, но не так их много, и не так они безумно щедры, чтобы им принадлежал рынок. Если бы оно было так, то, я вам скажу, по-моему, надо было бы спасибо сказать, что оно так, а не хуже. Потому что, когда развратнику нужно истратить сотни фунтов стерлингов на то, чтобы купить невинность и гарантировать себя от судебных последствий, это еще половина горя для страны. А вот когда невинность сама предлагается к продаже за маленький золотой, как я в России видела, или за гинею, как вы можете в Уайтчапеле в любое время получить,– это чудовищный показатель, от которого не отделаешься рассуждениями ни о психопатии тех, кто покупает, ни о корыстности и порочности тех, кто продается и продает. Тут нищета работает, а – где много нищеты, разврат и не дорог, и становится общепринятым. Из предложений нищеты и растущего спроса на разврат выползает местная проституция, туземная. Ее конкуренцию тоже учитывать надо. Вон – читала я в газетах: немецкие проститутки митинг собрали и постановление вынесли – ходатайствовать, чтобы иностранкам было запрещено промышлять в Германии. Уж правильно ли, нет ли ходатайство, но, конечно, иностранки и туземные всегда друг другу мешают. Иностранка завидна туземным потому, что идет на рынке дороже, но настоящую свою высокую цену и иностранка, при туземках, взять не в состоянии. Потому что,— скажем,— когда есть выбор между пятью франками и франком, то пять франков еще иногда побеждают франк, но, если выбор между франком и десятью, то побеждает всегда франк. В Буэнос-Айресе местная проститутка идет с гостем за пезету (98 сантимов). При такой конкуренции – может ли очень дорожиться проститутка привозная? Конечно, нет. А если нет, то дешевеет и она для хозяина, как закабаленная невольница, превращается в дешевый товар. Пятифранковиками-то три тысячи франков не скоро выберешь. За пятифранковым-то гостем погоняться надо, а то он к пезете уйдет.

– Вы опять говорите о низших классах проституции,– прервал ее Иван Терентьевич.– Но ведь в так называемых аболиционистских романах героиня – всегда интеллигентная девушка – гувернантка, лектрисса,– обманом затянутая в сети торговцев... Ведь не можете же вы сказать, что этого не бывает?

Фиорина возразила:

– Что это бывает, тому наилучшее доказательство – я сама. Бывает – и гораздо чаще, чем думают. Но опять-таки, с полной искренностью и даже с самообвинением, скажу вам, что бывает не так, как думают. Тут возможны два случая. Если сбившаяся с пути истинного интеллигентная девушка, под влиянием угроз, соблазнов, собственного раздумья и расчета, соглашается торговать собою,– вот как я согласилась,– то купцам живого товара нет никакого расчета делать из нее рядовую проститутку, а гораздо выгоднее превратить ее в оброчную статью, на положении, что называется, "камелии": устроить ее содержанкою к богатому человеку, обязав сперва срочными векселями, либо – так, как меня держали в когтях наши питерские ведьмы, Рюлина и Буластиха,– эксплуатировать бережно, дружественно, на спрос богатого и тонкого разврата. Но если такая девушка энергично держится за свою добродетель и не может быть обращена в проститутку высокого разряда, скажем, в Милане, то я не знаю, какой расчет ее собственнику тащить ее в Буэнос-Айрес? Риска с такими привилегированными пленницами для торговца вдесятеро больше, расход на них тоже много значительнее, а в конце концов, он должен сбыть ее не только, как рядовую проститутку, но еще и куда-нибудь в глушь, далеко от центров и возможности обратиться к консульской защите,– следовательно, лишь бы взяли, за – что дадут. Исключения, конечно, возможны и, может быть, бывали. Однако я – жертв обмана и жульничества, падших по насилию сводников и коварству сводниц, среди подруг моих знаю сотни и сама такова; но в благородную проститутку-узницу, насилуемую изо дня в день десятками гостей чуть не целые годы и, по очереди, чуть ли не во всех странах Европы и Америки – я, должна сознаться, очень плохо верю. По железным дорогам Европы и на ее пароходах кота в мешке тайно не провезешь, клетку с птичкой скрыть нельзя. А ведь если верить романам, то чуть ли не с каждым поездом везут какие-нибудь злодеи какую-нибудь узницу. Да ведь разинь только рот узница – крикнуть и позвать на помощь,— злодеям-то из вагонного окна или через борт прыгать надо, потому что публика растерзает их судом Линча.

Она подумала и оговорилась.

— Есть в Европе одно исключение: Константинополь и весь ближний Восток. Там, благодаря тайне гарема, действительно, черт знает, что можно делать с женщинами, и торговец живым товаром плавает там, как рыба в воде. В особенности часто страдают от проходимцев этих русские еврейки. Это — вечная история: является в Белую Церковь, или в Шполу, или в Умань какой-нибудь молодчик заграничного воспитания, в венских костюмах, столь модный, что уж и на жаргоне даже не говорит, тянет время в городке, будто обделывает какой-нибудь гешефт, а сам приглядывается к девицам покрасивее и, наконец, которой-нибудь делает предложение. Обыкновенно намечает так, чтобы у невесты сестра была тоже недурна собою. Затем — или предсвадебная прогулка, или свадьба и свадебное путешествие. Молодой супруг — такой добрый — не хочет разлучать двух любящих сестер, великодушно соглашается, чтобы младшая приняла участие в их поездке, берет расходы на свой счет: богач же! большой пуриц! Провожают его из местечка за границу, как царя Соломона во всей славе его... Затем об отъехавших ни слуху ни духу. А месяца через три-четыре родители узнают, что их дочери чудесно проданы в "гарем" в Смирне, Бруссе, Каире, Александрии, и — присылайте денег на выкуп! "Гарем" — это пустяки. Может быть, когда-нибудь и было, но давно. Нынешние турки осторожны с франками и путаться в темные истории не любят. "Гаремы", в которые попадают эти жертвы несчастья, просто публичные дома с восточною физиономией — для туристов, достаточно доверчивых, чтобы в обстановке "гарема" заплатить тысячу франков за женщину, которой, без этой обстановки, он не согласится дать и двадцать. Фиорина засмеялась.

— Вы бывали в Константинополе?

— Нет, не случалось.

— Вот то город! Один в Европе... Что там с англичанами "жолифамщики" проделывают,— уму непостижимо.

— Кто?

— "Жолифамщики" — это наши русские моряки так прозвали тамошних "макро". Это — бич Константинополя. На каждом углу Перы вас подстерегает "жолифамщик". У каждого бойкого кафе вы замечаете сомнительных,— не то приличных, не то прямо из острога,— господ в фесках, с пронырливыми острыми глазками буравчиком и с готовностью за один наполеон сделать какую угодно мерзость — украсть, отравить, изнасиловать, что хотите. Это даже не наши рикоттары или парижские сутенеры,— это что-то хуже, "зверее". Они выныривают из каких-то подворотен, будто из-под земли; вы еще не видите самого жолифамщика, а уже голос его шепчет над самым вашим ухом: "Volez vo jolli femme?"[104]

---

[104] "Хотите хорошенькую женщину?" (искажен. фр.).

127

Если его отправляют к черту, он не смущается – и лишь переходит на тот язык, по-каковски его обругали. Обругают на другом, и он на другой, обругаются на третьем,– на третий. Говорит на всех диалектах одинаково скверно и одинаково бойко. Нет формы разврата, которой не предложил бы вам жолифамщик – и, что всего курьезнее, вовсе не тоном змия-искусителя, нет, наоборот, самым деловым, озабоченным, арифметическим, можно сказать, тоном:

– Я видел, синьор, что к вам подходил Яни. Пошлите его к черту: это грязная дрянь, дурак. Что он знает? Что у него есть? Вся его клиентела – три паршивые гречанки, из которых у одной,– клянусь святою Ириною!– злейшая чахотка, а у другой муж-шантажист и любит делать скандалы... Что касается третьей, то не поздравлю я ваших детей, синьор, с наследством, которое вы им оставите, если близко познакомитесь с этою особою. А я, синьор, я моих клиенток даже не хвалю! Я только говорю: пойдите и взгляните. Да! И вы тогда поймете, какой человек Насто, и не захотите знать никого другого. И я не прошу никаких денег: деньги – если синьору что-нибудь понравится, деньги после. Пусть синьор только взглянет... Отчего вам не взглянуть, синьор? Ведь это вас не разорит – взглянуть ничего не стоит.

Люди беспардонные и опасные. Если вы не ищете приключений, то их надо обходить далеко; глухое молчание в ответ на их жужжащий шепот над ухом – единственное действительное средство от них отвязаться. Он лопочет, а вы молчите, молчите. Отстанет. Разве что дерзость скажет вслед. А уж если вы плотию слабы и пойдете на соблазны жолифамщиков, то надо с ними держать не только ухо востро, но и кулак, и револьвер наготове. Следуя за этими волками в их трущобы, как раз попадете в ловушку, откуда выйдете либо без кошелька и часов, либо вовсе не выйдете, либо придется, в счастливом случае, прокладывать себе дорогу револьвером. Так как главный элемент, на который рассчитывают константинопольские мерзавцы, торгующие живым мясом,– восточные человеки: греки, персы, армяне, левантинцы,– то и главный товар жолифамщиков – несовершеннолетние девчонки. Их дрессируют на "ремесло" с семи-восьми лет и – лет в одиннадцать – продают и пускают в дальнейший оборот. Проститутки двенадцати-тринадцати лет – самое обыденное явление в Константинополе. И такое преждевременное развращение детей даже не преследуется ни полицией, ни законом. Да и у самих-то этих несчастных – ни малейшего стыда и сожаления к себе. Напротив. Жутко вспомнить, какие сцены видать приходилось. На одной лестнице с моею квартирою такой притон был – для малолетних. Там дальше четырнадцати лет не держали: старуха!– перепродавали в Галагу, в низший разряд. Придешь к ним, бывало,– сердце вчуже надрывается: словно детская, дортуар приходской школы какой-нибудь... В куклы же играют! вы поймите... И в то же время вот этакая десятилетняя крошка, с глазами, как кофейные чашки, разыгрывает роль премьерши, знаете, этакой и бесстыдничает, как взрослая, и полна самодовольнейшей гордости собою – тем, что "я уже женщина..." Хвастовство пороком – без всякого цинизма, а скорее наивное: вот, мол, какая я умница! si jeune et si bien dêcorbe![105].. На севере, даже и у нас в Италии, где этот порок тоже свирепствует,– видели же вы вчера маленькую Аличе! – я ничего подобного не наблюдала. Здесь все-таки понимают, что преждевременно начать свою половую жизнь для женщины великое несчастие, которое не пройдет даром ни для души, ни для тела. Там – словно знак отличия! В европейской малолетней проституции только совсем отчаянные и одичалые не несчастны – если не открыто, то хоть в глубине души. Малолетняя проститутка-левантинка – маленький зверь, которого только корми сластями да одевай поярче, и – делай с ним, что хочешь: ему все равно! Если вы видите несчастное лицо, знайте почти наверняка, что это пленница, то есть случайно заманутая в притон хохлушка или еврейка из Одессы, болгарка, македонка... Постоянный же контингент таких отравленных, загубленных бедняжек пополняется преимущественно гречанками и армянками. Современное армянское разорение бросило в ряды проституции множество женщин и детей из Азиатской Турции. Вот и моя Саломея этак-то завертелась. Отца и мать в Сассуне зарезали, а тетка продала...

Этот Насто, жолифамщик, которого я вам сейчас помянула, был парень прелюбопытный и находчивый. Он одно время работал при нас и рассказывал о себе вещи самые удивительные. Когда не везло и не было торговли, не унывал.

– Это,– говорит,– ничего, дурная полоса. Не первую переживаю. Зато, как привалит счастье да выпадет куш,– так целый месяц потом живу барином. Случается: дастся фортуна в руки,– вот и обеспечен на всю жизнь. Живи в своем конаке, принимай гостей, играй в рулетку. Жизнь – лотерея, M-lle Фиорина!

И что же? Выждал своего. Таки попался на его крючок богатый англичанин. Однажды приходит взволнованный и просит нашей помощи – от меня, Саломеи и еще одной. Дело в том, что клиент его, почтенный мистер Джон Буль, начитавшись Байрона, пожелал во что бы то ни стало иметь, романическое приключение в гареме, Насто, глазом не моргнув, пообещал:

– Можно.

А надо вам сказать, что это столько же можно, как укусить самого себя за ухо или поцеловать собственное темя. Но Насто тотчас гениально придумал все. С англичанина он содрал 150 фунтов – половину вперед, нанял за два меджидие на три дня какой-то заброшенный домишко в Стамбуле, меблировал его в восточном вкусе, то есть завалил полы вдоль стен мешками с сеном, покрытыми коврами, взятыми напрокат,– вот тебе и "гарем"! А женщин изобразили мы: я, Саломея и та третья, да негритянку из Скутари он привез для couleur locale[106]. Все мы получили по сто франков и были

---

[105] Так молода и так хорошо вознаграждена!.. (фр.).
[106] Для местного колорита (фр.).

очень довольны. Только очень было смешно. Особенно, когда Насто привел англичанина, переодетого в женское платье и с завязанными глазами: строжайший же секрет! Англичанин, желая выдержать восточный характер приключения, не обратил ни малейшего внимания ни на меня, ни на ту третью,– не достаточно азиатскими мы ему показались!– и всю свою нежность направил на Саломею, причем с искренним восторгом принимал ее армянские любезности за арабский язык... Хохота нам было потом на много дней.

Не утерпел Насто, разболтал свою удачу. Яни, его соперник, сподличал,– донес об его плутнях милорду этому глупому Что же вы думали бы? Англичанин не только не пожалел истраченных денег, но, встретив Насто на Rue de Pera, даже не побил его палкой. Насто – вот прохвост!– прикинулся, что он совсем уничтожен великодушием милорда и собственною подлостью.

– Милорд!– говорит.– Я не могу так. Не хочу, чтобы меня мучила совесть. Вы слишком хороший человек. Я устрою для вас то, чего ни я, ни кто другой еще не устраивал для европейца. Те деньги ваши, к сожалению, уже погибли. Но угодно вам заплатить ту же сумму вторично – с тем, чтобы, на сей раз, побывать уже в гареме настоящем?

Англичанин говорит:

– Очень угодно. Только в настоящем.

– Вы будете в настоящем гареме! Но, милорд, одно условие: немедленно затем вы уедете из пределов Турции, потому что скрыть этого преступления нельзя, и вы будете зарезаны, даже хотя бы прятались за стенами британского посольства.

Англичанину то и мило. Итак, Насто дал ему честное слово, взял с него вторые деньги и... повторил с ним ту же проделку, только в другой части города и с другими женщинами. Англичанин уехал на родину, счастливый и довольный, а история его и посейчас притча во языцех и любимейший анекдот константинопольских гидов, макро и женщин.

XV

– Как я вам уже говорила, я приехала в Константинополь большою барыней, с англичанином, которого я спасла от ножа своего рикоттара и который, в благодарность, едва на мне не женился, да я струсила и сбежала от него... Вот тогда-то Насто и подхватил меня, и пустил в оборот. Не думайте, что он был моим любовником. Для этого он был слишком восточный человек. В его clientelle[107], как это там у них, левантинцев, говорится, было до десятка женщин, и ни с одною из них он не состоял в близких отношениях. В Константинополе, как

---

[107] Клиентура (фр.).

вообще в восточных городах, к которым в этом случае я отношу и Неаполь, самая выгодная на рынке живого товара,– торговля мальчиками. Однако Насто никогда этим делом не промышлял. Вы думаете: по совести? сознавал, что мерзость? Нет: ревнив очень был и влюбчив. Собственная супруга его, препротивная ханжа-гречанка, ставила ему рога чуть ли не со всеми монахами из Фанара,– он и глазом не вел. А тут не мог агентуру вести: сам влюбится и уже ревнует уступить клиенту. Все, что он с нас зарабатывал, уходило в Галате и Стамбуле в кофейнях-притонах с мальчишками-кофеджиями. В Пере наживется, в Галате спустит. Отобьет у Яни богатого клиента, а что с клиента выручит,– глядишь,– тому же Яни заплатит за знакомство с персияшкой каким-нибудь или сартенком с глазами черносливными. На этой страсти своей и пропал. Зарезал его матрос один, сириец, в ревнивой драке.

Для нас, женщин, Насто был очень приятный агент именно тем, что деловой. Он видел в нас только товар, который ему поручено продать, и относился к нам именно, как комиссионер к фирме, для товаров которой он ищет покупателей. Привел гостя, получил "валюту", отсчитал свой процент, получил по чести причитающееся и затем – никаких претензий. Был очень вежливый, исполнительный, позволял обращаться с собою немножко сверху вниз. Мы, знаете, это любим – барынями и хозяйками себя чувствовать, знать, что мы не на самом дне мира и есть еще в обществе люди, с которыми и мы можем поговорить повелительно, послать, приказать. Этим-то вот свобода хороша, от этого-то, бывало, и не идешь в закрытый дом даже в тяжелые дни, хотя там и сыто будет, и нарядно, и с полицией спокойно, и унижений уличной охоты за вашим братом, мужчиною, не испытываешь. Пока я на улице, я – какова ни есть – личность. На меня может фыркать лавочник, может строить мне злые рожи встречная ханжа, меня могут не пустить в хороший ресторан, могут бросить мне вслед грязное слово с трамвая, могут травлю на меня целую устроить... Со мною не бывало: у меня наружность не вызывающая, а из товарок кто не переживал! Есть целомудренные кварталы, куца мы, бедные, хоть не показывайся – не то, что для промысла, а даже просто случаем... Всегда найдется благочестивая дрянь, которая мальчишкам пальцем на тебя ткнет, и – полетели грязь и камни, а если струсят, то тянется за тобой длинный хвост детворы, и поет, и орет на все звериные голоса разные слова скверные... Еще недавно я Ольгу из такой переделки выручила. И – знаете: оскорбительно это безобразие бесконечно, но, право, еще больнее было видеть и слышать, как дети, невинными губками своими, в неведении, такую грязь изливают, что сутенера стошнит,– а взрослые буржуа и буржуазки хохочут и уськают: "Так ее! еще! еще! молодцы-ребята! Allaputana! Halloh! allaputana!"[108]

Но как бы то ни было, покуда я на свободе и сама по себе, я равна

всем, и обидеть меня можно только в той мере, поскольку я имею бесхарактерность стыдиться своего промысла и считать себя в нем виноватой,– не умею защищаться и осадить нахалов. Но в закрытом доме я сразу – не человек. Добрые ли хозяева, злые ли, обращаются ли зверски, стараются ли вести дом ласково, это – все равно, в конце концов, для женщины, которой природа не отказала в способности думать о себе. Есть вещи там, которых ни нарядным платьем не завесишь, ни сладкою пищею не заешь, ни музыкой не заиграешь, ни ласковыми словами не заговоришь. Когда вы читаете романы о белых рабынях, особенно старые, хозяин или хозяйка – всегда дикие звери, их помощники – изверги и мучители, прислуга – палачи. Это предрассудок, устаревшее обобщение. Это и бывало, и бывает, и будет, но не это главное. Я знала такое чудовище, как Буластиха. Ей доставляло наслаждение хлестать нас, заключенниц ее, по щекам ни за что ни про что – так просто потому, что ладонь жесткая, а щека мягкая; она, издеваясь над виноватой "барышней", зернистую икру грязною ногою месила и есть заставляла. Но ведь это уже аномалия, тут распущенность и самодурство к психической болезни близки. Это – одичание от власти. Подобные чудовища не в одной этой профессии свирепствуют, а всюду, где полудикий человек получает неограниченную власть над ближними своими. Что в каторжных тюрьмах делается над заключенными, когда у начальства руки развязаны,– дескать, беречь очень не надо: выживут так выживут, а не выживут, туда и дорога?!

Я так давно из России, что уже не могу иметь своих впечатлений от ужасов, которые газеты рассказывают о тюрьмах в Сибири. Но я знала и знаю многих, прошедших французскую каторгу. Это – не жизнь, а страшный бред. Мне кажется, что человек, прошедший такую нравственную и физическую муку, по ее окончании, имеет только два исхода для своего самосознания: или он должен вообразить себя святым, или – что он за все свое дурное, что есть в нем, расплатился пред обществом с лихвою, расквитался, и теперь ему все позволено, и нет никакого преступления, никакого греха, которые перетянули бы на весах совести перебытую им муку... В мирке парижских девок тюремные птицы вообще, а бывшие каторжники в особенности – первые, так сказать, женихи, любимые мужчины. За ними гоняются, принадлежать им честью считают, даже и на лицо, и на возраст при этом не обращают внимания. Что ж это – развращенность, что ли, особая, охота романтическая побывать в объятиях человека, который видел кровь на руках своих и носил ядро на ноге? Нет. Бахвальство, которое создает между нами сутенерскую аристократию, тут разве что на втором плане. Видала я, как с бывшими каторжниками сходились женщины, к бахвальству этому положительно отвращение питавшие, преступление было для них ужасом, тюрьма – горем и позором, и идеалом сожителя имели они, далеко не апашей бродячих, а этак – рабочего хорошего, чтобы ровно и постепенно зарабатывал франков десять в день, умеренно пил, обладал вкусом к домашней обстановке, хоть и дешевенькой, и в обрез, но – en bon bourgeois[109]. И вдруг вместо того – заокеанская птица! Или алжирец из военной тюрьмы либо тулонский заключенник. Спросишь этакую неожиданную:

– Как это тебя угораздило?

– Ах, если бы ты знала... Это такой замечательный человек!

И, действительно, сколько ни знавала, сплошь – замечательные, исключительные люди. Злодей ли, святой ли – все равно: не такой, как все, какой-то особой породы, высшей, необыкновенной. Такой, что вынесла страдание, которого обыкновенный человек вынести не может, и не сломилась, не согнулась, осталась сама собой. И, если хотите, все ужасно друг на друга похожи. Когда я вертелась в Париже, у нас в Гренеле был в большой моде апаш один,– так и звали его le beau de Grenelle, Эмиль, Гренельский красавец. Любовниц у этого Эмиля было полквартала, слава о нем прямо-таки, как Сена, к морю текла. Дуэлей товарищеских – чуть не дюжина, и не без покойников, участвовал в разгроме виллы в Boulogne sur Seine[110], ходила легенда, что в вагоне Ceinture[111] он обобрал, удушил и выбросил на рельсы богатого "раста", а сам спокойно доехал до Gare Saint Lazare[112] в том же самом купе – еще через две остановки, и, как ни в чем не бывало, ушел, даже никем не заподозренный... Всеобщее поклонение! Кумир квартала! А моя подруга Адель жила тогда с Гильомом Вилье, поворотником из-за океана... И вот один он, дядя Вилье, от Эмиля этого совсем не был в восторге.

– Не настоящий парень.

Спросим, бывало:

– Помилуйте, дядя Гильом. Чего же вам еще? Неслыханной удали молодец...

– Что удаль! Молодость! ее у всех молодых, если не вошь, много... На свободе – кто не удал? Вот – как он в тюрьме будет, и что из него тюрьма сделает... Характеры тюрьма показывает, а не воля.

Так что решили мы даже:

– Завидует старый хрен Эмилю, а, может быть, и Адель свою к нему ревнует...

Однако что ж бы вы думали? Проходит с месяц времени,– попадается наш красавец Эмиль на пустой какой-то краже,– берутся за него молодцы мосье Лепина, распутывают по ниточке клубочек его прошлых прикосновеннос-тей... Определенного ничего нет еще, но впереди как-то начинают брезжить, вроде привидения, столбы гильотины и грациозная фигура мосье Дейблера... И вдруг – по Grenelle, в Бельвиле, Мальмениле ни с того ни с сего посыпались аресты, аресты... Что? Откуда? Ан – дело-то просто: струсил в тюрьме красавец Эмиль, шкуру свою чужими шкурами спасает, выдает...

---

[109] В добротном штатском (фр.).
[110] Название местности (ит.).
[111] Название окружной железной дороги в Париже (фр.).
[112] Название местности (ит.).

Дядя Вилье спрашивает:

– Кто был прав? То-то. Я видел: глаза у него не те... А у самого глаза вот какие были.

Привязался к его Адели некий Арно Желтые Перчатки. Малый ростом косая сажень, сила страшная, характер дьявольский, фанаберия непомерная, репутация не хуже, чем у красавца Эмиля, и при этом еще сказать надо, что, не в пример Эмилю, дядя Вилье считал Арно настоящим парнем. Адель уж и не рада, что подобную победу одержала: и пред дядею Вилье неловко, и боится Арно обидеть, оттолкнув,– этакая сила во всем сутенерстве, шутка ли, какого врага наживешь... Так вот – однажды сидим мы компанией – Адель, я, мой тогдашний, дядя Вилье, еще двое-трое – под навесиком кафе у Бельфорского льва, пьем оранжад и очень все благодушны. Вдруг – Арно с двумя товарищами... К столику – и ну задирать Адель. Та – между двух огней – не знает, куда ей деваться, хоть сквозь землю провались. Мой – большой забияка!– нащупывает уже, на всякий случай, кастет в кармане и бурчит: "Этот свинья напрашивается, чтобы ему кровь пустили",– а те два апаша,– нарочно ведь Арно их как свидетелей привел,– хохочут, вызывают, подмигивают... А дядя Гильом один – будто дело его не касается – спокойненько сосет себе оранжад через соломинку... и, снизу вверх, от стакана-то, посматривает на Арно... И как увидала я, каким взглядом он на Арно посматривает, честное слово, говорю вам: жаркий июльский вечер был, тротуары раскаленные, а меня лихорадка ударила... Словно, знаете, он гробовщик и с покойника мерку снимает... Наругался Арно, набахвалился, отошел, наконец, с болванами своими. Вилье на прощанье очень вежливо шляпу свою приподнял... Посидели мы в кафе с полчаса и пошли себе парами, каждый к своему дому. Я тогда жила близехонько к тюрьме Santé... Мой – он был парень хороший, только глуп очень,– говорит мне:

– Ну, не ожидал я от дяди Гильома... Может быть, по-ихнему, заокеанскому, это почитается тактом, но у нас, в Париже, самый желторотый птенец назовет трусостью.

А я молчу, потому что видела и не могу забыть взгляда дяди Гильома.

Послезавтра утром, по обыкновению, беру от консьержки "Matin"[113]: здравствуйте! готово!.. Найден близ парка Монсури, под насыпью Ceinture, труп с свежими ножевыми ранами на груди, в котором полиция признала опасного апаша Артура Белэ, более известного под кличкою Арно Желтые Перчатки. Погиб, по-видимому, жертвою товарищеской дуэли. Производятся энергичные розыски.

Даю газету своему:

– Это как у вас называется? Трусость или такт? Побледнел.

– Вот старый черт! Теперь пойдет каша... Как бы и нам не влететь?..

---

[113] "Утро" (газета; фр.).

134

Адель пришла. Как привидение.

– Слышали?

А мы изумляемся.

– Вы еще на свободе?.. А дядя Гильом?

– Спокойно сидит дома, чинит сапоги...

– Да он знает, что уже есть в газетах?

– Я показывала.

– Ну?

– Он прочитал и сказал...

– Ну?

– Сказал: "У этого молодого человека был дурной характер, но умер он молодцом".– "Откуда тебе знать, как он умер?" Показывает на газету: "Здесь же напечатано – с ножевыми ранами на груди..."

Так и исчез из мира сего бедняга Арно, а как исчез – о том знает дядя Гильом Вилье да четыре свидетеля. Дядю Гильома полиция даже не беспокоила по этому случаю,– настолько он был вне подозрений и окружен, как стеною каменною, прочным alibi. Сказать по правде, в подобных делах молодцы мосье Лепина не очень усердствуют. Потому что – если апаш апаша не будет уничтожать, то куда же их девать? Они множатся гораздо скорее, чем исчезают... У них там однажды на Бельвиле настоящая война была между двумя партиями. Три дня дрались, как черти. Полиция только с тротуаров смотрела, ухмылялась да подбирала убитых и раненых. Пусть, мол, зверь ест зверя, а то стало тесно в лесу. Так вот и между Гильомом и Арно. Адель после того ходила гордая, как царица какая-нибудь, потому что перед нею все шляпы снимали и глядели на нее во все глаза, будто на диво некое: еще бы – подруга такого человека! Между обидой и расплатой ножевой двадцати четырех часов не стерпел!

Так вот видите ли: каторга четырех уморит, троих сделает сумасшедшими, одного подлеца выработает, продажного труса, который целует руку, его секущую, зато уж остальной один, который ужасы ее железною волею и каменным телом, не поддавшись, умел выдержать, выходит в жизнь обратно существом, наверное, необыкновенным. И откуда только у него власть над средою своею берется? И не ищет он ее, а сама она к нему со всех сторон ползет... Вот тоже, когда я в Сицилии была. Все старики с репутацией maffioso – либо каторжники, отбывшие срок, либо разбойники, попавшие под амнистию. В их руках – правый самосуд сельский, и уважение к ним в народе такое, что пред самосудом этим патриархальным кодексу правительственному приходилось свои параграфы отстаивать штыками и пулями карабинеров...

Но дядя Вилье увлек меня в сторону от того, что я хотела вам сказать о закрытых домах, интернатах наших проклятых.

Можно вынести свою личность из тюрьмы, из солдатчины, из рабства, из лакейства, но нельзя вынести ее – не видала я примеров – из публичного дома, если, конечно, не скоро спохватятся о жертве его люди и не вырвут ее у него прежде, чем он положил на нее свою неизгладимую печать. Только редко это бывает, и печать быстро

135

кладется. Проведите предо мною сто незнакомых проституток, и я берусь вам безошибочно пальцем указать, какая из них никогда не была в публичном доме, какая была в нем месяцы, какая – годы... И говорю вам: это безразлично – при хороших ли, применительно, при скверных ли условиях. Количество: сколько плюх дается и чем бьют – рукою, резиною или мокрым полотенцем, только придает оттенки общей физиономии, а все черты ее и господствующий тон создаются убийством личности, тем, что в женщине умирает "я", и она, не занумерованная, начинает сама себя считать номером, а не человеком. В публичном доме женщины все равны между собою, потому что вне своей среды они не равны там никому. Хозяин, хозяйка, экономка, лакей, горничная, швейцар, кухарка – все они, и господствующие, и служащие,– бесконечно выше ее. Она – не своя: вещь, товар, а горничная, которая будто бы ей служит,– своя, а кухарка, которая будто бы на нее обед готовит,– своя. Это все – сторожа, надсмотрщики, управители зверинца, а проститутка – зверь в его клетке. Когда сторож чистит клетку, зверь тоже, может быть, думает, что сторож ему, зверю, служит – так и проститутка в доме делает вид, что она барыня, а горничная – ее слуга. Но попробуй-ка она обратиться с слугою этою, как вольная женщина говорит, приказывает, распоряжается среди своей прислуги. Ей в глаза расхохочутся, ее позорно обругают. Пойди жаловаться к хозяевам,– тебя осмеют или еще прибавят, чтобы не привередничала. Не было такого примера, чтобы на хозяйском суде мало-мальски удовлетворительная горничная,– об экономках я уж и не говорю!– не была предпочтена, все равно, права ли, виновата ли, самой лучшей и полезнейшей из проституток. И нельзя иначе. Та вольная, своя, а эта – ручной зверь в клетке. Это все равно, что в зоологическом саду пума, зебра или лань стали бы жаловаться на сторожа, что он им не повинуется. Не где-нибудь в азиатской глуши, а в Вене, в самой Вене, хозяйки уполномочивают прислугу, если барышни лениво одеваются к вечеру и не торопятся в общий зал, выгонять их из комнат кулаком и коленом. В Кракове одной моей подруге немка-горничная рубашечку, узкую не по фигуре, сзади заколола булавкою французскою. Та потянулась – крах! булавка расскочилась, рубашечка расстегнулась... Так та – зверь – так рассвирепела, что снова приходится застегивать, что – чем в материю-то, булавку в тело воткнула. Ну за это, конечно, ее наказали. Так ведь и в зверинце сторожа наказывают, если он льву хвост железною дверью прищемит или, по небрежности его, орел без глаза останется. Не потому, что льва или орла жаль, а потому, что бесхвостый лев и безглазый орел – какой же это товар, какая это приманка для зверинца? В хороших заведениях принято, чтобы sous-maitresses[114] и женская прислуга, если даже набираются из старых проституток, то уже не работали бы, не принимали бы гостей. Иногда это только обычай, но в иных городах за этим и полиция следит. И вот оказываются они как бы

[114] Надзирательницы (ит.).

монашенками – это среди нашей-то развратной, дразнящей атмосферы. Ну и разрешается эта корректность сдержанная,– извините за откровенность,– в однополую любовь. Это жесточайший бич всех подобных интернатов здесь на Европейском Западе. Странно, казалось бы, употреблять для отношений подобного порока слово "насилие", однако оно постоянно из насилия возникает,– из насилия над всею жизнью, всею обстановкою твоей, такого мелочного и донимающего насилия, что терпит-терпит девчонка несчастная, да и решает про себя, что уж лучше подчиниться насилию физическому, все будет легче и не так тошно жить. И никогда ни одна хозяйка за вас не заступится. Во-первых,– потому, что две трети из них сами такие же. "Madame a des passions!"[115] – это почти первое, о чем подруги в интернатах предупреждают новенькую. Во-вторых, все подобные связи им выгодны: девицы дома больше сидят, в буфете больше забирают и глубже лезут в долги. В-третьих, очень часто этакая sous-maitresse или привилегированная служанка прямо-таки выговаривает себе, поступая на место, права эти, иная даже идет на худшие условия, лишь бы хозяйка не вмешивалась в ее отношения с девицами и позволила бы ей пасти свое стадо, как она сама знает и желает. А вы знаете, что, где есть властный насильник, там сейчас же ему подражатели находятся, сортом пониже, в самой угнетаемой среде. Становится порок модою, бахвальством, признаком сильной, превосходящей подруг натуры. А жертвам стыдно своего унижения, и они также делаются развратительницами, втягивают в порок других, чтобы не быть в нем обособленными, чтобы все в одном стыде барахтались и ни одна не была бы лучше другой. А потом – вы этому едва поверите, как нашей сестре, мужскою грубостью измученной, нежности хочется, ласковой привязанности, душевных любовных отношений, которые бы сердце твое грели... Ну и сочиняем, фантазируем, грезим... играем в сны наяву!.. Письма сами себе пишем, мальчиками рядимся, приятельниц мужскими именами зовем... Если не вырвали проститутку из промысла в ранние первые годы, как она пала,– то к тридцати годам, а то и к двадцати пяти, это будет, как почти непременный закон... Разве проститутка может сохранить веру, уважение и нежность к мужчине после вот хотя бы моего опыта? Все, которых мы видим,– скоты, огромное большинство – негодяи, а маленькое число не негодяев – значит, дураки, юродивые болтуны, слюнтяи, кривляки. Что к ним можно чувствовать? Хорошо, коли у женщины характер легкий, и возможно ей равнодушием оградиться. А много из нас беспокойных, которые день и ночь горят ненавистью и презрением,– ну и сгорают... Иные долгое время мальчишек жалеют. Потом и это проходит. Все равно ведь: не книзу растет, а кверху,– значит, год-другой, и такой же скот из него будет, как батька и дядька! И вот мужчина вычеркивается из души – отставляется в тень промысла, он – чужой, мы смеемся над теми, которые сохранили способность увлекаться новыми

---

[115] "Мадам-страсть" (фр.).

интересными гостями и охоту играть с ними в любовь. Мужчина опостылел, а место, с которого он ушел, в жизни пусто осталось и требует заполнения,— и, понятное дело, ровня ищет ровню,— и приходит на пустое место подруга, и тогда не одинокой себя чувствуешь, и легче жить... Но, само собою разумеется, что отношения, которые скрашивают жизнь в любви и дружбе,— становятся ужасом и страданием, когда обращаются в обязательства рабства. А в интернатах это – из дома в дом и каждый день! Разве что, счастьем, у хозяйки супруг в торговое дело вмешивается: мужчины, обыкновенно, к порокам этим суровы и преследуют их с жестокостью... Так вот вам, в коротких словах, что готовит женщине интернат со стороны своего же пола. О мужском персонале я уже и не говорю. Для всех мужчин, причастных к интернату, его женщины – безотказный даровой гарем. А главное: дерутся эти скоты безжалостно. Смею вас уверить, что, когда эти несчастные, опуца вырвавшиеся, говорят между собою о своем прошлом, то все их воспоминания сводятся к тому, что вот там-то больно дерется муж хозяйки, а там бы и ничего жить, да у швейцара рука тяжелая, а там хозяйка – ехидна, держит за лакея любовника своего, и от ревности наущает его драться походя... А повторяю вам: в европейских городах эти учреждения держат совсем не обязательно изверги рода человеческого, но очень часто – обыкновеннейшие буржуа, рассчитывающие обернуть свой сравнительно небольшой капитал скорее, чем в другой коммерции. Моя подруга Мальвина, полька из Познани, попала в Лейпциг в дом, хозяйкою которого была вдова очень известного пастора. Другая, Эльга, хорватка, мучилась в Франкфурте-на-Майне в доме госпожи, супруг которой был доктор философии и спился с горя, что не получил кафедры в университете. Эльга говорит, что он по воскресеньям читал девицам свои лекции, которым они все от души предпочли бы, чтобы уж лучше их секли или запирали в карцер. Примеров, что торговать нашею сестрою не брезгают люди интеллигентных классов, я наберу вам, сколько угодно. За это грязное дело только мы, бывшие проститутки, сравнительно редко беремся. А вообще-то хозяев и хозяек – уж каких только не насчитаю. Особенно во Франции и в Австрии. Читали "Набоба" Додэ? Там Жансулэ затравлен был Парижем и умер от позора, что его брат держал где-то на востоке веселый дом. Или это давние нравы, или Додэ целомудрию парижан польстил очень. В десятках, а то и в сотнях французских состояний найдете вы такое начало, и не скажу, чтобы я слыхала про отказы от подобных наследств. Выгнанный провинциальный чиновник, отставной неудачник-военный, провалившийся адвокат, ошельмованный купец, вывернувшийся из банкротства с крохами состояния, а главное,— вдовы с капитальцем приданного или наследственного, от мужа, происхождения, который им хочется пристроить выгодно и верно,— всей этой саранчи вряд ли много меньше на нашем печальном рынке, чем грубых темных промышленников и промышленниц, выброшенных корыстною алчностью, как пена, из недр народа, из

138

глубины городского мещанства или – как в Австрии, как у вас в России – из невежественных слоев местечкового еврейства. И у кого из двух сортов эксплуататоров женщинам приходится хуже, это – мудреная задача. Мещанка, крестьянка, еврейка выбрасывается в хозяйки со дна, выпираемая алчностью бедности, соблазненной наглядностями легкого и постоянно прибыльного торга. Бедность, конечно, забывается по мере обогащения и растления души позорными прибылями, но все же – остались в душе язвы от старого голода, безработиц, тяжелых дней. Люди забыли, что они люди, но они были когда-то людьми, и человечность нет-нет да и всплывет инстинктивно сквозь муть прожитого омута на поверхность души. На что уж лютая медведица была Буластиха, но и с тою иногда можно было по-человечески поговорить и было о чем поговорить. К беременным она была снисходительна, периодические болезни наши принимала в расчет. Свое тело когда-то страдало неволями и, хотя, найдя власть и силу, она измывается теперь над чужим телом, но, не ровен час, прикинет его страдания примерно к себе самой да сквозь самое-то себя, глядь, и пожалеет. Но какой жалости я могу ждать от образованного промышленника, который берется торговать мною не по невежественной корысти, не потому, чтобы он не ведал, что творит, а по спокойному логическому и математическому расчету, что из моего тела он выколотит 25% на свой капитал, тогда как торговля кофе принесла бы ему только 12%, а частные бумаги – 6–8%, а казенное их помещение всего – 2%? Он не может и не хочет видеть во мне человека, потому что иначе и не посмел бы открыть свою лавочку. Ведь, открывая ее, должен же он был доказать себе как-нибудь правоту-то свою,– что он не против нравственности и общества действует, торгуя развратом, а только-де переступает через общественный предрассудок. Из невежественных хозяев я не видала ни одного и ни одной, которые втайне, про себя, не понимали бы, что они, по существу, мерзавцы и едва-едва терпимы человечеством по греховной его слабости. Из тех интеллигентных отбросов ни одного и ни одной, которые не окружались бы такими искусными самоизвинениями, что в подлости их выходили решительно все виноваты,– до продаваемых ими женщин включительно,– за исключением их самих.

XVI

– Милая Фиорина! Вы еще помните Пушкина?

– Поэта? Не знаю... может быть, и помню... А что?

– Я хотел напомнить вам монолог Дон Карлоса в "Каменном госте", обращенный к некоторой Лауре...

– Забыла. Вы знаете? Прочтите.

Матвей Ильич подумал, сморщил для памяти брови и заговорил:

– Ты молода... и будешь молода
Еще лет пять иль шесть. Вокруг тебя
Еще лет шесть они толпиться будут,
Тебя ласкать, лелеять и дарить,
И серенадами ночными тешить,
И за тебя друг друга убивать
На перекрестках ночью. Но когда
Пора пройдет, когда твои глаза
Впадут и веки, сморщась, почернеют,
И седина в косе твоей мелькнет,
И будут называть тебя старухой,
Тогда... что скажешь ты?

– Подайте реплику, Иван Терентьевич!
Москвич кашлянул и запищал нарочно фистулою:

– Тогда... зачем
Об этом думать? Что за разговор?
Иль у тебя всегда такие мысли?
Приди, открой балкон. Как небо тихо.
Недвижим теплый воздух; ночь лимоном
И лавром пахнет; яркая луна
Блестит на синеве густой и темной,
И сторожа кричат протяжно: "Ясно!.."
А далеко, на севере, в Париже,
Быть может, небо тучами покрыто,
Холодный дождь идет и ветер дует.
А нам какое дело?

– Нет,– перебила Фиорина,– это не так. То есть, может быть, и так
для известного возраста, но я уже не могу так. "А нам какое дело?" –
не скажешь в мои годы... Вопросы вашего Дон Карлоса, господин
Вельский, каждый день в глаза мне глядят.
– "Тогда... что скажешь ты?" – повторил Матвей Ильич.
Фиорина опустила голову и слегка покраснела.
– Хотите непременно знать?
– Если позволите.
– Полную правду говорить?
– Если не тайна.
– Какая же тайна? Только неловко и совестно... Ну, да все равно...
Вы понимаете... Говорят, знаете, что – кто сказал я, тот должен
сказать и б... Когда женщина, как я, уже не в состоянии продавать
самое себя, ей остается продавать других женщин...
Русские примолкли. Фиорина, чувствуя тяжелое впечатление,
которое произвели ее слова, виновато откликнулась:
– Извините за грубость, но вы требовали совершенной
откровенности...
– Послушайте, Фиорина!– возразил Матвей Ильич,– неужели вы

мало сами натерпелись от всевозможных Буластих, что не ужасен вам их промысел и вы хотите идти по их пути?

Фиорина мотнула головою.

– Нет, хозяйкою мне не быть. Для этого нужны деньги и характер, которого у меня нет. Ни я, ни Саломея не можем быть ничьими хозяйками, кроме себя самих. Нет, когда я почувствую, что кончено, стара, износилась материя, пора в хлам, то постараюсь устроиться в хорошее заведение где-нибудь в Париже или в Вене экономкою, или, как это француженки называют, sous-maîtresse... Если не облысею и носа не потеряю, то в старухах, я полагаю, буду довольно почтенной наружности, одеваться умею, манеры имею, поговорить с гостями могу: меня в любой большой дом возьмут с удовольствием. Одно тяжело и не вподъем: в этой должности драться приходится... ну, на этот предмет у меня Саломея есть... Кого как велю, так того и стукнет...

– А без того, чтобы драться, никак нельзя? – с отвращением спросил Вельский.

– Не знаю... Может быть, и можно... Не видала я как-то, чтобы не дрались... Самое били, жестоко били...

Она подумала и продолжала:

– Без битья-то, пожалуй, можно, но надо, чтобы девицы не знали, что битье упразднено. Иначе ведь и дома не сдержать, на голову сядут. Я жила в Бухаресте у венгерки одной, была доброго нрава женщина и побоев в доме не любила. Но время от времени, раза два в год, нарочно придерется к какой-либо из девушек и непременно за пустяк какой-нибудь, что и выговора-то едва заслуживает, и велит мужу или швейцару избить бедняжку без членовредительства, но и без жалости, больно, так, чтобы на весь дом ужас навести... И был, скажу я вам, порядок у нее в доме удивительный, девушки по струнке ходили, как куклы подвижные, потому что каждая хранила память об избиениях этих... Добра-добра, мила-мила хозяйка, а держи ухо востро, не ровен час, зацепишь ее, за пустяки кожу снимет...

– Какая мерзость!

– В мерзком деле чему же быть, как не мерзости?

– И вы еще говорите, что венгерка эта была добрая!

– Очень добрая и щедрая, участливая к женщинам своим, в работе не мучительница... Дело такое. Иначе нельзя.

– Да неужели нет других мер воздействия?

– А чем вы воздействуете? Стыдом?

– Хотя бы?

– Все наше дело такое, что, прежде всего, требует оно, чтобы женщина стыд позабыла. Позвольте спросить: каким стыдом вы смутите человека, которого ремесло – отказаться от стыда?

– Что же, вы верите в исправительную силу телесных наказаний?

– Нисколько. Чем больше бить человека, тем он хуже будет.

– Тогда зачем же вы защищаете хозяек?

– Я не защищаю, а говорю, что им иначе не справиться. По человечеству – жестоко и свирепо, а по ремеслу – не избежать. Ко мне доктор один ходит, психиатрической больницы ординатор. Я как-то раз его спросила: "А что, доктор, правда, что в сумасшедших домах сторожа больных крепко бьют?.." Он говорит на это: "А как вы думаете, Фиорина, есть на свете хоть один психиатр, которого бы никогда больной не треснул?.."

– Ну так что же?

– То, что человек, низведенный на положение зверя, кусается, как зверь, а зверя, который кусается, всегда бьют и одевают в намордник.

– В России психиатр, который прибил бы больного, будет опозорен на всю жизнь печатью, его имя сделается притчею во языцех.

– То же самое и здесь, конечно. Я о психиатрах и не говорю, а говорю о сторожах, сиделках и тому подобных. Человек интеллигентный, с воспитанною волею и выдержанным характером, может терпеть безобразия зверя долго и не отвечать на них, чувствуя себя выше зверя и помня его болезненность. Человек простой, невежественный, не дрессированный на выдержку, легче теряет терпение и хладнокровие и начинает укрощать огрызающегося зверя совершенно теми же мерами, что домашний скот: веревкою или цепью – для привязи, плетью и палкою. Как бы хорошо ни было поставлено психиатрическое учреждение, как бы за фельдшерами, сиделками, сторожами гуманное начальство их ни смотрело, но – если, скажем, больной повадится каждый день тебе в лицо плевать, то один раз сторож стерпит, другой – скрепится, третий – смолчит, а когда-нибудь и не удержится, даст в ухо. Ну, а лиха беда начать,– там уж и пойдет, и пойдет... Потому что вообще-то побои озлобляют и делают зверя еще зверее, но на момент действуют, запугивают: смирнеет зверь, боится стража и передохнуть ему от слежения дает. А человеку в такой каторжной работе момент передышки дорог.

– Хорошо. Но какое же отношение имеет это к жестокому обращению с проститутками?

– Как – какое, г. Вельский? Да люди, занимающиеся торговлею женщинами, кто же? профессора наук в университетах, что ли? литераторы и литераторши? изящные кавалеры и дамы избранного общества? Все это – человеческая дрянь, сравнительно с которою фельдшера, сиделки и сторожа психиатрических учреждений просто умственная и нравственная аристократия. Чего же вы от них хотите? Их, по их взглядам и понятиям, и к четвероногому-то скоту жаль пастухами приставлять, а они двуногий пасут. Видали вы, как скверный конюх вдруг, ни с того ни с сего, на лошадь с побоями набрасывается либо охотник собаку бьет, воображая, что ее учит? Ну вот вам люди уровня хозяев, хозяек, экономок и прислуги наших вертепов проклятых... Под одною крышею два мирка живут: один бьет, а другой за побои мстит исподтишка тупыми пакостями и опять бит бывает, и оба друг друга ненавидят и считают, что худшей породы людей нет на свете. Звериный актив и скотский пассив.

Фиорина пожала плечами.

– Вот – сколько я выездила мирок наш и знаю его, можно сказать,

142

по всей Европе, но чего я никогда не слыхала и не видала, это – преступления со стороны девушек против хозяйки. Случалось наблюдать таких ведьм, что, заведись подобная свекровь в семье, самые кроткие и смирные снохи давно бы ее мышьяком обкормили: а наши – нет, ничего, терпят. И даже не боятся хозяйки подобных возможностей. В том же самом Бухаресте был случай. В десять часов вечера девушка на шелковом шнуре от халата удавилась и записку оставила, что – через злобу хозяйки, не будучи в состоянии более терпеть ее преследований; а в семь часов она с этою самою лютою хозяйкою – действительно лютою, анекдоты о ней из города в город переходили,– обедала за одним столом и очень мирно разговаривала о том, какое новое платье шить. Бывают, конечно, вспышки. Ну, одну румынку знала: не стерпев пощечин, с ножницами на хозяйку бросилась. В Париже хозяек недовольные девицы серною кислотою обливают. Слыхала, но при мне не было. Но все это сгоряча, как лошадь под хлыстом взбрыкнет, как собака бьющую руку укусит. Но предумышленных преступлений, по заранее обдуманному намерению, совершенно не знаю. Наше мщение всегда как-то не прямо работает, а все себя задевает. В России, я слыхала, инородцы, когда хотят отмстить врагу, вешаются на воротах его дома. В Японии – распарывают себе живот. Ну вот наши мщения, по большей части, тоже из разряда харакири. Много моих подруг покончило так-то жизнь свою – кто от яда, кто в петле. Это – наши обыкновенные, излюбленные способы. Редко бывает, чтобы проститутка зарезалась либо застрелилась – особенно, в "доме": револьвер-то разве у гостя достанешь: что же человека, ни в чем неповинного, под скандал подводить? Бритву тоже сперва надо выкрасть, наточить, шелком обмотать,– целая канитель подготовок... Если вешаются, то, конечно, это самоубийство – уже всерьез: тут, если даже и спасут, шутки плохи – значит, женщине, в самом деле, жизнь так опостылела, что больше нельзя терпеть, какая угодно собачья смерть – и та лучше. С гвоздем и веревкою не шутят. Но с нашатырем, соляною кислотою, серною кислотою, спичками, мышьяком, карболкою самоубийства распространены между нами прямо – как спорт какой-то. Из десяти подруг, с которыми я вечером встречусь в кафе,– я уверена,– сегодня ночью хоть одна непременно попробует наглотаться чего-нибудь такого, что отправят ее в приемный покой и госпиталь. Когда мы сходимся, наш первый разговор – об этих пробных самоубийцах, и они нас уже почти не волнуют. Мало волнует даже, когда женщина в самом деле отравится – так, что и ноги протянет: ну что – же? очередная! Промахнулась: большую дозу взяла. Глупо, жаль по человечеству, да ведь однажды когда-нибудь помирать-то надо. Сегодня ты, завтра я. И совсем не волнует, когда наглотается какой-нибудь дряни, аккурат, в меру, чтобы полиция вовремя пришла и доктора желудок вымыли. Сама три раза так травилась. Один раз – хватила laudano[116]: с обиды – уж очень больно любовник избил. В

---

[116] Препарат опия (фр.).

другой раз – нашатырем: обокрали меня в Пистойе, осталась в чужом городе без денег, вещей, и туалета, и кредита, а, главное, чудеснейшее шелковое платье у меня пропало, в числе тех исчезнувших вещей, из Парижа вывезенное. В третий раз – просто жизнью заскучала. "Ну – что?" – думаю. Живу, живу. Дни похожи, как яйцо на яйцо, скучные, однообразные, противные, тошные. Сегодня мужчина, завтра мужчина, послезавтра мужчина. Вперед взглянуть, позади оглянуться: все – одно и то же и ничего не будет нового – ни лучше, ни красивее, ни умнее. Будешь ты сидеть в четвертом этаже старой бестии Фузинати, и будет из тебя Фузинати кровь пить и капитал твоим позором и тяжелым трудом наживать. Какое это существование? Ну и опять нашатырь... Проглотить недолго, а потом боли схватят, смерть испугает, за жизнь страшно станет, жить-то захочется, захочется... Ну и воешь, не своим голосом блекочешь, мечешься, плачешь, спасти требуешь... Никогда больше не буду!.. В животе огонь, а сердце звериным страхом на куски рвется, мочалится. Всех святых помянешь. Больше ни за что не стану! На здоровье тяжело отражается. У меня до этих трех отравлений желудок был – как у страуса: хоть камни и ключи дверные варить. А теперь я начала побаливать. И печень временами шалит, и женские кое-какие боли узнала, и также узнала по опыту, что и нервы у меня есть, и истерии я не чужда. Нет, игрушки эти своим здоровьем – себе дороже. Умирать так уж умирать, но шалить смертью больше себе не позволю. А из подруг – знаю – иные каждый год по два, по три раза травятся. Так, что уж и в госпитале-то к ним привыкли. Привозит "скорая помощь" Лину Узенькие Глазки,– доктор так и встречает: "А! синьорина Лина! Опять? Устали жить – отдохнуть захотелось? Что сегодня? Нашатырь или жавелевая кислота?.." Видите: если бы не страшные боли да не голодная диета потом, так оно ведь даже, если хотите, и в самом деле соблазнительно: лежишь ты в госпитале спокойная, чистенькая, ухаживают за тобою порядочные люди, как за своим братом, порядочным человеком, никто к тебе с мерзостями не лезет, с докторами, сиделками поговоришь – как будто и другой мир видишь. Хоть краешком, да зацепила чего-то новенького, освежилась, в давно забытое зеркало посмотрелась и горда, что еще остались в тебе человеческие-то черты. За семь-то либо за девять дней, что в госпитале проведешь, так-то ли душою отдохнешь; на волю выходить – точно из рая в чистилище. Дом твой – адом кажется, Фузинати какой-нибудь – царем Иродом...

Вот – судьба меня, каким-то счастьем, миловала от таких больниц... не болела я, знаете, по промыслу нашему, венерически,– а там вот нехорошо. Все подруги говорят в один голос. Страданий больших болезни эти не создают, а между тем женщина живет, чувствуя себя полною яда и заразы – стыдною для себя и опасною для других. Живет в изоляции, под запретом. На лечение ни времени в сутки, ни энергии много не тратится, а тянется лечение долго, все ведь в выжидательности проходит, а болезнь сама по себе работает, ни остановить ее, ни подогнать нельзя,– и потому скучаем мы там от

144

праздности до одурения. А от одурения дрязги и гадости лезут в голову. Нигде так женщина не развращается, как в тюрьме уголовной да в венерической больнице. Иногда это жалости достойно смотреть. Не остережется девчонка какая-нибудь, схватит прелесть эту, еще не совершеннолетняя даже, ложится в больницу. Легла – только несчастною, вышла – дрянь дрянью: и лгунья, и воровка, и похабница, и уже непременно обзавелась подругою, которая ее совсем забубенною делает и на самое дно тянет. У нас, в Италии, после того как регистрация уничтожена, это еще не так остро, потому что вольно заболеваем, вольно и лечимся. Пока хочу – лечусь, не хочу – обозлилась, плюнула и вышла. А вы посмотрите, что во Франции. Там ведь эти больницы и лечебницы скорее какие-то санитарные тюрьмы, чем медицинские учреждения. Доктор – и врач, и тюремщик, и полицейский следователь. Болезнь рассматривается как преступление, и, покуда больна, держат женщину, как заключенницу, в строгом отделении от всего остального мира, глаз на глаз только с такими же зараженными париями, как она сама. Положение унизительное, оскорбительное, скука адская,– ну и – как водится – где тюремный режим, там и тюремное бесстыдство, и тюремный разврат. В Париже девушку погибшею считают не тогда, когда она в проституцию попала: из этой пропасти трудно, но все же возможно вынырнуть. Но тогда – когда она попала в больницу с petite vérole[117]. И опять-таки не из-за самой болезни. Напротив. Француженки на этот счет удивительные женщины. Они смотрят на болезнь, как на необходимое профессиональное зло, через которое надо пройти, как чрез привитие оспы, и, следовательно, чем скорее, тем, мол, лучше, чтобы войти в незаразительный период, покуда еще молода, хороша, добычлива и не успела увять. Ну и суеверия у них всякие,– будто ртуть при хорошем общем уходе вдет не во вред человеку, но в пользу – очищает кровь, дает полноту и даже красоту. Так что пугает не болезнь, но полицейская необходимость лечения, пугает больница. Черт знает, чего не бывает там, в больницах этих. Если женщина не пила,– выйдет пьяницею, если была скромна,– выйдет сквернословкою, правдивую выучат лгать, откроют ей всякие противоестественные пороки и ухищрения, честную втянут в воровство... Дуэли там целые у них происходят. У меня была подруга Амина Кривая: потеряла глаз именно в этаком больничном поединке,– выколола соседка по койке, потому что обе влюбились в ординатора... а лучше всего, что обе друг дружку-то ревновали и даже на дуэли дрались, но он-то, виновник, того даже и не подозревал. Место сытое, праздное и отверженное. Что же там и остается еще женщинам, как не выдумывать друг против друга злые мерзости и не есть друг друга поедом?

---

[117] Оспа (фр.).

XVII

Corso синело вечерним сумраком, и вспыхивали электрические фонари, и окна ювелирных магазинов расцвечались пламенными вертушками "Тэта", когда Фиорина, сопровождаемая двумя русскими, покинула Tea Room, и опять запыхтел и заверещал автомобиль.

— Куда? — спросил шофер, повернув к седокам топоровидное лицо с дальнозоркими глазами.

— Приказывайте, Фиорина. Она сделала гримаску.

— Если вы уже голодны, то опять к Кова...

— А вы?

— Я сыта на неделю!..

— Вечером вы повезете нас в какой-нибудь смешной театр.

— Да? В таком случае, я должна заехать домой переменить туалет... Предупреждаю вас, что это опять будет вам стоить денег...

— Это ничего,— возразил Матвей Ильич,— но я не понимаю, зачем вам переодеваться? Вы — и без того одеты прекрасно, а, сколько я замечал, в итальянских театрах публика демократическая и к туалетам не взыскательна.

— Затем,— возразила Фиорина,— что иначе я не имею права по договору с Фузинати. Если меня везут в театр, я обязана взять у него вечерний туалет.

— А если не возьмете?

— Все равно — придется заплатить, как будто брала, так что уж лучше в самом деле взять. Я люблю быть хорошо одетою.

— Кто этого не любит! — заметил Тесемкин,— но я только против того, чтобы вашему поганейшему Фузинати перепадали деньги, которые вы могли бы спокойно оставить при себе... Разве в ваших театрах нет закрытых лож? Мы могли бы сесть в такую.

— Что за удовольствие! Да и все равно, кто-нибудь донесет...

— Mademoiselle Фиорина! Можно с вами быть откровенным на этот счет?

— Пожалуйста.

— Этот ваш вечерний туалет будет не в том роде, как мы вас встретили вчера у Кампари?

Фиорина печально улыбнулась.

— А что? Разве не к лицу?

— Нет, помилуйте, как не к лицу, но — извините — выразительно он кричит уж очень...

— Хорошо,— покорно сказала Фиорина,— я возьму другой. У Фузинати выбор большой. На одну меня три сделано. А вы — что же? Разве жениться в Милане собираетесь и боитесь, что дойдет о вас до невесты дурная слава?

— Какие невесты! Но — согласитесь — самой же вам приятнее...

— Чтобы принимали меня за порядочную женщину? Как видите, я целый день о том старалась. Но в театре — бесполезно, это не пройдет. Меня слишком знают... Но вы, пожалуйста, не бойтесь, что компрометируете себя, сидя в ложе со мною. Будь вы жених, другое дело, а для человека свободного или, хотя женатого, но уже не первой молодости, это – быть в театре с шикарною девкою, как ваша покорная слуга,– не только дозволительно, но даже шик известный. А уж я лицом в грязь не ударю!

– Не сомневаюсь... Значит, завести вас домой?

– Да, домой.

– А нас куда же вы намерены подкинуть?

– Боже мой! Как будто мало кинематографов? Даже лучше будет так: я покажу вам лучший, в галерее Виктора Эммануила, под соборным портиком,– вы посмотрите представление, а я тем временем переоденусь и опять найду вас там... Обедать мы можем рядом, в галерее же, у Савини. Туда, если хотите,– улыбнулась она Тесемкину,– можно и вашу Ольгу пригласить.

– А к себе нас не зовете? – спросил Вельский. Она засмеялась.

– Обедать? Саломея не такая блистательная кухарка, чтобы ее макароны al sugo[118], приготовленные на бензинке, могли прельстить двух знатных иностранцев.

– Бог с нею, с вашею Саломеей! Зачем нам обед? Просто – чем смотреть глупые кинематографические картины, мы могли бы пробыть это время у вас...

+ Вы решительно хотите обогатить нашего Фузинати! Нравы думаете изучать? Так – право же, даю вам честное слово, в это время, entre chien et loup[119], не стоит: сейчас все спросонья, и нет у нас никаких нравов... Единственное развлечение, которое я вам могу предложить, это – партию в пикет или в шестьдесят шесть с Ольгою или Мафальдою, или другою какою-нибудь из соседок, потому что Саломея мне нужна для туалета... Если вам не жаль заплатить за такое сомнительное удовольствие по двадцати франков...

– Ах ты, Господи! Опять такса?

– А вы думали, как капиталы-то составляются? Надо же Фузинати мадонн-то одевать!

– То есть?

– А у него такая кружка стоит в привратницкой – на одеяние мадонны. Вот за вечерний туалет получит он с меня двадцать-тридцать франков и сейчас же из них пять сольдо в кружку. Двадцать квартиранток в трущобе его,– считайте, что с каждой отчислится для кружки хоть по два сольдо в день, вот уже, стало быть, две лиры, в месяц – шестьдесят, в год – семьсот двадцать – на самом деле больше тысячи набирает. Раз в год вынимает всю сумму и покупает на эти деньги одеяние для мадонны в какую-нибудь церковь. Когда у нас в Милане была выставка, торговля шла великолепно, работали день и ночь, так он трех мадонн одел... каждая в тысячу франков обошлась ему... Вот мы и у берлоги... Так вы во что бы то ни стало желаете войти ко мне?

---

[118] С подливкой (ит.).
[119] Букв.: между собакой и волком (фр.).

— А вы, милая Фиорина, кажется, во что бы то ни стало не желаете, чтобы мы вошли?

Фиорина замялась, стоя у автомобиля.

— Не то чтобы...— пробормотала она,— и я даже не имею никакого права не желать... Напротив, в хозяйских интересах, должна бы вас уговаривать... Но откровенно сказать вам: я не совсем уверена, все ли ладно у меня в доме, и потому на сердце скребут маленькие кошечки... Видите, как обстоятельства-то сложились: собственно говоря, вот уже сутки, что я с моей Саломеей двумя словами не перекинулась,— а она, по нездоровью своему, все время сидела дома,— и теперь, как знать, в каком настроении я ее найду...

— Пьет она у вас, что ли? — без церемонии спросил москвич.

Фиорина, смущенная, отвернулась.

— Пьет... что значит – пьет?.. кто не пьет?.. Пьяною Саломею видят не чаще, чем других. Нет, не то, а – знаете ли – когда меня долго дома нет, соседки к ней ходят, глупости и вздоры всякие переносят, стараются нас поссорить... Я же говорила вам – насчет Мафальды. Она пользуется каждою минутою, когда меня нет дома, чтобы напеть ей в уши разные сплетни,– авось освирепеет Саломея и разобьет нашу дружбу с Ольгой... А она, знаете, преревнивая и премнительная... И, когда навинтят ее хорошенько на это, так – что же скрывать? – приятнее в лесу с тигрицею дикою повстречаться, чем с Саломеей... Так что уж лучше бы мне одной... Впрочем...

Она стукнула ручкою двери, которая немедленно отворилась, и в светлом пятне ее показалась, подобная гному, маленькая искривленная фигурка Аличе.

— А-га-га!— пропищала она и продолжала на миланском наречии, насмешливо приседая на пороге и кивая головенкою с надменным взглядом сверху вниз,– великая госпожа Фиорина изволила наконец пожаловать восвояси...

— Почему ты отпираешь? — отрывисто и с заметным испугом спросила Фиорина.– Где Фузинати?

— Фузинати... Эти господа войдут?..

— Я не знаю... Мы проведем вечер вместе, но... Ты скажи мне: как Саломея?

Аличе скорчила гримасу – совсем маленький дьяволенок на шабаше – и щелкнула языком:

— Саломея твоя пьяна, как винный погреб, и спрашивает тебя каждую минуту.

— Что? неприятное что-нибудь случилось? – забеспокоился Вельский, видя, что Фиорина побледнела.

— Нет... ничего особенного...– подбодрилась та, но Аличе злорадно подхохатывала:

— Вам, моя гордая королева, предстоит провести невеселый часок... Ваши щечки скоро порозовеют, как пионы, от румян, которым я не завидую. Как жаль, Рина, что у тебя собственные зубы и волосы: фальшивые терять не так больно...

— Перестань, злая тварь!— крикнула Фиорина, с судорогою на

зеленом лице.– Чему радуешься? Как тебе не стыдно? Что я сделала тебе?

Аличе показала ей нос и возразила с особым странным выражением:

– Ты мне ничего не сделала, Рина. Если я радуюсь, что тебе влетит, то именно потому, что ты мне ничего не сделала, никогда ничего не сделала...

Фиорина вдруг сразу из зеленой стала багровою и повернулась к Аличе с такою резкою угрозою, что Тесемкин дернул Вельского за рукав, подмигивая: "Не удрать ли, мол? Опять скандалом запахло?"

А Аличе отскочила и, с невинно-злобным и беспутным видом, прыгала на одном месте с ноги на ногу, напевая и хихикая:

– Одну гордую даму будут бить! Одну очень гордую даму будут крепко, крепко, крепко бить!

– Грязная, маленькая тварь!– прошипела на нее через силу сдержавшаяся Фиорина.– Скажешь ли ты мне, наконец, где Фузинати?

Девочка насмешливо передернула плечиками и ткнула пальцем на потолок.

– Где же ему быть? Конечно, наверху. Бегает за твоей Саломеей по следам с бутылкою коньяку и старается поскорее допоить ее до бесчувствия. Не может же он допустить, чтобы Саломея убила Ольгу...

– Ольгу?! За что?

Фиорина опять вся сразу погасла, так, что даже губы у нее стали пепельными. Аличе, наслаждаясь ее волнением, продолжала как будто и равнодушно:

– Откуда мне знать? Саломея весь день раскидывала карты у Мафальды Помилуй мя, Господи... Больше я ничего не знаю. А потом выскочила от нее, как фурия, и высосала в одиночку пол-литра коньяку... И все – как водится... Бегает по галереям с каминными щипцами, ругает тебя самыми скверными именами и ищет Ольгу, чтобы разбить ей череп... Разве ты не слышишь, какой рев и гам наверху?

– А Ольга? – едва выговорила, все бледнея и старея, Фиорина.

Аличе нагло засмеялась.

– Поцелуй мне ручку,– скажу!

– Аличе!– вскрикнула Фиорина,– время ли теперь шутить? Я хожу по раскаленным углям...

– Поцелуй ручку,– скажу!

– Гадина!

– Ольге целуешь же? – хладнокровно возразила девочка.– Я ничем не хуже ее. Я еще маленькая и при случае могу выйти в барыни, а она – навеки тварь. Ой-ой-ой! как, однако, Саломея ревет наверху... И – ты замечаешь? Голоса стали ближе... уж не намерена ли она спуститься?

Смущенные выжидавшие русские, ничего не понимая, кроме того, что происходит что-то недоброе, увидали странную картину: Фиорина – с лицом, искаженным в чудовищную маску злобы и страха – быстро

149

наклонилась и поцеловала руку Аличе таким бешеным движением, будто укусила.

– Вот на... получила свое!– глухо сказала она. В лице ее ни кровинки не осталось.– Говори...

Аличе с удовольствием осмотрела поцелованную руку и, послав ею же Фиорине пренасмешливый воздушный поцелуй, отвечала:

– Теперь, когда прекрасная гордая дама поцеловала руку у маленькой Аличе, маленькая Аличе может успокоить прекрасную гордую даму, что ее возлюбленная в безопасности: Мафальда успела увести ее из дома...

– Мафальда?– взвизгнула Фиорина, хватаясь за голову, так что вся шляпа у нее поехала набок.

– Решительно, Матвей Ильич, пора нам отчаливать,– бормотал Тесемкин.

– Да погодите же!– с нетерпением останавливал Вельский.– Не можем же мы оставить женщину в таком положении... Вы посмотрите: она почти в истерике...

– Да – черт же ее знает, отчего ей истерика эта приключилась? Очевидно, пошли какие-то дела семейные... А слышите – какой у них там гвалт во дворе? Я этого терпеть не могу. В таких случаях, знаете, по своим бьют кошелкою, по чужим – безменом.

– Марья Ивановна,– обратился Вельский к Фиорине по-русски,– извините меня, но – я вижу, у вас дома действительно что-то неблагополучно...

Она растерянно посмотрела на него.

– Нет, ничего... не беспокойтесь... я сейчас...

– Быть может... если я в состоянии быть полезным...

– Решительно ничем вы сейчас полезны мне быть не можете,– резко оборвала она и, вне себя, обратилась опять к Аличе:

– Ушла с Мафальдою? – ты говоришь,– с Мафаль-дою ушла? Почему же с Мафальдою?

– Прекрасной даме, кажется, это очень не нравится? – дерзко прищурилась на нее Аличе.– Что делать? Когда Саломея бушует, немного у нас смелых, которые согласны идти против нее... От нее попрятались все женщины и многие из мужчин... Только две на весь дом и не трусим ее: Мафальда Помилуй мя, Господи да я.

Аличе гордо выпрямила искривленную, болезненную свою фигурку.

– Да. И я!.. Мне наплевать, что она ростом с башню Duomo, а я вся с наперсток... Если бы мне твоя жирная Ольга нравилась, то, можешь быть уверена, увела бы ее не Мафальда, но я... Но я твою Ольгу терпеть не могу, а вот кто за тебя теперь заступится, этого уж я не знаю... Ух-ух-ух! как орут! Валит сюда Саломея! валит!

– Ужасный шум!– беспокойно озирался Тесемкин.– Ей-Богу, Матвей Ильич, сейчас карабинеры нагрянут... Ну что хорошего?.. Протокол... консула вызывать придется... Газетишки...

– Monsieur!

Вельский оглянулся: за ним стоял и дергал его за локоть шофер автомобиля, всем топором лица своего с тревогою устремившись по направлению безобразного и действительно все возрастающего сверху вниз шума:

– Monsieur! Беру на себя смелость советовать: нам лучше бы уехать... Я боюсь,– тут скверная история, monsieur. Я знаю этот дом. Это – скверный, опасный дом. Вы можете быть компрометированы.

– Он прекрасно вам советует,– резко обратилась к русским, по-французски же, Фиорина.– Я предупреждала вас, что вам совсем не следует заезжать сюда. Уезжайте, пожалуйста.

– Но, Фиорина, я боюсь, не грозит ли вам...

– Хорошая таска? – гневно и горько, диким звуком, рассмеялась Фиорина.– О, в этом отношении можете быть уверены: очень грозит...

– Тогда – не лучше ли уехать вместе с нами?

Фиорина отрицательно покачала головою. Аличе поняла, что предлагал Фиорине Вельский, и зло захохотала:

– Ara! ara! лисичка думает удрать? Врешь, моя милая!.. Пеппино! Пеппино!– громко закричала она, хлопая в ладоши, и на голос ее выглянул из привратницкой широкоплечий, небольшого роста парень, нисколько, впрочем, не страшной наружности. Единственную выдающуюся часть лица его являл нос, который уже именно на троих рос, а одному достался. Бельский вспомнил, что это его вчера видели они распростертым в мертво-пьяном сне на верхней галерее.

– Пеппино!– приказала Аличе,– очисти поле от господ и запри двери на засов...

– Это совсем напрасно, Аличе,– с гордостью возразила Фиорина,– я сама никуда не уйду...

– Еще бы! Ты знаешь, что, когда Саломея в бешенстве, от нее в городе не укроешься: она тебя из кафе за волосы выволочет, из театра пинками выгонит...

– Но тебе это стыдно, Аличе, стыдно, что ты издеваешься надо мною, когда я подвергаюсь такой опасности... Ты хоть и в корень испорченная дрянь, но еще маленькая... Когда-нибудь – когда будешь настоящею женщиною сама узнаешь...

– Да едем же, Бельский!– взбешенный вскричал Тесемкин, таща приятеля за пальто.

– Неужели нам дожидаться, чтобы вышибалы вытолкали нас в шею?

– Уезжайте! уезжайте!– торопила Фиорина.– Если все обойдется благополучно, я вас найду...

Она улыбнулась жалкою судорогою.

– А если неблагополучно, вы меня найдете по газетам...

– Но...

Он не успел договорить. Страшный шум, все нарастающий наверху, вдруг дорос до оглушительности, и Фузинати со стаканом в руке, с бутылкою под мышкою, кубарем слетев с лестницы, заорал к Пеппино не своим голосом:

– Я больше не могу! Она почала второй литр и – держится на ногах прямо, как монумент короля на площади! Зла, как сатана, и

151

жрет коньяк, как бутылка с дырявым дном. Ее сегодня сам черт не свалит. Кричи карабинеров! Я больше не могу! Эти господа зачем здесь? Тысячу извинений, синьоры, messieurs, meine Herren[120], но сейчас не время, к сожалению, совсем не время... не можем вас принять. Фиорина! скверная тварь! Все это из-за вас всегда! Все эти неприятности – ваши мерзости, ваши шашни! Что же вы, мерзавка этакая, не могли, по крайней мере, убрать этих господ, чтобы они не были свидетелями нашего скандала? Пеппино! Зови карабинеров!

Пеппино выскочил на улицу.

И вместе с тем на повороте лестницы показалась сопровождаемая дюжиною горланящих, хохочущих, улюлюкающих, мужских и женских, старых и молодых рож, качающаяся, гигантская, в истерзанном капоте, полуголая Саломея. Мороз прошел по коже у Вельского, когда почти синяя, апоплексическая маска огромного лица ее остановила прямо на нем зрячие, бессмысленно-свирепые глаза свои. К великому счастью Фиорины, пьяная Саломея узнала русских и сразу приковалась к ним вниманием.

– А! А!– завопила она сипло и дико.– Вот эти молодчики, с которыми Рина удрала сегодня... Теперь мы разузнаем кое-что!

И направилась прямо к русским, размахивая щипцами своими, и тщетно Фузинати плясал и вертелся вокруг нее.

– Саломея! ну, ангел, ну, радость моя! ну, умница, Саломея! будьте же благоразумны! Лучше выпейте... вот... вот еще стаканчик коньяку... Саломея! Я осыплю вас серебром, только будьте благоразумны! Саломея! Ну – хотите, я женюсь на вас? Выпейте еще стаканчик коньяку...

Фиорина, тем временем присев на корточки в темном углу, заслоненная Аличе, которая держала ее за руку с недетскою силою, шептала девочке, трясущаяся,– волосы взбились под съехавшею набок шляпою, и зуб не попадал на зуб:

– Спрячь меня, Аличе... спрячь...

– Ты всегда презирала меня! Ты всегда презирала меня!– твердила ей, злобно оскалив зубы, торжествующая маленькая ведьма.

– Спрячь!.. Я знаю: ты можешь... У тебя есть угол... Я целовала твою руку... спрячь!

– Ага! То-то прекрасная гордая дама! Я говорила, что не век тебе предо мною важничать, что будет на моей улице праздник, когда ты рада будешь сделать все, что я тебе прикажу...

– Я сделаю все, что ты прикажешь, но сейчас спаси меня, спрячь – умоляю тебя... Она никогда еще не бывала так ужасна... Умоляю тебя: спрячь!

– Дай мне слово, что ты не будешь больше дружить с Ольгой,– тогда спрячу...

– Клянусь тебе всем святым, что есть на свете,– пусть я умру, если я буду вперед дружить с Ольгой...

---

[120] Месье, господа (фр., нем.).

— И ты должна повернуться к ней спиной, если она к тебе подойдет.

— Я повернусь к ней спиной, если она подойдет... Но, Аличе!..

— И твоею подругою, и госпожою будет с нынешнего вечера маленькая Аличе...

— Ты будешь моей подругой...

— И госпожою! госпожою!

— Хорошо... и госпожою... Всем, что ты хочешь, буду я для тебя... но не мучь же меня! спрячь!

А Саломея – чудовищная в разметанных черных космах своих, которые на лбу слились со взъерошенными бровями в палец толщины, с черною сажною полосою усиков над синими губами, напирала на гостей, как соборная башня. Тесемкин юркнул за Вельского. Шофер, тоже повернувший было к дверям, даже страх скандала забыл: так поразило его диковинное привидение полуголой дикарки.

— Che befana![121] – проворчал он, и хотя, как все шоферы, был свободомыслящий, едва не перекрестился.

А "бефана" тем временем успела дать Фузинати такой толчок ногою, что горемыка, задребезжав бутылкою и звеня разбитым стаканом, мячиком покатился в угол, где только что шептались Фиорина и Аличе, но где их уже не было. Взрыв хохота рож на лестнице приветствовал его падение. Хозяин вскочил и, в бешенстве, бросился на рожи с кулаками:

— Вам еще что тут, висельная сволочь? Негодяи! Саломея же, стоя перед русскими, вдруг вспомнила по

пьяному наитию, что это гости хорошие и порядочные и ничем пред нею не виноваты, и решила быть с ними любезною. С каминными щипцами под мохнатою мышкою она кивала Вельскому страшным лицом, скалила полувершковые зубищи и, качая безобразно-огромною голою грудью, ворчала умильным рыканием, стараясь вспомнить забытые русские слова:

— Ти русски... мы армэнски... ми любим русски... турска нэт хоруш... русски харуш... пойдем ко мне, душенька!

— Чтобы черт все побрал!– крикнул Тесемкин и бросился в автомобиль, увлекая за собою Вельского.

Страшный рев разъяренной пасти раздался им вслед, и, брошенные могучею рукою, далеко по тротуару звякнули щипцы. Но аппарат уже работал.

— фу-у!– отдувался москвич,– ну, Матвей Ильич! Век не забуду вашего развлечения! Угостили!

Вельский молчал.

Шофер обернулся к ним и показал на бегущего навстречу по тротуару Пеппино, за которым быстрыми шагами поспевали два плаща и две треуголки:

— Карабинеры.

---

[121] Что за безобразная старуха! (фр.).

– Слава Богу!– даже перекрестился Тесемкин,– хоть от этого скандала ноги унесли... А Фиорина-то, ведь тоже удрала-таки куца-то. Вы заметили, Матвей Ильич? Все была – была тут, и вдруг ее не стало... Молодчина! Куца-то уцрала.

– Ну-с,– насилу отдышался Тесемкин у Кова за вермутом с сельтерской водой,– ну-с, могу вам сказать утешились! насладились!.. Ах черт их дери! Да и вы тоже хороши, Матвей Ильич...

– Я-то чем провинился?

– А тем, что – словно вы студент первого семестра, а не действительный статский советник. Лысина во всю голову, а он – изволите видеть: изучает нравы погибших, но милых созданий, меланхолически расспрашивает: "Как дошла ты до жизни такой?" и одну заблудшую овечку даже намеревается спасти и увезти с собою...

– Положим, это ваша фантазия, ничего подобного я не затевал.

– Те-те-те! Милостивый государь! А кто насчет путешествия в Монте-Карло намекал и подманивал?

– Ну, это, мой друг, не столь в целях спасения, сколь пагубы... Согласитесь, что вторую Фиорину между этими госпожами не скоро найдешь.

– Нет, батюшка! Вы меня не надуете: глаза у вас не те. Сентименталист вы – вот что! и авантюру романическую любите!.. Нет-с, у меня просто: заплатил и – чист!..

– Однако мы весь день провели вместе, кажется?

– Да почему же нет, если женщина все время интересные анекдоты рассказывает? Но – чтобы канитель тянуть – дудки! слуга покорный! В конце концов все к лучшему в этом лучшем из миров: хорошо, что скандал пролетел мимо наших голов, но хорошо и то, что он разразился: иначе эта Фиоринка, мой друг, вас завертела бы.

– Это не у меня оказывается романическое воображение, Иван Терентьевич, а у вас.

– Завертела бы, клянусь святым Патриком! Она поняла вас насквозь. Я видел: она уже за обедом начала к вам приглядываться да тону забирать, а в кафе уже такую гранд-даму на себя напустила, что – ой-ой-ой... Я было маленько под столом ногой ее потолкал,– помни, дескать, на всякий случай, что есть еще один смертный, который не прочь пожертвовать на тебя стофранковый билет... так – убрала ногу-то... Э-э-э! это у ихней сестры неспроста, серьезно! Стало быть, обрадовалась случаю, затеяла любовь крутить. А вы и сейчас еще изволите пребывать в меланхолии.

– Я не в меланхолии, а просто чувствую себя трусом и подлецом. Мы с вами, Иван Терентьевич, вели себя не как мужчины, но как старые бабы.

– Гораздо хуже,– спокойно возразил Тесемкин,– и ничуть не стыжусь, потому что за эти два дня я имел удовольствие познакомиться с двумя старыми бабами, которые способны разогнать целый полк.

– Мы прегнусно оставили Фиорину на произвол всех этих негодяев.

– Да – помилуйте! Что же? В самом деле вы что ли дожидаться хотели, чтобы Саломея вас по лысине щипцами кокнула? Вот еще страдатель нашелся! Мазохист особого рода! Не беспокойтесь. Обвертелось как-нибудь. Это нам в непривычку, так жутко показалось, а ей не впервой. Поди, каждый день при подобных сценах-то присутствует. Оставьте! Милые бранятся, только тешатся.

– Надо все-таки будет навести справки, как у них там кончилось,– задумчиво сказал Вельский.– А то у меня сердце не на месте.

Тесемкин даже прибор от себя оттолкнул.

– Ну уж извините! Что меня касается, то ноги моей в переулке там не будет, не только что в трущобе господина Фузинати. Если вам угодно, донкихотствуйте в одиночку, а я, как благоразумный Санчо Панса, прыгаю в ближайший поезд на Вентимилью и addio, Milano![122] Хорошенького понемножку, знаете. Вы посчитайте в бумажнике-то: суток нет, что мы здесь, а сотни по три франков уже вылетело... Удовольствия же только – что старая ведьма едва-едва не наломала из нас дров и щепы... Garèon! Cameriere! Donnez moi, s'il vous plait,– как бишь это у них называется-то, Матвей Ильич? – да! orario![123]..

Официант подал железнодорожный путеводитель, в который Тесемкин и зарылся.

– Вот – по-ихнему, в 23 часа 25 минут, стало быть, в половине двенадцатого direttissimo[124]... С ним и махнем, нечего прохлажаться-то... Времени – аккурат, чтобы не спеша пообедать и пройтись по галерее... Cameriere! карточку... И уж, пожалуйста, друг мой, не брыкайтесь, послушайте меня: довольно поэтических вольностей, опустимся в достойную нашего возраста и положения прозу.

Обедали долго, распили фиаску кьянти и бутылку asti pumante[125]. Тесемкин хотел уже спросить счет, когда метрдотель таинственно подошел к Вельскому:

– Pardon, monsieur... Дама, которая сегодня у нас завтракала с вами, просит вас выйти к ней на минутку... Она ждет у подъезда в фиакре...

– Начинается!– с досадою и неудовольствием протянул Тесемкин.– Не ходите, Матвей Ильич...

Но Вельский уже поднялся.

– Но,– сказал он метрдотелю,– просите же даму сюда...

– Мы уже предлагали, но она не пожелала...

Метрдотель двусмысленно улыбнулся и добавил:

– Я должен вас предупредить, monsieur, что дама не одна. При ней какая-то странная особа. Даже не разобрать женщина это или ребенок... Во всяком случае, ее туалет...

Он с трагическим ужасом возвел горе очи свои.

---

[122] Прощай, Милан! (ит.).
[123] Гарсон! Горничная! Дайте мне, пожалуйста (фр.) ...расписание!.. (ит.).
[124] Курьерский поезд (ит.).
[125] Сорт белого вина асти (фр.).

– Не таков, чтобы украшать ваш общий зал,– договорил Вельский.– Понимаю. Ну, а в отдельный кабинет? можно?

– Матвей Ильич!– жалобно взвыл Тесемкин.

– Оставьте!– с досадою отмахнулся тот,– должен же я проститься с нею... Alors?[126] – обратился он к метрдотелю.

– У нас,– вкрадчиво извинился тот,– к сожалению, все кабинеты заняты, но рядом имеются прекрасные меблированные комнаты, которые получают от нас кухню и погреб. Когда у нас все переполнено, мы употребляем их, как succursale[127]. Если вам угодно воспользоваться, я сейчас же телефонирую...

– Хорошо, пожалуйста.

– Я не пойду,– надулся Тесемкин.– Опять заведете в какую-нибудь трущобу. Ступайте, если хотите, один. Я лучше кофе с коньяком выпью. И, пожалуйста, не увлекайтесь разговорами. Помните, что мы сегодня уезжаем. А, если будут вас резать, телефонируйте, прибегу спасать.

Сопровождаемый метрдотелем, Вельский вышел на подъезд. Из окна фиакра выглянуло на него освещенное сверху электрическим фонарем бледное лицо Фиорины.

– Пожалуйста, выходите, Фиорина,– заговорил Вельский.– Я так рад вас видеть... Ну что? Обошлась буря? По-видимому, все благополучно...

– Я не одна,– сказала Фиорина дрожащим больным голосом,– и тут Вельский увидал, что над плечом ее кивают и колышатся какие-то высоченные и пренелепые рыжие перья, Фиорина отодвинулась, и под перьями оказалась огромная котлообразная шляпа, а под шляпою – крохотное, с кулачок, желтое личико, с которого блеснули на Вельского сердитые, дикие глазки.

Русский с недоумением поклонился.

– Я не одна и не могу быть одна,– повторила Фиорина с заметным усилием.– Вы не узнаете? Это моя подруга... Аличе...

Вельский с новым изумлением признал в удивительном оперенном существе маленькую привратницу, которая и вчера, и сегодня так люто ругалась с Фиориною на неизвестном ему миланском наречии. Он пригласил и Аличе сделать ему честь своим посещением. Та пренадменно кивнула рыжими своими перьями, оперлась на протянутую руку Вельского своею тощею ручонкою в лайковой перчатке, совсем как костлявая лапка цыпленка, и выскочила из фиакра на тротуар. Вельский взглянул на нее и чуть вслух не ахнул: ни для какого маскарада маленькая дикарка не могла навертеть на себя столько пестрых тряпок и драгоценных цацок, так нелепо закрутить над крутым лбом жесткую черную гриву кудрей, так ухарски заломить шлемоподобную крылатую шляпу, которая, гриб грибом на тоненькой ножке, совсем придавила девочку к земле. Он понял, почему так ехидно улыбался метрдотель, и сам едва не

---

[126] Итак? (фр.).
[127] Филиал (ит.).

расхохотался, но, под подозрительным взглядом Аличе, успел сдержаться и с серьезным лицом обратился к метрдотелю:

– Покажите же нам вход...

Тот понятливо схватил в вопросе: а нельзя ли, чтобы это чудо морское недолго привлекало к себе внимание публики? – и, с улыбкою под усами, предложил:

– Monsieur, если угодно, может пройти внутренним коридором.

Бельский предложил было Фиорине руку, но Аличе, не скрывая резкого, неприязненного движения, скользнула между ними и повисла на локте молодой женщины, прижимаясь к ней с видом вызывающим, точно ребенок к кукле, которую, она боится, хотят у нее отнять.

Кабинет, который им предложили, оказался комнатою, принадлежавшею когда-то к весьма приличной и даже, пожалуй, довольно шикарной частной квартире, но то было давно, а теперь все потускло, поблекло, потемнело,– выгрязнилось под копотью табачного дыма, вылиняло от сырости вечных ломбардских туманов. Из троих вошедших одна Аличе с удовольствием осмотрелась: в первый раз.

– Ну, рассказывайте же, рассказывайте, Фиорина!– торопил Бельский, когда человек из ресторана ушел, приняв от него заказ на вино и фрукты,– вы не можете представить себе, как я беспокоился за вас...

– Что же за меня беспокоиться? – тяжко вздохнула Фиорина,– я вышла суха из воды...

– Я только на то и надеялся, что в самый разгар урагана вы куда-то исчезли.

– Да, мне посчастливилось,– потупилась Фиорина,– это она меня выручила... спрятала!– кивнула она на маленькую Аличе.

Та, догадавшись, что о ней говорят, гордо выпрямила тщедушную, болезненную фигурку свою.

– А! Это очень благородно со стороны вашей маленькой подруги!– сказал Матвей Ильич, с изумлением замечая: "Почему же это, однако, Фиорина, вдруг, так некстати краснеет?"

Испросил:

– Ну, а больная ваша – что? Эта бешеная? Саломея?

Аличе, услыхав имя Саломеи, захохотала и, помотав рукою около горла, щелкнула пальцами и языком и закатила глаза, будто кого-то повесила или кто-то повесился, а у Фио-рины глаза наполнились слезами:

– Ах, мосье Вельский, с бедною Саломеей очень нехорошо... Ее увезли в госпиталь без чувств и черную, как котел... Мы только что оттуда, но нам не показали ее, а доктор качает головою и говорит, что будет чуцом, если она выживет и опять будет здорова...

– Допилась негодяйка!– крикнула Аличе, стукнув цыплячьей ручонкой своей по столу.– Белая горячка и – апоплексический удар!

И захохотала, торжествуя.

Вельский, схвативший из крика ее одно слово "апоплексия", смотрел на нее с изумлением и отвращением:

— Если дело так плохо, то чему же радуется этот маленький чертенок?

— Ах, они вечно ссорились и ненавидели друг друга!— объяснила Фиорина, покусывая белыми зубами яркие губы свои.— Мне очень тяжело, мосье Вельский... Если бы я не боялась, что вы сегодня уедете...

— Да, Фиорина, мой товарищ настаивает.

— Да, конечно!— неожиданно даже обрадовалась как будто Фиорина,— что вам здесь делать еще? Уезжайте!.. Счастливый путь.

— О? — обиделся слегка Вельский,— я не надеялся, что надоем вам так решительно и скоро...

— Эх!— вырвалось у Фиорины.— Что мы будем хорошие слова друг другу говорить и ласковыми чувствами меняться? Сердечно рада была погреться хоть денек у человеческого тепла, но — хорошо, что уезжаете: довольно! а то набалуешься... Оставьте бедную чертовку ее аду. Вы видели кусочек его... клянусь вам, это еще не самый худший... Удалось вам застать Фиорину хорошею, трезвою, неглупою и, если развратною, то только по ремеслу... Ну и увезите с собою в памяти вашей эту Фиорину. Зачем вам дожидаться, пока Фиорина покажет вам себя в настоящем-то своем свете — пьяною, безумною, шальною дурою, у которой вместо души, ума, чести и совести... сказала бы я вам, что, да все-таки еще помню, что я женщина, а вы мужчина — стыдно, язык не поворачивается...

— Фиори!— недовольным голосом окликнула, ежась плечиками в кресле своем, Аличе.

Фиорина продолжала, не замечая.

— Я предчувствую, господин Вельский, что потеряла Саломею. Это страшное для меня несчастие. Как хотите, пять лет прожили мы душа в душу. Из-за ее кулаков меня никому было не достать. Никогда я не прощу себе, дуре подлой, такого легкомыслия, что довела ее до этого состояния... Теперь вот и расплачивайся за блажные свои глупости. Сама я, в одиночку, робка и бесхарактерна, перед силою и наглостью теряюсь. Чувствую, что опять прогуляла я свои свободные дни и уже плывет на меня рабство. Ах, господин Вельский, без кулаков Саломеи желтенькая ждет меня жизнь. Бивала она меня по временам и больно бивала, да, видно, мало...

— Фиори!— повелительно опять окликнула ее Аличе. Фиорина повернула к ней заплаканные глаза.

— Я слышу... Что тебе Аличе?

— Не Аличе, а Личе. Я твоя Личе, а ты моя Фиори.

— Что тебе, Личе?

— Я не люблю, чтобы при мне говорили на языке, которого я не понимаю.

— Что же мне делать? Господин не знает ни по-милански, ни по-итальянски...

— А я тебе запрещаю говорить так, чтобы я не понимала. И потом:

158

ты ревешь... Очень весело! О чем это – нельзя ли спросить? Уж не хочешь ли ты ему показать, что моя компания слишком низка для тебя и ты несчастна нашею дружбою?

– Я плачу, потому что мне жаль бедную Саломею...

– Есть о чем! Утри, пожалуйста, глаза – и довольно об этом. Мне совсем не приятно слушать, как ты каждую минуту поминаешь эту пьяную дылду... Нашли о ком жалеть! Только, что горды вы обе очень были, а вечно сидели на бобах, и Фузинати, хоть и гнул пред тобою шею, но заставлял тебя работать, как клячу. Поверь, со мною тебе будет лучше. Я делаю с Фузинати все, что хочу. Я его заставлю подметки башмаков твоих целовать.

– А меня – твоих? – горько усмехнулась Фиорина.

Аличе захохотала во все горло:

– Ах ты шутовка! То ревет, то смешит. Тебя – моих... Ха-ха-ха? Что же? разве у меня не хорошенькая ножка?.. Ах, Фиори!

Человек принес шампанское. Аличе, узнав вино, сорвалась с кресла и, хлопая руками, закружилась по комнате, как волчок, прихрамывая на пируэтах:

– Nozze! Nozze!– визжала она.– Ewiva Fiori! Ewiva Lice!¹²⁸ Фиори! Что же твой русский господин глядит, как удивленный филин? Заставь его выпить за наше здоровье... Черт тебя побери, моя Фиори! Я обожаю тебя, моя чертовка. Если ты вздумаешь обманывать меня, как надувала Саломею, я скандалов тебе делать не стану, но у меня есть такой секрет, что ты в месяц иссохнешь, как ножка вот этого стола...

– Оставь, Личе. Не говори глупостей... Господин может догадаться.

– А мне наплевать!

– Но мне не наплевать.

– А? Так тебе страшно признаться, что я твоя подруга? Ты стыдишься меня?

– Да нет же, Личе!

– Берегись, Фиори!

– Да нет же, нет!..

– Хорошо, я прощаю тебя и верю тебе. Но – берегись, Фиори! Поцелуй мою ручку.

– Ребенок!– с виноватым смущением усмехнулась Фиорина Вельскому, когда тот с новым изумлением смотрел на ее верноподданический поцелуй – уже второй, который он видел в этот вечер. А "ребенок", раскрасневшись от шампанского, держал русского за пуговицу визитки и лепетал ему быструю речь, из которой он не понимал ни единого слова, но, если бы понял, то узнал бы много интересного.

– Фиори глупа, господин. Она не понимает. Она воображает, будто для того, чтобы охранить женщину, надо быть трех аршин ростом и ломать конские подковы. Маленькая Аличе ростом с наперсток, у нее

_____

¹²⁸ Свадьба! Свадьба! Да здравствует Фиори! Да здравствует Личе! (ит.).

припадки, у нее одно плечо выше другого, а силы не больше, чем у комара, но пред нею вытягиваются, как солдаты, самые наглые теписты (апаши). Потому что у маленькой Аличе есть характер. Вы видали Мафальду Помилуй мя, Господи, синьор? Эта женщина, когда голая, блох ищет, так и тут пошарьте ее – у нее нож спрятан под грудями. А я дважды била ее по морде, да, по морде, как собаку. И она выла, как собака, и просила у меня прощенья, и с тех пор, когда она видит меня, у нее рожа, как будто маслом вымазана и в глазах мед: "Piccola padrona! piccola padrona!"[129] – передразнила она.

– Ну, послушай, ты, дура!– обратилась она к Фиорине,– подумай сама: когда это бывало, при твоей Саломее, чтобы ты вот так смела уйти из дома, не сказавшись Фузинати, как мы с тобою сейчас? Ты видела: я добрая. Тебе хотелось в госпиталь, мы были в госпитале. Тебе хотелось проститься с русским синьором, вот мы сидим и пьем вино с русским синьором. Разве могла Саломея доставить тебе столько удовольствия? Мы будем жить с тобой в двух лучших комнатах мышеловки, и ты будешь носить все платья, какие захочешь, по тем же ценам, как какая-нибудь Мафальда платит за свое рубище. Слушайся своей маленькой Личе, Фиори, я сделаю тебя богатою... А Фузинати не бойся. Вы ей скажите, синьор, что ей решительно нечего бояться старого подлеца Фузинати. Фузинати – моя собака. Он старый развратник, и я одна знаю, что ему надо, и я одна умею ему угодить. Если он посмеет сделать нам скверную гримасу, я запрусь на сутки в своей комнате, и он будет выть у дверей. И, кроме того, он думает, что я – маленькая колдунья, потому что в наших местах, под Люино, коддуний столько же, сколько старух и горбатых девчонок. И я приношу ему счастье. Посмел бы он поднять руку на свое счастье! И, кроме того, он боится, что я его отравлю. Всякий раз, как у него болит живот, он плачет и думает, что я уже его отравила. И просит прощения. Тоща я делаю ему пойло из olio с серою и всякою дрянью. И он пьет, и ему скверно, и он ревет, как осел, но живот перестает болеть, и старый дурак уверен, что я его спасла от смерти.

Она долго болтала, покуда вино не заставило ее дремать. Тогда она стала жаловаться, что ей холодно, и приказала Фиорине взять ее на колени, как ребенка, и так заснула у той на груди.

– Дело мое скверно, господин Вельский,– сказала Фиорина, когда убедилась, что девчонка действительно спит.– Фузинати и эта маленькая злая пиявка вдвоем выпьют мою кровь.

– Если бы я мог помочь вам вырваться...

– О, господин Вельский! совершенно напрасная мечта. Во-первых, это дорогая затея...

– Авось я, на ваше счастье, выиграю в Монте-Карло.

– Тогда я предпочту, чтобы вы опять, проездом через Милан, позвали меня прокутить вместе с вами мою долю... А вырваться? нет! на что я годна? Сегодня уйду, через неделю вернусь назад. И вечно

---

[129] "Маленькая хозяйка! маленькая хозяйка!" (ит.).

будет пить из меня кровь какой-нибудь Фузинати, и вечно будет "защищать" меня, то есть командовать мною какая-нибудь Саломея или Аличе... Четырнадцатый год, как я в этой жизни, господин Вельский! В ней у меня вся кровь переродилась... Поздно! Тело из таких привычек сложилось, над которыми воля не властна. Как запой. Буду презирать себя, но жизнь мне эту подай, не могу быть в другой. Нужны мне и Кампари, где я королевою ломаюсь, покуда мужчин ловлю, и Фузинати, который меня в кулаке держит, и Саломея с ее грубыми кулаками и нежным сердцем, и пьяная злобная развратница Мафальда, и эта Ольга, за которую мы перессорились точно мужчины, и вот эта Аличе, которая командует сейчас мною, точно мне пятнадцать лет, а ей мои тридцать три... Это все – как водка запойному пьянице: противна, а не пить нельзя – без нее свет не мил... Разве старость и дряхлость меня отсюда вырвет – в госпиталь да в могилу. А то я себя знаю. Возьмите меня с собою и вы увидите: Фузинати, Саломея, Ольга, Мафальда, Аличе поедут за мною. Не эти, другие, но – не все ли равно? Неделю спустя, вы застанете меня в шашнях с вашим приятелем, с вашим камердинером, с встречною извращенною англичанкою, с служанкою из отеля... А затем – в один скверный день вы вовсе не найдете меня дома,– и ищите меня, вольную птицу, по всем maisons de passe![130] Найдете,– не обрадуетесь: буду пьяная, буду гнусная, насмешливая, жадная, злая, с сквернейшими мыслями в голове, с гнуснейшими словами на языке и без всякого стыда во всем теле...

– Не говори на языке, которого я не понимаю, Фиори!– проворчала сквозь сон Аличе.

В двери постучали. Тесемкин из ресторана прислал напомнить, что он просит господина Вельского вспомнить о поезде, их ждущем через час.

– Скверное мое дело,– повторила Фиорина.– Эта девчонка целый год подстерегала меня, чтобы забрать в свои лапки, и вот теперь добилась своего. С нею дешево не расстанешься.

– Дайте ей пинка и – к черту!

– Чтобы у меня завтра лицо было сожжено серною кислотою? Чтобы она подстерегла меня с бритвою в темноте и устроила мне такое sfregio, какого и в Сицилии не видано? Вы посмотрите на этого маленького демона. Я понимаю, что сам Фузинати боится ее. Что она колдунья, это его суеверный вздор. Но – что они там у себя, в горных деревнях, травят друг дружку, как летних мух, по любой ссоре, мышьяком и аконитом,– это святая правда. Вот она спит, а я ее уже боюсь. И колени она мне оттянула, и вас товарищ ждет, а я робею разбудить... Личе! а! Личе!

А Личе открыла глаза сонная, усталая, злая, но стакан шампанского освежил ее, и она, хотя хмурая, стала довольно бодро одевать перед зеркалом свою удивительную шляпу.

– Фиори!– крикнула она.– Поди сюда!

---

[130] Дом свиданий! (фр.).

– Что, Личе?

Девочка зашептала что-то. Фиори покраснела.

– Но, Личе... какие глупости... Да и за что?

– За то, что он синьор, а мы бедные девки...

– Я, право, не смею, Личе! Это просто бессовестно...– Фиори!

– В чем дело, Фиорина? – вмешался Вельский, чувствуя, что дело касается его.

– Личе находит...– произнесла, запинаясь, пунцовая Фиорина,– Личе просит... Личе находит, что вы... нет, я просто не могу...

– Фиори!

– Ах, Боже мой! Ну, скажу... Личе находит, что вы могли бы на прощанье подарить мне... немного денег...

Матвей Ильич посмотрел на ее сконфуженное лицо и, не выразив ничего своим красивым лицом, добыл из бумажника два стофранковые билета и подал их Фиорине... Та медлила взять, но Аличе подскочила, как кот на мышь, схватила деньги и спрятала их за корсаж.

– У нас с Фиори теперь все общее,– объяснила она,– ты не умеешь обращаться с деньгами, Фиори. Теперь я буду беречь твои деньги...

Простились печально и холодно...

Не в духе прибыл Вельский на вокзал, не в духе встретил его Тесемкин, начинавший искренно опасаться, чтобы друг его не застрял в объятиях Цирцеи своей и помчал их пыхтящий поезд ночной, сквозь холодный ломбардский туман к веселым горам и светлому берегу синей Ривьеры.

Угрюмая, с мокрыми глазами, ехала в фиакре домой Фиорина, а Личе, привалившись к ней, лепетала:

– Ты будешь хорошо работать, а я буду беречь, пока мы не станем богаты, и тогда мы сделаемся хозяйками, как Фузинати. Мне не надо работать, потому что у меня есть Фузинати, который – проклятый скряга!– богат, как черт, и у него много прекраснейших вещей. Я знаю все: какие у него вещи и где лежат. Он дарит мне кое-что и позволяет надевать драгоценности, которые вы, женщины, ему закладываете, и они пропадают в залоге. Я у него могу выпросить много-много. И, покуда я для тебя буду подругой и госпожой, все, что у меня будет, то и у тебя будет. Но если ты вздумаешь водиться с Ольгою Блондинкою или променять меня на другую какую-нибудь подобную же дрянь, то – помни, Фиори: у меня есть порошок, который вывернет твои внутренности... Не смей реветь и капать на меня слезами! иначе я ищиплю тебе груди!.. А Фузинати не бойся. Фузинати надоел мне, как маятник. Когда я повытяну из него сок, Фузинати можно и к черту пустить. Видишь ли, тут только, чтобы успеть вещи повытаскать да припрятать, а то – есть такой порошок...

XVIII

В Монте-Карло Вельский и Тесемкин, как водится, сперва выиграли франков по 40, потом проиграли один 4 тысячи, другой 7 1/2, после чего Вельский с горестью возвратился в родной свой город К., а Тесемкин застрял в Виллафранке на добрых два года смотреть в микроскоп на какого-то слизняка и писать диссертацию о его диковинном размножении. Там он сидит и слизняка созерцает и посейчас. Изредка он пишет Вельскому, а в последнем письме его Матвей Ильич нашел вырезку из "Le Petit Nièois"[131] с пометкою красным карандашом: "Любитель сильных ощущений! Как вам это нравится?"

Заметка гласила:

"В темных слоях миланских bassi fondi[132] много шума произвела загадочная смерть пресловутого местного "коммерсанта" Джакомо Фузинати, дом которого, бывший дворец герцогов Медина Сели, известен в городе как один из наиболее темных вертепов, населенных проститутками, теппистами и всевозможными представителями di mala vita[133]. 15 ноября, в 2 часа утра, прислуга покойного Фузинати, девица Алиса Фонзега, 16 лет, телефонировала на полицейский пост просьбу о немедленной присылке врача для хозяина ее, который страшно болен и едва ли не холерою. Врач, синьор... явившийся в сопровождении делегатов, синьоров... и с каретой "скорой помощи", нашел Фузинати в безнадежном состоянии, на попечении сказанной Алисы Фонзега и некой девицы Марии Лузива, 34 лет, натурализованной русской, более известной в мирке проституток под именем Fiorina la Bella[134]. С первого же взгляда, врач, синьор... определил, что о холере тут не может быть и речи, а налицо все симптомы мышьякового отравления. На возможность такового указал, при последнем своем издыхании, также и сам больной. Он успел показать, что уже не раз делался жертвою попыток к отравлению со стороны своих недоброжелателей из числа должников и эксплуатируемых им проституток, но ранее избавлялся от опасности благодаря домашнему целебному средству, секрет которого был сообщен ему Алисою Фонзега. Чуцная панацея эта оказалась обыкновенным оливковым маслом, с небольшою примесью серы и ароматических веществ, для здоровья столько же безвредных, сколь и бесполезных. На этот раз средство не помогло, и в 4 1/2 часа утра Фузинати скончался в страшных мучениях, несмотря на оказанную ему усердную и искусную медицинскую помощь. Дознанием установлено, что заболел Фузинати непосредственно после того, как, совершая ночной обход по дому своему, выпил стакан вина у одной из постоялиц своих, проститутки и воровки-рецвдивистки, уже

---

[131] "Маленький житель Ниццы" (фр.; название газеты).
[132] Подонки (общества; ит.).
[133] Дурной образ жизни; преступная жизнь (ит.).
[134] Прекрасный цветок (ит.).

судившейся однажды по подозрению в убийстве, Кьярибеллы Онури, по прозванию Мафальды Помилуй мя, Господи, 47 лет. Госпожу эту, равно как и любовника ее, тепписта Пеппино Долгий Нос, полицейские власти нашли в искусно симулированном состоянии совершенного опьянения, которое не помешало, конечно, производству обыска. Последний обнаружил под кроватью Мафальды целый склад золотых и серебряных вещей, невысокой стоимости каждая в отдельности, но на дог вольно крупную сумму в общем. Алиса Фонзега и Фиорина признали вещи эти принадлежащими хозяину их, покойному Фузинати. Мафальда и Пеппино рассыпались в клятвах, что вещи совершенно им неизвестны и, как они попали к Мафальде, того они не знают. С обычною уловкою преступников они уверяли, что вещи подкинуты им врагами с целью погубить их, и указывали подозрение на Алису Фонзега. По предписанию следственной власти, произведен был ряд арестов: Мафальда, Пеппино, Алиса и Фиорина – все очутились в тюрьме, как птицы в клетке. Но Алиса Фонзега и Фиорина были освобождены после первых же допросов ввиду совершенно обнаружившейся полной непричастности их к преступлению. Наоборот, против Мафальды и Пеппино слагалась непреодолимая сила улик и, в довершение всего, химический анализ обнаружил присутствие мышьяка в одной из початых фьясок вина, опечатанных при обыске, из которой было отпито не более стакана. Обвиняемые, хотя и продолжали упорствовать в запирательстве, пали духом. По-видимому, им удалось сохранить сношения с какими-либо друзьями по mala vita, оставшимися на свободе, либо скрыть на себе и пронести в тюрьму яд, которым они отправили на тот свет несчастного Фузинати. 27 ноября, после очной ставки со свидетельницей, проституткою Теодозией Каннотьери, по уличной кличке Olga la Blonda, давшей важные показания во вред подозреваемых, Пеппино и Мафальда, оба почти одновременно тяжко заболели в камерах своих и скончались при тех же симптомах отравления, как и Фузинати. Очевидно, суд собственной совести показался им легче суда людского. Что касается девиц Алисы Фонзега и Фиорины Ла Белла, они, утомленные любопытством, жертвою которого сделала их эта тяжелая история, предпочли переселиться в Америку, предназначая свои маленькие сбережения на открытие торгового дела в Буэнос-Айресе. По завещанию Фузинати, все его состояние, кругленькая сумма в 500 000 франков, должна поступить в пользу двадцати приходских церквей его родины Кунео, по двадцати тысяч франков на каждую, а 100 000 франков – неприкосновенным капиталом на электоральную борьбу местного комитета клерикалов".